守望者
The Catcher

阅读　你的生活

Merchant Kings

WHEN COMPANIES RULED THE WORLD

1600-1900

贸易与殖民

霸权公司三百年
（1600—1900）

[加]斯蒂芬·R. 鲍恩（Stephen R. Bown） 著

于振洋 译

中国人民大学出版社
·北京·

前　言

大商业时代

能够操纵这个世界贸易和财富的人也就掌控了这个世界本身。

——沃尔特·罗利爵士，约 1600 年

从 17 世纪初期至 19 世纪末期，垄断性质的贸易公司是欧洲人向外殖民扩张的民间先行者。它们攫取了广袤的土地，并控制生活在这些土地上的大部分族群。这些公司在商业上获得成功的同时，也获得了诸多政治与军事的职能。对于欧洲的民族国家来说，在殖民扩张的过程中，如果它们想要节省巨额的开销，一种便利的途径就是将垄断的特权赋予这些贸易公司。这种对私人资本的利用开启了一个新的时代，也就是大商业时代。随着拥有特权的贸易公司日益发展，它们最先在海外事业上获得了对所有欧洲人行使民事权的能力，并把这种权力扩展至被征服的族群。在努力实现自身政治目的的过程中，这些贸易公司始终都具备一定的武装力量，有时甚至是常备军。它们要么对被征服地区的政府实行控制，要么就直接使自己成为这些地区的唯一政府。换句话说，这些贸易公司把征服的地区看成一种商业利益，并把生活在这些地方的人看成它们的员工、消费者抑或竞争对手。贸易公司的领导者们最初都是商人，但他们最终都成为能控制上百万人的"商业之王"，他们手中往往握有专制的政治权力。这本书讲述的就是六位"商业之王"的故事。

简·皮特斯佐恩·科恩（Jan Pieterszoon Coen）是荷兰东印度公司（Dutch East India Company）的领导者之一，以残忍著称。这家公司在成立的头二十年时间里几乎与所有的沿海国家都起过纷争。在科恩的带领下，荷兰东印度公司成为大多数欧洲国家的香料供应商，这为荷兰的黄金时代奠定了坚实的基础。1618 年，科恩在给其下属的一封信中写道，"不要绝望，更不要对你的敌人心生一丝怜悯，上帝是与我们同在的"。有的时候对于科恩来说，贸易的伙伴也能成为敌人。如果出现这样的情况，那就是后者不再想和他进行贸易往来了，或者是垂涎他对手拥有的商品，英国和葡萄牙就是这样，为此科恩会派兵进行攻击。他从来不会宽恕竞争对手，也不会容忍他人挑战自己的权威。

只有一条腿的彼得·斯特伊弗桑特（Pieter Stuyvesant）是荷兰西印度公司在曼哈顿（Manhattan）的一位总督。几十年来，他始终阻止殖民地上的人们为了建立一个责任制政府而进行的所有尝试。斯特伊弗桑特甚至将公司的利益置于国家之上，正是这一举措令荷兰丧失了新荷兰殖民地的全部领土。在第三次英荷战争期间，停靠在曼哈顿的英国军舰向新荷兰政府的人民表示，只要他们投降，英军就不会开火。

英国商人罗伯特·克莱武（Robert Clive）是 18 世纪中期英国东印度公司军队的领导者，而他最初仅仅是一家小公司的职员。克莱武虽然没有受过正规的军事训练，但是他在军事方面天赋异禀。正是在他的领导下，凭借着一次次的胜仗改变了英国东印度公司的命运，其战争对象包括法国东印度公司以及印度当地的一些统治者。这个时候的印度处于莫卧儿帝国的统治之下，但是已是日暮途穷。最终，克莱武为英国东印度公司的财富和政治影响力打下了坚实的基础——继克莱武之后，这家公司不仅变成一家垄断的贸易组织，而且还成为集军事与税收于一体的政治实体。在回到英国后，克莱武被封为男爵，成为英国最富有的人之一。即便如此有钱，在 1772 年当议会就他贪腐及财富来源一事向他提出质疑的时候，他还愤怒地反驳道："我对自己的节制感到吃惊。"

亚历山大·安德烈耶维奇·巴拉诺夫（Aleksandr Andreyevich Baranov）是一位沙俄商人。起初，他先是移民到西伯利亚（Siberia），然后又到了阿拉斯加（Alaska）。1799 年，巴拉诺夫成为俄美公司（Russian American Company）的领导者，这是一家由沙皇保罗一世（Czar Paul Ⅰ. Baranov）授予特许状的殖民贸易公司。巴拉诺夫的突出成就是将沙俄的殖民事业沿着阿拉斯加海岸向南不断推进。在此期间，他以公司的名义和"第一民族"（First Nations）以及其他沙俄公司发生过武力冲突。1804 年，巴拉诺夫还连续数日炮击一个特林吉特人（Tlingit）的村庄，迫使这里的人臣服于俄美公司。在为公司效劳的 27 年里，他一直致力于巩固国家对边境地区的主权，并在圣彼得堡（St. Petersburg）为俄美公司的高层们提供大量的海獭皮。

　　乔治·辛普森（George Simpson）是一个性格急躁、傲慢自大的人，但是这样的一个人却极其富有金融和建筑方面的天分。正是在他的带领下，哈得孙湾公司于19世纪初期在经济上获得了很大的成功，并且控制了绝大多数的地方。当时的人们称他为"小皇帝"，这是因为他当时控制了北美洲的大片土地。辛普森每年都会往伦敦运送几十万张海狸皮……1860年，在辛普森死后不久，他控制的绝大多数地盘都被哈得孙湾公司接手，日后成为加拿大这个新国家领土的一部分。

　　塞西尔·约翰·罗德兹（Cecil John Rhodes）是钻石公司戴比尔斯（De Beers）的创始人。他的身份标签非常多，如南非矿业巨头、政治家、商人、英国殖民主义的倡导者等。1889年，凭借着英国政府的支持，罗德兹创建了英国南非公司（British South Africa Company），公司建在了罗德里亚（Rhodesia），这个地方是罗德兹用他本人的名字命名的。与上述公司一样，英国南非公司也是一家实行垄断的贸易组织，有权组建私人卫队、管理银行业以及对殖民地实行统治。尽管该公司名义上声称尊重非洲原住民的权利，但是却暗地里大肆侵占土地，这使公司的股东们赚得盆满钵满。直到1923年，英国政府撤销了该公司的特许状，这种暴力行为才得以停止。罗德兹和英国南非公司借着治理的名义掠夺南非地区的矿产资源，从而变得十分富有。如果还有其他的机会，罗德兹或许会做得更加过分。在这一方面，罗德兹叹息道："我无法触及的地方实在太多了，如果我能触及，我会将其占为己有！"至于他是否想将这些土地上交给自己的国家或者公司，我们无从得知。

　　这些"商业之王"在崛起之路上都曾面临着重重困境。他们从各自所属的公司和国家获得了很大的权力。在促进公司的商业利益和作为殖民地统治者之间，这些人的行为表现出了明显的利益冲突。这些商人本质上是实行垄断的人，而不是所谓资本家。他们游走于政治与商业两种权力之间的灰色地带，在以营利为目的的合股公司的合法框架下，做着独裁者才会做的那些惨无人道的事情，这些都是主张自由市场的思想家们如亚当·斯密所厌恶的。对于这些商人而言，既要做实行垄断的商人，又要扮演公民政府的角色，这是一项艰巨的任务。加之，将扮演的一种角色置于另一种角色之上，由此带来的诱惑是非常明显的。这些商人通过听从自己矛盾的内心所做的种种决策，令他们产生了很大的影响力。与此同时，商人们控制的这些公司之所以有名，一般来说不是因为推行全面的政治控制，而是在于这些公司能在自身与国家之间的利益方面达成一种平衡。由此，这些手握实权的商人也能够像有名望的将军、政治家和创新技术的人那样改变历史进程。

人们常说的七宗罪是指傲慢、贪婪、懒惰、色欲、嫉妒、愤怒和贪食。在生活中，我们每一个人都会或多或少触犯其中的一种或者多种罪行。但是对于大多数人来说，有七种美德会抵消这些罪行，也就是我们常说的谦卑、善施、勤勉、贞洁、仁慈、忍耐和节欲。但是对于贸易时代中的那些商人来说，这七种罪行在他们身上体现得更加淋漓尽致。换句话说，他们手握专制权力，从而令这些不道德的罪行变得有过之而无不及，但是他们之中的大多数人也有善良的一面。这些商人们的性格既复杂又有趣，我们不能说他们是英雄或者天使。正如军事家和政治家一样，商人们的性格特征被权力和成功无限放大，从而也使得他们看起来非常伟大。如果从正处于剧变的社会历史背景中去看这些商人，我们就会发现，他们把握住了各种机遇，从而给这个世界带来了很大的影响。这些握有专制权力的商人将贸易公司转变成控制殖民地的政治实体，并在这两者之间站稳了脚跟，由此他们真正做到了为市场而战！

目　录

第一章

同侪之首

简·皮特斯佐恩·科恩与荷兰东印度公司

阁下凭经验应该知道，亚洲的贸易必须由阁下自己的武器来保护，而这些武器必须由贸易所得的利润来支付。因此，我们不能进行没有战争的贸易，也不能进行没有贸易的战争。

　　　　　　　　　　——简·皮特斯佐恩·科恩，约 1614 年

　　1609 年的春天，13 艘全副武装的战舰在从阿姆斯特丹（Amsterdam）出发远航一年之后，朝着班达群岛（Banda Islands）驶去。开花的肉豆蔻散发的浓郁香味弥漫在潮湿的空气之中。彼得·范霍夫（Peter Verhoef）上将是其中一支舰队的指挥官。这个人在经商和探险方面并不是一个富有经验的人，但是在海上打仗方面却表现得十分出色。荷兰东印度公司之所以雇用范霍夫，是想让他从摩鹿加群岛（Moluccas）带回丁香和肉豆蔻这两种名贵的香料。在当时，摩鹿加群岛是欧洲人眼中的"香料群岛"。在这次航行中，范霍夫带了一支千人军队，其中包括日本雇佣军。号称"十七绅士"的东印度公司的董事们对范霍夫的要求十分明确："我们恳请您特别关注那些生长着丁香和肉豆蔻的岛屿。无论您采用何种方式，谈判也好，武力也罢，一定要把这些香料带回来。"对此，范霍夫选择了他最擅长的方式，也就是武力。事实上，早在两年前的直布罗陀海战（Battle of Gibraltar）中，范霍夫就充分展现出了他的作战能力。在这次海战中，范霍夫指挥的荷兰舰队一举歼灭了西班牙的一支强大舰队。

　　当范霍夫及其舰队快要靠近大班达（Great Banda）港口的时

候，他发现此处的避风港中居然有一艘英国的船，这让他既感到震惊又十分恼火。因为过去的几年里，荷兰东印度公司与英国东印度公司的商人们关系十分紧张，几乎处于一种剑拔弩张的状态中。这两家公司都设法取缔葡萄牙人在印度尼西亚的香料贸易，并将其据为己有。停泊在这个港口的英国商船名叫"赫克托耳"号（*Hector*），船长是威廉·基林（William Keeling）。在过去的一段日子里，基林已经绕着班达群岛巡航了数次，希望能够弄到一船香料。为此，这位英国船长和同样停留在这座岛上的荷兰商人们建立了友好的关系，他们常常一起在海边共进晚餐，走访各处的种植园。然而，这种友好的关系随着范霍夫的到来而消失不见。范霍夫让基林感到不适的一个举动就是他阻止当地的首领（orang kaya）与英国商人进行贸易活动。为此，基林抱怨道，范霍夫对他本人以及他的同伴们一点都不友好，总是动不动就搜查他的船，并且还不让他继续进行交易以及收缴债务，最过分的是还命令他滚蛋。此外，荷兰舰队雇用的一名英国水手偷偷告诉他的英国同胞，范霍夫正密谋在几周内对英国商船进行突袭，这更可恶。

基林细想了下自己的处境，悲伤地写道："62人对付1 000多人，恐怕不行。"无奈之下，他只好把"赫克托耳"号开往更远处的一座岛屿，也就是安圭拉岛（Ai），并赶紧从这座岛上购买肉豆蔻，以免再受到荷兰人的阻挠。班达群岛中最大的岛屿就是大班达岛，好几千人生活在这里，经营着极具价值的肉豆蔻种植园。奈拉岛（Neira）和古农岛（Gunung Api）都分布在大班达岛炮台的射程之内，而基林去的安圭拉岛位于大班达岛以西不远的地方，再往西的岛屿是这群岛中最小的一座，也就是鲁恩岛（Run）。在大班达岛上，范霍夫肆无忌惮地对岛上的居民威逼恐吓，并让一家荷兰公司在当地实行垄断，将所有的英国人、葡萄牙人、马来人以及中国人从肉豆蔻的贸易中驱逐出去。

同年 4 月 19 日，范霍夫下令让 250 名全副武装的士兵下船，在海边列队集结。同时，他也召集班达人的首领来听他讲话。当所有人都到场之后，范霍夫先是向每个人送了礼物，并仪式性地打开了一张羊皮纸，然后用葡萄牙语和马来语宣读羊皮纸上的内容。他说道，"班达的岛民们违背了只和他们荷兰人做生意的承诺"。随后，范霍夫指着大班达岛和奈拉岛之间的航道，对在场的所有人说道，"我们荷兰人要保护自身以及这里的整个区域不受葡萄牙人的侵犯"。不久之后，范霍夫的下属们就开始在奈拉岛建造一处堡垒以及一座工厂。

班达的首领和范霍夫一样都有点惊慌失措。之所以会这样，还要从几年前发生的一件事情引起的麻烦说起。1602 年 5 月 23 日，荷兰船长沃夫特·哈尔曼松（Wolfert Harmenszoon）劝说奈拉岛的一些首领签署了一份用荷兰语拟定的合同。根据这份合同，荷兰东印度公司能够垄断当地的肉豆蔻贸易。虽然这些首领看不懂荷兰语，但是其中的一些人还是在合同上签字了，因为他们害怕一旦拒绝签字，就会得罪这些荷兰商人，从而遭到报复。然而，班达群岛的首领们意识到，把所有的香料生意都留给荷兰人对他们来说没什么好处，所以实际上他们也就没严格遵守这份合同。如今，荷兰人又拿出了这份合同，想要控制班达群岛的所有肉豆蔻贸易，而不仅仅是此前签字的首领管辖的区域。

班达群岛的原住民都生活在海边的村庄里，相距都不远。范霍夫对这里松散的管理很不理解，同时也不知道如何与他们打交道。对于范霍夫来说，他仅想为自己对班达群岛的管辖披上合法的外衣。但是对于范霍夫的要求，大班达岛上的数百个首领感到十分不解，由此他们给出的回复也是含糊其词的。他们声称需要更多的时间去商讨他提出的要求，以此拖延时间。然而，事实是他们无法干预范霍夫在大班达岛和奈拉岛之间的航道上所做的事情。加之，范霍夫修建的一处石头堡垒的炮台射程覆盖了这些首领管辖的范围，这对于他们来说也不是一件好事。

班达人想起来早前一位穆斯林圣人对他们说的一个预言，就是未来的某一天，一群白皮肤的人会从远方而来，然后征服他们的岛屿。英国商人在得知这个预言之后对当地人说，预言中的人就是荷兰人。班达岛上的原住民非常不愿意只和荷兰人进行贸易。他们更喜欢中国、阿拉伯以及爪哇的商人，因为这些商人会带来他们喜欢的物品，例如蜡染布、印花布、大米、西谷椰子、瓷器以及各种药物。更为重要的是，他们之间有着共同的文化背景，甚至宗教信仰。相比之下，荷兰商人对班达岛当地除香料以外的物品不感兴趣，例如呢绒或丝绒，更不用说当地的宗教，并且还不尊重当地的习俗。尤其令当地人感到恼火的是，范霍夫要求当地的居民只能与荷兰人进行贸易往来。使班达人更加感到不安的是古农岛上一座火山的爆发，火山喷出的灰烬散落在奈拉岛上，其场景仿佛范霍夫的舰队到来时一样。

日子在与班达人的协商中一天天过去了，范霍夫有点不耐烦了。因为他还有其他事情要去做，尤其是确保荷兰东印度公司对蒂多雷（Tidore）和德纳第（Ternate）两座岛上丁香贸易的垄断。1609 年 4 月 25 日，范霍夫命令 750 名士兵从奈拉岛登陆，然后铲除掉一座废弃的葡萄牙人的堡垒。这样的阵势令附近村庄的居民感到惶恐不安，他们都逃到了山上或者其他岛上。由此，荷兰人占据

在这幅 17 世纪早期的版画中描绘了古农岛的火山大爆发，恰逢此时
一支荷兰东印度公司的舰队抵达班达群岛。

了班达人的居所。由于班达人缺乏军事力量，无法赶走荷兰人，加
之荷兰人修筑的堡垒墙体逐日增高，他们最终选择在 5 月 22 日与
范霍夫会面，共同商讨范霍夫说的贸易垄断事宜。双方的会面地点
选在了奈拉岛东部的一个偏僻位置。范霍夫带着许多陪同人员，包
括他最信任的军官们、大商人们以及一队全副武装的士兵。根据英
国人的一种偏见，范霍夫还带着一些英国俘虏前去，以此向班达人
表明他对英国的控制。

　　然而，当范霍夫到达约定地点的时候发现空无一人。为此，他
让随行的翻译阿布里安·埃斯唯尔（Adriaan Ilsevier）在附近的树
丛中进行搜查。埃斯唯尔在一处灌木丛中发现了班达群岛的首领
们。他们对埃斯唯尔说，他们一看到这么多全副武装的荷兰人就感
到十分害怕，并让他代为询问范霍夫是否可以让士兵们原地停留，
仅仅带着高级谈判人员前来磋商，以此保障谈判双方的安全。

　　范霍夫自认为占尽优势，于是就同意了班达首领们的请求。他和几十名随从放下了武器，只身前往班达人所在的灌木丛中。在进入灌木丛之后，范霍夫发现自己的周围都是拿着武器的黑人。很快，班达人和他们的首领们就包围了范霍夫一行人，并对他们发起进攻。这时，范霍夫的随从们大喊道："快去拿武器！将军，我们被出卖了！"但是一切为时已晚。班达人很快就把手无寸铁的范霍夫和他的随从都杀了。事情发生得太快、太突然了，尽管在远处停留等待的武装士兵们火速钻进树丛去解救他们的长官和同伴，但是当他们赶到的时候，发现所有人都被杀了，没有一个人侥幸逃脱。范霍夫的头还被砍了下来，悬挂在一根木杆上。随后的几周，岛上各地的班达人掀起了反抗荷兰人的斗争。面对这样的局面，荷兰人几乎没有逃离他们的船或者堡垒的，而是加快建造已完成一半的堡垒，也就是拿索堡。

荷兰东印度公司军队的新指挥官西蒙·霍恩（Simon Hoen）一就任就开始展开对班达人的报复，如袭击岛民、焚烧村庄、捣毁船只以及劫掠任何有价值的东西。此外，7月26日，当军队遭受班达人打击之后，霍恩下令撤退，对整个岛实行封锁，阻断岛民的食物供给以及一些贸易往来。不久之后，许多班达首领妥协了，答应了荷兰东印度公司的种种要求。8月13日，首领们尽管很不情愿，但最终还是承认了荷兰人对当地肉豆蔻贸易的垄断。自此之后，所有前来的船只都必须先在拿索堡停靠接受检查，然后予以放行。加之，如果没有荷兰东印度公司的允许，任何人都不得在岛上定居生活。据此，奈拉岛完全成为荷兰东印度公司的领地，这是该公司在这里占领的首个地方。

在料理完奈拉岛的事情之后，霍恩开始向北航行，去占据蒂多雷和德纳第两座岛屿。值得一提的是，班达人虽然答应了荷兰人对当地肉豆蔻贸易的垄断，但是私下还是会和英国商人做生意。为此，英国商人在边远的安圭拉岛和鲁恩岛建立了工厂。所以说，垄断贸易在理论上很简单，但是却很难执行下去，即便在偏远的班达群岛亦是如此。

17世纪及18世纪初期是荷兰的黄金时代（Dutch Golden Age）。当时的荷兰是欧洲最富有且技术最发达的国家，见证了人文学科与自然科学的繁荣，从中反映出人们无比乐观的精神和富足。市民和商人大力支持人文学科的发展，包括雕刻、诗词与戏剧，乃至公众辩论。人们喜欢聘请建筑师为自己的房屋进行设计，绘画与雕刻令他们的屋子变得美轮美奂。伦勃朗·凡·莱茵（Rembrandt van Rijn）、约翰内斯·维米尔（Johannes Vermeer）、雅各布·凡·雷斯达尔（Jacob van Ruisdael）以及其他的艺术家使得绘画发生了重大的变革，他们为风景画、肖像画以及静物画注入了新的生命，并描绘了繁荣城市中的生活与社会景象。在科学领域，闻名于国际的杰出人物有哲学家勒奈·笛卡儿（René Descartes），国际法领域的法学家及理论家雨果·格劳秀斯（Hugo Grotius），数学家、天文学家以及摆钟的发明人克里斯蒂安·惠更斯（Christiaan Huygens），显微镜以及微生物学研究的创始人安东·凡·列文虎克（Anton van Leeuwenhoek）等。此外，图书出版在包容且求知欲盛行的环境中不断繁荣起来，其中关于宗教、哲学与科学思想的书籍在荷兰不断刊印，并秘密运往他国。

荷兰共和国从西班牙帝国的统治下解放出来不久，就成为欧洲贸易的中坚力量。数以千计的船只使荷兰的许多港口变得拥挤不堪。其中，阿姆斯特丹就是欧洲的一个国际贸易中心，来自美洲、印度以及"香料群岛"的奢侈品大多汇集于此。与此同时，1602

年荷兰东印度公司在阿姆斯特丹建立了股票交易所，这成为世界上首家进行股票和债券交易的组织。为此，荷兰东印度公司也成为首家拥有永久股本的贸易公司。该股份公司在筹集原始资本的时候汇集了巨额财富，其投资者就多达 1 800 人。其中的大多数人是商人和其他富有的中等阶层市民。这种股票投机成功与否，和公司从远东地区带回香料的情况密切相关。

　　直至 17 世纪末，荷兰东印度公司成为当时世界上最有权势且最富有的公司。该公司自称有大约 150 艘商船以及 40 艘大型战舰。在权势鼎盛时期，该公司在全球雇用了近 5 万人，包括水手、工匠、装卸工、办事职员、建筑工人等。不仅如此，在职的人中还有 1 万名私人武装。此外，公司涉猎的商业活动十分广泛，如船只制造、制糖、布匹生产、烟叶烘烤、纺织、玻璃制造、蒸馏、酿造以及其他产业。

　　与此同时，荷兰东印度公司为自己国家的繁荣奠定了基础，其拥有的强大舰队让这个新兴共和国的贸易走向了世界。凭借着血腥的斗争，该公司最终取得了全球香料供应的垄断地位。然而具有讽刺意味的是，公司的财富建立在对印度尼西亚地区的剥削基础之上，这与公司的许多股东所追求的自由与宽容文化恰恰是背道而驰的。此外，荷兰东印度公司获得的全球霸主地位，以及对荷兰艺术与文化繁荣的贡献是建立在惨无人道的掠夺策略之上，这与荷兰所倡导的自由精神也是完全相反的。

　　在彼得·范霍夫远征队中有一个名叫简·皮特斯佐恩·科恩的商人，他目睹了所谓"1609 年邪恶的班达人叛乱"。科恩始终相信，班达人对荷兰东印度公司的抵制是受到了英国人的支持，而班达人与生俱来的背信弃义本性更是起到了重要作用。一些人常说，科恩注定会因其恶行而被后人记住。十多年后，作为荷兰东印度公司在东印度群岛的总督，科恩证实了藐视公司将会受到残酷的惩罚。

❖　❖　❖

东印度公司的香料来源十分广泛。其中，肉豆蔻就可以提供两种不同的香料，也就是种仁和种皮。这种植物最高可以长到 20 多米，它的叶子表面通常泛有光泽且一年常绿。肉豆蔻的果实则是黄色的，形状与桃相似。肉豆蔻的果实成熟时就会裂开，从里面露出一个小小的、由红色薄膜包裹的棕色坚果。这个坚果的内核就是肉豆蔻，而外层的红色薄膜在太阳底下晒成棕色后就是豆蔻皮。而丁香则是指丁香树上的花骨朵，这种树一般生长在半山腰，叶子多为红色。人们将粉红色的花蕾从丁香树上摘下，然后在太阳底下晒干，就成为我们日常的食用香料——丁香。一般而言，一棵成熟的丁香树每年能产出超过 15 千克的干花蕾。此外，黑胡椒是一种长着黑色叶子的开花藤本植物的果实，这种植物的果实一簇多达 50 个。在果实没有成熟的时候，人们就将其摘下并在太阳底下晒成黑色。与黑胡椒相比，白胡椒则是来自一种完全熟透的红色浆果。很多香料都需要经过在太阳底下晒干这一过程，桂皮也不例外。充满香味的桂皮是从肉桂树的枝干上切下来的，并在太阳底下晒成卷。与此同时，西方市场上贩卖的各种姜往往是干姜，这是把新鲜的姜在太阳下晾晒之后形成的，而鲜姜则是来自一种叶根狭长呈球形的多年生植物，这种植物的叶子与草比较相似。与西方人不同的是，东方人往往喜欢吃这种鲜姜而不是干姜。此外，欧洲市场上充斥着的其他各种各样的香料也都是印度尼西亚生长的植物。

这些名贵的香料往往是各种药物、香水以及食物调味品的主要原料，能够起到促进消化以及储存肉类食物的作用。香料本身的味道非常浓厚，因此一点点香料就能够改善食物平淡无奇的味道，尤其是稍微散发出腐烂之味的腌肉。加之，香料还能够掩盖住人口众多的城市里散发的恶臭。出于这些香料的高昂价值，人们往往也把它们当作钱来使用，例如一小袋香料就能换到一小群牛或者羊，或者作为新娘出嫁时一份不错的嫁妆。此外，一些人还会将香料当作礼物献给国王，胜利的将军们也会向战败者索取香料，而教皇也十分喜欢香料，往往将大量的香料收入囊中。为了得到香料，很多人往往还会大开杀戒。罗马皇帝提比略（Tiberius）也曾抱怨过帝国内部的香料不断减少，因为很多香料都被人们用来支付"异域的亚洲商品"了。公元408年，入侵哥特的阿拉里克国王（King Alaric）也要求对方用3 000磅胡椒作为不洗劫罗马城的筹码。当时的人甚至相信肉豆蔻和姜能抵御瘟疫的侵袭。数个世纪以来，黄金、白银流向东方，而晒干和磨成粉的香料则流向了西方。这些事情都恰恰说明了香料具有高昂价值。

17世纪的欧洲，那些追求时尚的富贵人家都会有碾磨香料的工具以及储存香料的密封罐，此外还有一些银盘子是专门用来盛香草蛋糕和加了香料的水果。当时的男男女女也都喜欢随身携带一个装有香料的香盒，因为当时的人们相信香料的气味能阻止传染病的传播以及掩盖人身上的体味。不仅如此，一些人甚至将丁香插在橘子或者苹果上，然后放在挂衣间里，这样香气就会充满整个屋子。丁香甚至还被人们用来改善口气，例如在中国汉朝时期，朝臣们在和天子说话之前必须先嚼点丁香，这样能保证口气清新。

　　药师和医师会开一种掺入香料的处方，用来治疗各种大大小小的疾病。其中，肉豆蔻能够治疗咳嗽并改善记忆力；胡椒则能够治疗感冒、提高视力以及减缓肝脏的疼痛；丁香被人们认为是一种治疗耳痛的良药；而酸角的功效则体现在预防瘟疫方面。不仅如此，当时坊间甚至广泛流传肉豆蔻、姜这些香料可以充当提高性欲的春药。正是由于香料具有如此之多的功用，所以市场上往往供不应求，并且香料的价格往往令富人以外的人群望而却步，但是一些特殊场合除外。正如历史学家英尼斯·米勒（J. Innes Miller）在《罗马帝国时期的香料贸易》(*The Spice Trade of the Roman Empire*)一书中指出，"各种香料的使用在文明开化的人群中十分普遍，其场所遍及家、神庙等。它们不仅能够用于食物与葡萄酒的调味方面，而且还能够用作药物。此外，香料通常都是晒干的，体积还小，因而非常便于运输"。

　　数个世纪以来，大多数人往往只是用过丁香、肉桂皮、胡椒这些香料，但是从来没有想过这些香料的产地以及种植方式，哪怕是专门做香料生意的商人们也是如此。他们对香料的了解都是来自神话或者虚构的故事。著名的罗马自然哲学家老普林尼（Pliny the Elder）就曾谈及，香料是从遥远的地方运来的，这些地方连他本人都没有去过。同时，他还描述了香料运输的方式。"人们用皮筏来装香料，然后在海上航行，这些皮筏没有方向舵，也没有船桨。人们航行唯一依靠的就是勇气……海风令皮筏沿着直线前进。肉桂皮是人们贩运的主要香料，据说商人们在返回欧洲之前需要花费近五年的时间才能到达有香料的地方，许多人都为此丧命。"

　　马可·波罗（Marco Polo）吹嘘道，他曾经在中国沿海的岛上看到过丁香树，这是一种长着类似月桂树叶子的小树。而阿拉伯中间商们为了阻止人们寻找香料的源地，也编造了很多听着就令人毛骨悚然的故事：种着香料的地方都有凶猛的野兽把守，前往香料之地的海上常年风暴肆虐、瘟疫横行。手段残忍的海盗们还会埋伏在海船必经的航路上，劫掠没有防备的船只并大开杀戒。不仅如此，还有很多巨鸟栖息在岩石上或者肉桂树的枝杈上。只有那些勇敢的人才会不畏艰险爬上陡峭的悬崖获取肉桂皮，他们真是冒着被巨鸟咬死的风险来做这件事。还有一个故事描述了通往香料之地的路上遍布体型巨大的鳄鱼，它们专门吃人肉。还有的故事说香料之路上有着巨大的泽蛇，它们常常会吃掉那些粗心大意的旅行者。其他类似的故事都是为了恐吓对香料充满好奇心的人，并借此证明市场上售卖的香料价格昂贵是合情合理的。

　　尽管获取香料的贸易路上根本没有这些神话中的怪兽，但是其旅途却也是漫长且充满艰难险阻的。最有价值的香料主要来自远东地区的两个群岛，其中印度尼西亚群岛的范围最大。该群岛从亚洲大陆向东南部延伸，由 1.3 万座岛屿构成，占据了约 5 000 平方公里的海域，其岛屿分布犹如夜幕中的星辰一般，点缀在大海之上。由于邻近赤道，该群岛的气候非常潮湿闷热，并且在频繁的火山活动的作用下，这里的土壤十分肥沃。群岛西部的两座岛屿——爪哇岛（Java）和苏门答腊岛（Sumatra）——盛产胡椒（需求量最大的香料）、姜、肉桂皮、樟脑。这两座岛屿由于地处马六甲海峡（Malacca strait）和巽他海峡（Sunda strait），因而在这些香料的贸易中占据优势。此外，印度尼西亚群岛的第二大香料产地是著名的摩鹿加群岛。但其中只有五座岛屿的土壤和气候条件适合丁香生长。所有这些岛屿都聚集在巨大的哈马黑拉岛周围。上述的这些岛屿都归蒂多雷和德纳第两座岛上的苏丹管辖。向南几百公里就是班达群岛——唯一生长着肉豆蔻树的地方。

这幅 17 世纪的版画描绘了摩鹿加群岛上人声嘈杂的香料市场。

　　香料贸易可以追溯到该地区有记载的历史之前，比第一批欧洲船只到达这里的时间还要早两千年。爪哇、马来和中国的商船与这些香料群岛保持着密切的来往。它们会带来大米、棉花、丝绸、钱币、瓷器或者珠子，当地的人们会用香料交换这些物品。对香料的需求促使商人们设计了精确的贸易路线，从而使他们能够顺利地穿过大大小小的岛屿。一般情况下，商人们会把香料带到苏门答腊和爪哇的贸易中心。在那里，香料会经过多次易手，先是到印度商人手里，然后是阿拉伯商人手里。这些阿拉伯商人再把香料运到埃及以及中东地区，甚至地中海地区。亚历山大（Alexandria）是地中海地区首个销售香料的贸易中心，之后取而代之的是君士坦丁堡（Constantinople）。就价格而言，香料每转手一次，价格就会随之提高一些，外加上商人想要从中赚取的利润、政府征收的各种名目的税，这些都使得香料本身的价格更高。等到香料出现在欧洲市场时，在班达群岛本来能用一小袋米或者少量布交换到的香料，在这里就需要用一笔不少的钱。

　　在中世纪的数百年时间里，威尼斯始终掌握着西方国家的香料贸易，威尼斯商人在亚历山大以及之后的君士坦丁堡市场上排斥其他国家的商人。但是在 1453 年，事情发生了变化。这一年，在长期的围困之下，奥斯曼土耳其人攻下了君士坦丁堡。自此之后，拜占庭帝国正式退出历史舞台。对于香料而言，君士坦丁堡的陷落使得香料贸易完全被掌握在土耳其人手中。这些土耳其人肆意地增加各种税收，这使得通往他们眼中的"异教"欧洲的香料贸易就此中断了。

　　然而，在 15 世纪末，葡萄牙人发现了一条通往东方的海上路线，也就是沿着非洲海岸向南航行，绕过好望角（Cape of Good

Hope)。葡萄牙人在开辟这条航路的同时征服了许多非洲东部沿海的国家，并于 1510 年在印度西海岸的果阿（Goa）建立了殖民地。几年之后，葡萄牙的投机商们占领了印度尼西亚群岛上的几座城市，在那里修建了防御的堡垒，并控制了当地的香料贸易。由此，葡萄牙成为欧洲最富有的国家之一，他们吹嘘已经掌握了一张涵盖全球贸易网的地图。但是，这种成功却成为葡萄牙衰败的关键所在。这个国家仅有 200 万的人口，从事东方香料贸易需要不断地进行战争，并不时有各种海难以及因疾病带来的死亡，这些事情都使得葡萄牙数量有限的成年男性背负了沉重的赋税。为了维持香料贸易的正常运转，葡萄牙人雇用了外国的水手，而这些外国人很快就知道了这一惊人财富的秘密。知情的人自然也就想要从香料贸易中分一杯羹。

　　从 1519 年开始，作为有史以来最伟大的航行之一，葡萄牙贵族费迪南·麦哲伦（Ferdinand Magellan）成功进行了环球航行，先是沿着南美洲海岸航行，然后横穿太平洋，最后在香料群岛建立了一个西班牙殖民地。尽管西班牙和葡萄牙之间存在纷争，但是它们还是共同垄断了欧洲香料贸易长达数十年。16 世纪中叶，欧洲的王朝政治使得神圣罗马帝国的皇帝查理五世（Charles V）继承了西班牙的王位以及勃艮第公国（duckedom of Burgundy），乃至北方诸省（大概是今天的比利时、荷兰以及卢森堡地区）。1549年，这些省份在查理五世的统治下成为一个独立的国家。当 1555年查理五世退位的时候，他将庞大的帝国划分给了兄弟费迪南（Ferdinand）以及自己的儿子菲利普（Philip）。其中，费迪南控制着神圣罗马帝国旧有的领土，而菲利普则成为西班牙以及新建立的西属尼德兰的国王。尼德兰地区对于西班牙王室的兴旺至关重要。1580 年，菲利普吞并了葡萄牙，从而将这两个相互竞争的国家统一在同一个君主的统治之下，香料贸易的垄断亦是如此。

宗教改革（Protestant Reformation）中断了菲利普这一缜密的安排。1567 年，菲利普国王派遣手段残忍的阿尔瓦公爵（Duke of Alva）以及一支西班牙军队前往尼德兰，以此平定当地的起义，并借此机会征收一系列新名目的税。1568 年 2 月 16 日，宗教法庭声称尼德兰地区的 300 万市民除了少数人之外全是异教徒，都应该被处死。为此，菲利普命令阿尔瓦执行宗教法庭的判决。正是尼德兰地区的人们背负着沉重的赋税、阿尔瓦的无情杀戮，以及数以千计的市民被绞死、烧死以及刺死才引发了这次起义。尼德兰各城市的人们在奥兰治的威廉三世（William Ⅲ of Orange）的领导下联合了起来，他们宣称西班牙人"残忍无道、嗜血成性，是外来的压迫者"。由于西班牙在尼德兰南部地区的统治最为牢固，所以很多生活于此的大商人在起义期间都北逃了。

在这次起义中，财富与知识的最大受益者就是阿姆斯特丹这座城市。16 世纪晚期的几十年时间里，西班牙人和起义队伍之间的冲突并没有取得什么结果，但实际上却造成了安特卫普（Antwerp）港口的关闭，由此也就中断了葡萄牙前往北欧的贸易路线。阿姆斯特丹的商人开始到里斯本去获取香料，这种情况一直持续到 1595 年，那一年菲利普国王关闭了里斯本的市场，因此也就关闭了欧洲的香料中心。这一举动促使北欧贸易中心的商人们开始寻找自己的东方香料之路。

✣ ✣ ✣

1592 年，一位荷兰的旅行者简·惠更斯·凡·林斯克顿（Jan

Huyghen van Linschoten）为葡萄牙商人服务，在东印度群岛游历了 11 年才回到欧洲。林斯克顿深沉地说道，"我日日夜夜都渴望前往那远方的土地"。1596 年，林斯克顿出版了他的游记《远航葡属东印度游记》（*Itinerario*），书中详细记载了印度和印度尼西亚两地的民族以及物产。与此同时，这也是一本路线地图，其中标记了葡萄牙人的贸易网、当地的王国位置以及各种风土人情，此外还有当地人喜欢的商品以及他们出售的商品——这完全是一本商业领域的《孤独星球》（*Lonely Planet*），为商人们来到这些地方提供指引。在书中，林斯克顿首次描述了丁香、肉豆蔻、肉桂皮以及其他香料的起源地。值得一提的是，该游记还记述了关于当地人生活日用的离奇有趣的事，例如"印度的女性很愿意嚼丁香，这样口气就变得清新了。生活在那里的葡萄牙人的妻子也效仿当地人的这一习俗"。就肉豆蔻而言，林斯克顿说道："这种果实完全像是又大又圆的桃子，其内核就是肉豆蔻……苹果这种水果平时都是用糖完整保存的，深受当地人的喜爱，所以在印度各地都有卖的。"这位四处游历的荷兰人详细地讲述了每一种香料的好处，生怕人们把香料当成神奇的东西。

历史学家伯纳德·维勒吉（Bernard Vlekke）在《努桑塔拉：一部印度尼西亚史》（*Nasantara：A History of Indonesia*）一书中写道："林斯克顿和其他人一样都坦率地承认，此时的葡萄牙帝国在东方已经衰颓，如果给予其适当的一击，这个所谓帝国就会崩塌。如果说得含蓄一点，此时的葡萄牙就犹如一颗待摘的熟李子。"对于荷兰商人来说，这无疑是个好消息。他们意识到这是独立的好机会。这时的荷兰商人拥有着充足的资本，能够为自己的独立与西班牙进行战争。

　　因此，荷兰商人开始组织远征队，前往香料群岛。和葡萄牙的投机者不同的是，荷兰商人并没有得到王室的赞助与支持，完全是由私人投资者资助的。1594 年，9 位大商人开始策划筹建一家"用于远征的公司"（A Company for Far Places）。这一举措不仅仅对葡萄牙人对于香料贸易的垄断视而不见，更是对维护《托德西里亚斯条约》（Treaty of Tordesillas）的教皇敕令的公然违抗，因为根据该条约，整个世界被划分成两部分，西班牙和葡萄牙各占一半。这些荷兰商人在筹建好公司之后，便由其成员科内里斯·德·豪特曼（Cornelis de Houtman）带领进行了第一次航行。豪特曼是一个令人捉摸不透、性格古怪且有危险倾向的人。在他领导的这次航行中，一艘船沉入海底，249 名水手死了 145 名，并且不管到了哪里，他都喜欢羞辱当地的商人。然而，尽管豪特曼的这次航行没有携带必要的地图，只带了好多想要在目的地售卖的厚实呢绒布和毯子，但是他还是受到了马来商人的热情款待。之所以会这样，其主要缘由在于马来人希望看到这些荷兰商人与葡萄牙人、西班牙人进行竞争，后者在当地名声不佳，以手段残忍、漠视当地宗教而著名。但是，豪特曼还没有前往摩鹿加群岛，就被公司强制召回荷兰。尽管如此，他还是设法弄到了一小船香料。在阿姆斯特丹，人们认为豪特曼领导的这次远征是成功的。

　　荷兰投资者们很快就抓住了能够弄到满满一船香料的机会。这得益于三大条件：丰富的航海知识，林斯克顿新出版的《远航葡属东印度游记》中对当地风俗习惯的详细介绍，以及豪特曼领导的那次航行中幸存的船员积累的经验。基于此，荷兰投资者们建立了一家新的公司并开始了新的远征，这次航行的领导是雅各布·科内利松·凡·内克（Jacob Corneliszoon van Neck），其配备的 7 艘船都是全副武装的——这么做是因为荷兰人压根儿就没想着葡萄牙人会对他们的到来表示欢迎。凡·内克是一位头脑灵活、行事老练的商人，在航行到香料群岛之后，所及之处，他都与当地人建立了友好的关系。因此，他在返回的时候船上装满了香料，尤其是胡椒，这使此次航行获得了高出其原始资本 400％ 的回报，并且回报率仍在不断上升。直到 1598 年，5 家不同的贸易公司共派出了 22 艘船前往香料群岛。无论船员和商人到达的是印度群岛的何处，都宣称自己是葡萄牙的敌人，由此这些人都受到了当地人热烈的欢迎。数年的时间里，许多荷兰贸易公司的船员和商人几乎走遍了香料群岛中的每一个地方。仅拿 1601 年来说，就有 65 艘荷兰船驶向了香料群岛。

　　荷兰商人在香料贸易方面取得了显著的成功，已经远远超过了葡萄牙商人。然而，伴随着攘外而来的是荷兰商人之间的相互倾轧，他们纷纷在欧洲降低香料的售卖价格，并且在东印度群岛大肆种植香料。为此忧心忡忡的投资商们想到了一个既简单又高效的解决办法，那就是组建一个公司，将所有商人纳入并限制其竞争，使他们将矛头都指向葡萄牙人和西班牙人。阿姆斯特丹的商人们向代表荷兰所有省份的管理机构议会（States General）提出，他们自己垄断香料贸易，将荷兰其他城市或省份的商人拒之门外。几年来，荷兰议会反复劝说各省份的商人们停止他们之间激烈的竞争，联合起来共同对付敌人。然而，这一劝告反而遭到了更强烈的反对，因为他们都怕失去自己原有的独立地位。尽管如此，在经过多次协商之后，各省的商人们在议会的倡导下最终于 1602 年 3 月 20 日共同创建了荷兰东印度公司。自成立之日起，该公司就拥有东印度群岛地区 21 年的贸易垄断权。

新公司由"十七绅士委员会"（Council of Seventeen）掌管，他们会定期在阿姆斯特丹会面讨论公司事务。其中，八名代表来自阿姆斯特丹，四名代表来自米德尔堡（Middleburg），另外四名代表分别来自恩克赫伊森（Enkhuizen）、荷恩（Hoorn）、代尔夫特（Delft）以及鹿特丹（Rotterdam）。最后还有一名常任理事，会轮流从上述除了阿姆斯特丹以外的城市中选定。之所以排除阿姆斯特丹是因为该城市的代表人数最多，就不可能让其拥有大多数选票，从而独自决定公司事务。理论上讲，所有的荷兰公民都能成为荷兰东印度公司的持股人，但是公司实际上却逐渐由一小群有权势的商人掌控。这家公司是世界上第一家"合股制公司"，同时也是17世纪世界上最大的个体商业贸易组织。仅仅在首次公开募股的几天后，第一批股东甚至还没有买入他们的股票，这些股票就在阿姆斯特丹证券交易所以每股17美元的溢价进行交易。

对于荷兰东印度公司而言最为重要的是它拥有对东方贸易的垄断权，这里通常不是商人所及之地。此外，它是一家私有的商业公司。虽然公司不受荷兰政府的直接控制，但是却有权以政府的名义做出决策。具体而言，荷兰东印度公司能够以议会的名义缔结条约、宣战媾和，而且还可以修筑堡垒、配置大炮、雇用军队、建立殖民地、进行法律审判，甚至发行货币。由此可见，这家公司从本质上说可谓是国中之国。在接下来的岁月里，荷兰东印度公司效仿葡萄牙绕过非洲，为垄断香料贸易与葡萄牙人进行了激烈的斗争，很快就取而代之了。历史学家菲利普·科廷（Philip D. Curtin）挖苦地说道："荷兰东印度公司的军事力量比其贸易商品还重要。与其说它是一个拥有资本的贸易公司，还不如说它是一家海盗式的辛迪加（syndicate），其针对的对象就是在亚洲的葡萄牙据点。"

1603 年 12 月 18 日，首批荷兰东印度公司的舰队从阿姆斯特丹出发，这次航行的目的不只是贸易，还有打击葡萄牙人的商船和堡垒。荷兰人对葡萄牙人的无情打击很快就取得了效果。在这一过程中，荷兰东印度公司把发起战争和进行贸易看得一样重要，突出表现在其舰队上装载的贸易商品及银块与携带的枪支弹药一样重。每当公司的舰队与葡萄牙人的船队发生冲突时，公司总能获胜。1605 年，公司就夺取了葡萄牙人在安汶岛（Ambon）上的堡垒。在数年的时间里，该公司的足迹遍布阿拉伯半岛至日本之间，并在这一范围内构建了一张汇集贸易货栈、堡垒和工场在内的庞大贸易网，其中的许多地方都是直接从葡萄牙人手里抢来的。但是没过多久，荷兰东印度公司就面临着昔日共同反抗西班牙的盟友，也就是英国的竞争。

尽管英国商人在王室的支持下于 1600 年 12 月建立了英国东印度公司，这比荷兰东印度公司的成立时间还要早两年，但是他们从事香料贸易没有荷兰人那么暴力，并且资本也不多。英国东印度公司拥有的船只和职员很少，筹措到的资金也很微薄，所以它别无选择，只能缓慢地进行贸易。加之，在它无法触及的地方，荷兰东印度公司的商人们早已凭借着强大的加农炮控制了香料贸易的整个地区。值得一提的是，荷兰商人的目标不仅仅在于将葡萄牙人在东方的势力消灭殆尽，更是要把当地的贸易网纳入公司的垄断计划之中。因此，他们不会容忍任何竞争者的出现，例如英国人。1604 年 2 月，在万丹（Bantam）的英国商人埃德蒙·斯科特（Edmund Scott）写道："他们顺着风航行，时而往东，时而往西。所到之处，人们都会认为他们想带走胡椒。"这一时期的英国商人很难弄到香料，因为荷兰东印度公司早早就将其带走了，因此英国人开始尾随荷兰人的船只，并在其附近建立工厂。荷兰商人从一开始就把这些英国人视为侵犯者，从而对他们一直怀有敌意。没过多久，即便欧洲处于和平时期，英国和荷兰双方的公司职员们也会兵戎相见。早在荷兰东印度公司21年的垄断结束之前，其舰队就几乎与世界上主要的临海国家都发生过海战。

荷兰在垄断香料贸易的过程中也经历了一些挫折，例如尽管付出了巨额的战争开支，但是仍未能完全将西班牙人或者葡萄牙人驱逐殆尽，而且还目睹了英国商人的势力与日俱增。这让十七绅士委员会意识到，如果荷兰商人想要确保自身对香料贸易的垄断，那就需要更多协调一致的行动，也只有如此，才会有更多的利益随之而来。不久，荷兰东印度公司进行改组，建立了"印度群岛委员会"（Coucil of the Indies），将其作为公司在香料群岛方面事务的中心决策机构。与此同时，公司还设立了总督一职，他具有在东印度群岛进行一些活动的最高决定权。皮耶特·博特（Pieter Both）是公司选定的第一位总督，他是一位有着多年在东方生活经历的人。1610年12月，博特带着一批殖民者来到了万丹，这些人来自各行各业，如工匠、牧师、商人，还有36名女性。此外，随行的还有简·皮特斯佐恩·科恩，这是他第二次来到东印度群岛，其身份是博特的助理。科恩从这里各国商人的纷争中看到了晋升的绝佳机会，对于他来说，这一机会有复仇的意味。

✤　✤　✤

从画像中看，简·皮特斯佐恩·科恩好像是一个性格死板、自

简·皮特斯佐恩·科恩，荷兰商人，也是一名战士，仇视英国人，其
突出贡献是致力于荷兰东印度公司对香料群岛的贸易垄断。

以为是的人，但同时也不缺圆滑的一面。从外表来看，科恩很注重
自己的仪表。这种给人的整洁印象可以从他光滑的头发、修剪整齐
的胡子等方面看出来。不仅如此，他还十分注重穿着，例如绣花的

紧身上衣饰有旋涡纹图案，衣服各部分的缝合处都配有做工精细的点缀物，而颈围部分则打着浆，显得整个人神气十足。与此同时，他瘦削的脸上有一个大大的鹰钩鼻和一双丝毫没有幽默感的眼睛。值得一提的是，他的眼睛从来没有给人以温暖、宽恕、人性或同理心的感觉。这幅画像给人传达出了一种缺乏幽默感、傲慢自大的形象。总之，科恩是一个深受其时代影响且行事残忍的人，他一生中所经历的事情及其具备的竞争力压制了他富有同情心的一面。

　　曾经发生的一件事足以表明科恩冷酷的一面，就是当科恩回到荷兰后，在家中发现自己 12 岁的养女萨特耶·斯佩克（Saartje Specx）躺在一个 15 岁的士兵怀里，于是他就展现出了不近人情的一面：这个小士兵被当众砍头，而萨特耶则遭到鞭打。这还是科恩临时心生怜悯，原本他是想将萨特耶扔进一个桶中活活溺死。历史学家霍尔顿·弗伯（Holden Furber）在其《1600—1800 年东方贸易中相互角逐的帝国》（*Rival Empires of Trade in the Orient*，1600—1800）一书中写道，"科恩做事目的明确，追求个人财富，并对人们遭遇的疾苦漠不关心，这使得他更像 19 世纪末期许多在非洲的帝国缔造者"。

　　认识科恩的人都会对他阴沉的说话方式感到害怕，他身边的人都不怎么喜欢他。除了工作和打败敌人这两件事情外，科恩对任何事情都是零容忍。由此，他也把与自己性格不同的人看作失败的。不仅如此，科恩还十分厌恶殖民地的原住民，认为他们是无耻的、堕落的以及不值得相信的人。他还是一个充满野心的人，为了利益的最大化，他不惜诋毁他人提供的好心的意见。科恩似乎始终都与每个人处于一种殊死搏斗之中，只有一个人能够从这场搏斗中生存下来。所有挑战他的人都是以自身的毁灭而告终。科恩相信，诉诸武力是荷兰东印度公司通往繁荣的唯一路径。总之，他是一个善于谋略的人，同时也是一个手段残忍的强者。

　　1587 年 1 月 8 日，简·皮特斯佐恩·科恩出生在须德海（Zuider Zee）附近的一个村庄特维斯克（Twisk），他在这里接受了良好的教育。13 岁的时候，父母将科恩带到了罗马，从一个荷兰商人约斯特·德·威斯切（Joost de Visscher）那里为他谋得了一份工作，这个商人可能是科恩的远方亲戚。在罗马，科恩学习了记账和总账管理等知识，同时还学了点意大利语、西班牙语、葡萄牙语、法语以及拉丁语。1607 年，他跟随荷兰东印度公司的第四舰队进行远航，而这支舰队的指挥官就是范霍夫。按照范霍夫的命令，舰队的任务就是以武力确保公司对香料群岛——尤其是摩鹿加群岛——上丁香和肉豆蔻贸易的垄断。科恩目睹了范霍夫那些充满野心的计划纷纷破产，甚至他本人也被杀害，并且他还认为是英国人帮助班达人袭击了荷兰人。1609 年这段灾难性的远征经历促使科恩的目标变得十分明确，内心的敌意也变得更加强烈。他从来都没有忘记这些惨痛的经历，也正是这些经历对他日后的种种行为产生了很大的影响。

　　在经历了一次不幸的航行之后，科恩于 1610 年回到了荷兰。在很短的时间内，他便凭借直率的行事方式以及对公司运营情况的精确分析得到了上级领导的信任。1612 年，科恩便晋升为高级商人，负责掌管两艘商船，和新任总督皮耶特·博特一起航行。博特对科恩十分赏识，两人在香料群岛上共同清点了一遍公司拥有的财产后，博特便对科恩的工作热情、敬业精神以及对公司运营情况的准确理解印象十分深刻。由此，博特任命他为万丹的总会计师以及商业事务的理事。1614 年，28 岁的科恩向公司的十七绅士委员会提交了他的著名文章，即《论印度的现状》（"Discourse on the State of

India"），这使他的职位进一步得到了晋升。同年，该委员会就任命他为公司在香料群岛的总干事，职位仅次于总督一职。

科恩对公司所面临问题的分析清晰明了，非常具有说服力，最终他认为香料贸易对于荷兰的经济繁荣至关重要。由香料带来的利润不仅对公司和整个荷兰有利，而且还可以降低西班牙的实力，从而削弱西班牙控制低地国家的能力。在科恩看来，荷兰东印度公司对香料群岛拥有合法的权力，因为公司通过征服控制了广大的领土，由此要防止葡萄牙人和西班牙人的来犯。加之，公司对香料贸易的垄断并非以古老的教皇声明为依据，而是依托与印度尼西亚各个国家签订的法律合同，重要的地区有德纳第、班达群岛以及安汶。在这些地区，人们能够大量种植产香料的植物，供应并不短缺。在这样的背景下，英国人插手香料贸易是荷兰人绝对不能容忍的，因为这会导致欧洲市场上香料价格降低，从而使这个生意不赚钱了。

荷兰人对香料供应加以限制，其目的是让整个行业都有利可图。科恩提倡将公司控制的地盘扩展至整个香料群岛，并且坚持公司对丁香和肉豆蔻的垄断需要被严格执行，从而人为地限制香料的供应，以此保障其价格的高昂。不仅如此，在科恩看来，公司需要召集一支强大的舰队去占领葡萄牙和西班牙剩余的据点，并在菲律宾的马尼拉（Manila）和中国澳门攻击它们。最后，公司还要把殖民者和奴隶送到公司控制的偏远商业据点。当荷兰东印度公司在香料群岛站稳脚跟并且将竞争者全部取缔的时候，当地的首领们也就别无选择，只能遵守与荷兰商人签订的合同。科恩声称，只有到那时，荷兰东印度公司才能真正稳定地从香料贸易中获取收益。

这是一幅充满野心但却十分荒谬的愿景。尽管如此，十七绅士委员会还是开始着手这一令他们憧憬的计划，哪怕这一过程需要依靠武力来维持。如今，公司的这些上层不仅梦想着主导欧亚之间的贸易，而且也想插手亚洲这些岛屿之间的航运事务。因为亚洲的这些国家在人口、商品消费以及手工业方面都要远超于欧洲。科恩认为，公司若想保证香料贸易的稳定以及从中获取利润，就需要征服所有敌人，以在全球限制香料的生产以及销售的垄断。科恩勾勒的这一美好愿景需要荷兰东印度公司控制数百万人的商业活动，这一体量的经济体比荷兰乃至整个欧洲都要大得多。伯纳德·维勒吉在《努桑塔拉：一部印度尼西亚史》中就曾提及，"在这一贸易体系下，波斯的丝绸、印度的布匹、锡兰（Ceylon）的肉桂皮、中国的瓷器以及日本的黄铜，都可以用摩鹿加群岛的香料和帝汶岛（Timor）的檀香木交换到，而这些贸易活动都是在公司职员的监督下进行的"。荷兰东印度公司就像一只蜘蛛跨在巨大的蛛网上，它一点点延伸到自己从未造访过的边界，从而控制这些人口众多的地区的所有贸易活动，从中所得的利润全部被坐镇荷兰的投资者们收入囊中。

　　但是，科恩提出的这些建议在付诸实践之前还有很多事情要做。与此同时，他也在尽力将公司在万丹和安汶岛的事务正规化。在这期间，尽管科恩仍处在公司第二把手的位置，但是他还是以个人名义尽全力打击所有想要打破公司垄断的人。对于科恩来说，公司应得的利益却从指尖滑走，这是非常令人恼火的事情，但是他却无计可施，毕竟他没有权力执行公司的所有合同。在任副职期间，科恩一共经历了杰拉德·雷斯特（Gerard Reynst）、皮耶特·博特以及劳伦斯·里尔（Laurens Reael）三位总督，但是在科恩看来，这几位总督都太过于仁慈和蔼了，他们不仅选择了与英国商人合作，而且还对香料群岛原住民的权利和习俗表示尊重。

科恩尤其看不起英国东印度公司的商人们，所以他竭尽全力去阻挠这些英国商人获取香料。1613 年就发生过这样的事情，当时由约翰·茹尔丹（John Jourdain）带领的一支英国东印度公司的远征队航行至安汶岛，茹尔丹原本想从当地的荷兰商人手中以稍高于成本的价格购买丁香，但是他等来的却是科恩对其请求的直接拒绝，并且命令他放弃在安汶岛进行贸易的想法，因为荷兰东印度公司已经以签订合同的方式获得了这座岛屿上的所有香料。此外，科恩还写信告诉茹尔丹："不要想着和当地的人进行丁香贸易。"然后，科恩通知当地的村庄，与英国人进行贸易会遭到他的报复。当茹尔丹无法说服当地人与之贸易时，他便私下会见了科恩。毫不令人感到吃惊的是，两个性格傲慢的人在见第一面的时候就互相表现出了不喜欢。根据英国人的记载，茹尔丹嘲笑科恩的胡子稀少，"并且他尽可能去挫败科恩的努力，因为如果后者成功了，英国人在当地进行香料贸易就是不可能的"。然而，尽管如此，茹尔丹还是失败了，他带领远征队离开安汶岛的时候，一点丁香都没有买到。科恩清楚地知道，剥夺英国东印度公司的收入和荷兰东印度公司获取收益一样重要。

科恩特别感兴趣的是保障公司对班达群岛上肉豆蔻贸易的垄断，他内心清楚要做成这件事是很可能的，因为班达群岛地理位置偏远，范围狭小，同时也因为这里是肉豆蔻的唯一来源。但是英国东印度公司也有插手班达群岛的计划，尤其是群岛外围的两个小岛屿，即安圭拉岛和鲁恩岛。这两座岛的首领没有和荷兰东印度公司签订垄断合同，从而能够与英国商人自由贸易。1615 年，总督杰拉德·雷斯特带领了由 1 000 多人组成的连队前往安圭拉岛，但却遭到了班达人的驱逐。班达人之所以这样做是因为他们从英国人那里得到了武器以及必要的训练。荷兰东印度公司在这次行动中遭到了惨败，丧失了对整座安圭拉岛的控制。没过几个月，雷斯特便死了，直至死的时候，他都没有一雪前耻。面对这样的局面，科恩写信给十七绅士委员会，愤怒地表达："英国人想要剥夺我们的成果，他们甚至吹嘘能够在安圭拉岛自由行事，完全是因为他们过往对我们国家享有控制权。"不仅如此，科恩还说道："如果公司不尽早在这里投入大量资本的话，那么整个印度群岛的贸易便会付诸东流。"次年，公司又派遣一支大的舰队重新占领了安圭拉岛。与此同时，科恩写信给英国公司，声称"如果有任何屠杀的事情发生，他们不会因此被责备"。受到恐吓的英国公司放弃了安圭拉岛，这使得这座岛屿及岛上的居民又重新回到了科恩以及荷兰东印度公司的严酷控制之下。

　　荷兰东印度公司在征服了安圭拉岛之后，只有鲁恩岛尚不在公司的掌控之中。因此，鲁恩岛便成为科恩关注的焦点。尽管荷兰和英国在欧洲维持着和平的关系，但是双方的东印度公司在亚洲却处于交战的状态。正是在这样的背景下，科恩开始为最后的征服活动制订计划。他在给身处阿姆斯特丹的公司上层写的信中，以高傲的姿态写道："如果傲慢的小偷天天闯进你的房子，并且他们并不对自身的抢劫行为或者其他罪行感到羞耻的话，那么你该如何保护自己的财产不受他们的'粗暴对待'？英国人就是这样的小偷，他们正在摩鹿加群岛盗取你的财产。我非常吃惊的是，面对这种卑劣的行为，我得到的命令居然是不要伤害英国人。如果英国人对其他国家都有这种特权的话，那么成为一位英国人真是一件美事。"

　　十七绅士委员会中的一些人赞同科恩的想法，但是却不想为此付出代价。那么，这份代价就要由其他人来承担了。在科恩提出他的宏伟计划之前，荷兰东印度公司的董事们一直满足于通过商业贸易方式来赚钱。但是，科恩的提议改变了公司在亚洲进行贸易活动的方式。这里需要指出的是，无论谁控制着该公司，他都要对在欧洲限制人们行为的习俗和法律负责。科恩所具有的加尔文式的道德规范以及保守的性格，促使他对公司正常贸易活动以外的事情十分感兴趣。也就是说，他还想要控制当地的人，并把掠夺财富作为一种奖励。凭借着意志力、专一的目标、狭隘的思想、所谓对正义的笃信以及对贪婪的追求，科恩将公司的商业活动与自己的复仇计划统一在了一起。

1617 年 10 月，科恩得到了实施计划的机会。尽管十七绅士委员会不是很愿意接受科恩的血腥计划，但是委员会的成员们从他的报告和行动中看到了他如此行事的决心。当总督劳伦斯·里尔因报酬低而向公司提出辞职时，科恩自然而然就成为东印度公司的新首脑。那些支持对远东地区实行侵略计划和稳定公司利益的公司上层更是为科恩促成了此事。1618 年 4 月 30 日，科恩上任荷兰东印度公司的总督。不久以后，他便从阿姆斯特丹获得了最初的命令："必须对敌人采取大规模的行动，必须将班达岛的居民杀戮殆尽或者驱逐。如果有必要的话，可以通过将树木连根拔起的方式将这里变成沙漠。"此时，距离科恩构思扩张公司贸易的计划已经过去四年的时间了，现在他终于可以将自己的计划付诸实践了。最后，他还可以放手去做长期以来就想好的事情，而达成目的的最好方式就是武力。在写给十七绅士委员会的信中，科恩说道："阁下凭经验应该知道，亚洲的贸易必须由阁下自己的武器来保护，而这些武器必须由贸易所得的利润来支付。因此，我们不能进行没有战争的贸易，也不能进行没有贸易的战争。"

❖ ❖ ❖

　　当十七绅士委员会任命科恩为东印度公司的新总督时，这家公司在东方尚未站稳脚跟。许多荷兰商人通过战争以及一系列贸易垄断的合同，使得殖民地的原住民受到了很大的压迫。荷兰人不愿尊重当地人的文化与宗教传统，并且还以粗野的方式对他人进行骚扰，例如为了一些鸡毛蒜皮的小事和其他外国人争吵，对英国人和中国人尤甚。在这样的情况下，一些当地的人会不时攻击荷兰东印度公司的商人和船。与此同时，安汶岛和班达群岛的一些人不把与荷兰人签订的垄断合同放在眼里，仍秘密地与英国、中国以及马来的商人进行贸易。1618 年，几名西班牙和葡萄牙的囚犯从荷兰东印度公司的一艘船上逃走，并向英国人寻求庇护，这件事造成了荷兰与英国两家公司之间的和平关系出现了裂痕。双方在街上相遇时开始发生一些小冲突。科恩就曾骄傲地讲述他制造的混乱："一天，他们威胁要强行前往班达进行报复，然后还说要在海上攻击我们的船，并打算打破我们的头。他们每天都会说出各种威胁我们的话，这清楚地表明他们真的很糊涂。"就这样，和平的商业环境不复存在。

　　科恩总是很讨厌万丹，因为他认为这里的空气非常臭。因此，当万丹的苏丹命令他和英国人停战时，他马上就把大本营从万丹迁到了向东 80 公里的雅加达（Jakarta）小镇。然而，科恩并没有在雅加达待太久，他停留在这里的时候命令手下毁掉当地的一处小型英国工厂。出人意料的是，托马斯·戴尔爵士（Sir Thomas Dale）指挥的一支东印度公司舰队已经在此等候了。戴尔下令在港口里包围科恩的七艘船舰，迫使其投降。尽管船的数量不占优势，但是科恩拒绝投降。在胶着数日之后，战争于 1619 年 1 月 2 日终于爆发了。双方在雅加达的港口列阵，展开了一场残酷的海战。为此，印度尼西亚所有港口的船运都被迫停止了。随着数千门大炮齐发，刺鼻的浓烟笼罩在空气之中，数百人丧命于此。当双方在晚上停战时，很明显，英国东印度公司的舰队取得了胜利。那天晚上，科恩召集了所有船长分析他们自身的弱势，商讨的结果是他们的船舰过于破旧，而且弹药库存已耗尽。次日，又有三艘英国船舰抵达雅加达港口。面对这一情形，科恩命令雅加达工厂的人们誓死保卫仓库，然后他带领舰队逃走了。这样的事情在科恩身上从未发生过。

科恩带领的残破舰队升起船帆，驶向了摩鹿加群岛。他几乎重新集结起一支强大的舰队进行复仇。在航行的过程中，科恩在船舱中用他那瘦骨嶙峋的手拿起一支羽毛笔给十七绅士委员会写了一封信。在信中，他责备委员会的成员们没有给他提供充足的人员、船舰以及武器。从信的内容中，我们不难发现科恩的傲慢性格："我发誓，任何敌人都不如你们这些人的无知和愚昧给我们造成的伤害大，我的先生们！"

但是对于科恩来说，事情开始向好的方向发展了。托马斯·戴尔爵士虽然打败了荷兰舰队，但是他没有什么长远的目标，也没有能力将舰队中各自为政的船长们联合起来，这使科恩得以在战争中逃走，成功突围。此外，戴尔命令舰队不要对科恩的残余势力穷追不舍，而是向印度海岸驶去。没过几个月，他就因疾病死在了印度。曾经让人闻风丧胆的英国东印度公司的舰队也散落各处了，其部分缘由是公司松散的组织结构。也就是说，戴尔的舰队并没有真的听他号令，他是靠着说服各个船长才组建了舰队，但是每个船长都会考虑自身的利益得失，都没有明确的目标或者得不到长期的资金供给。

在成功拖延英国舰队之后，3月2日，荷兰东印度公司堡垒的人们决定将他们的小堡垒命名为巴达维亚（Batavia）。5月，科恩成功地返回雅加达，在英国东印度公司军队松散的组织情况下取得了胜利。5月28日，他派遣一支千人的队伍进驻堡垒，并对当地人展开攻击。当地的君主们没有能力击败科恩的军队。最后，科恩征服了这座3 000人的小镇，烧毁了镇上大部分的建筑物，将这片地方归为公司所有。然后，他根据自己熟悉的传统荷兰模式拟定了一套新的殖民方案。

科恩在这片新的殖民地保留了巴达维亚这个名字，这里是一处用石头建造而成的堡垒，其周围环绕着街道、水渠和桥梁。他吹嘘道："这里的所有君主都很清楚我们在雅加达建立殖民地意味着什么，以及接下来会发生什么。欧洲最聪明、最有远见的政治家们也会像我这样行事。"然后，科恩进一步向英国东印度公司的舰队们发起了进攻，由于此时的英国舰队已经分散开来，因此很容易就被打败了。科恩俘获了7艘英国船舰并据为己有。这次进攻有效地中止了英国东印度公司在印度尼西亚地区对荷兰东印度公司发起的挑战。正如科恩自己所说的："可以肯定的是，此次胜利以及英国人的逃离在东印度群岛引起了不小的轰动，这将提高我们国家的荣誉。如今，谁都想成为我们的朋友了。"

1619 年，简·皮特斯佐恩·科恩建立了著名的巴达维亚港口。因为他厌恶万丹那令人作呕且恶臭的空气，荷兰东印度公司将总部建在那里。

　　就在科恩快要实现他朝思暮想的宏伟目标之时，他收到了职业生涯中最糟糕的消息。1619 年 7 月 17 日，科恩打开了一封十七绅士委员会给他的信，其内容大致为他必须停止对英国东印度公司船运的攻击。从本质上说，这封信就是一纸休战书，由两家公司的代表签订，作为两国政府相互谅解条约的一部分。英荷双方要互相归还捕获的对方的船和人员，并且从今以后和平共处，互为朋友。与此同时，两家公司同意联合起来共同将葡萄牙和西班牙的势力从摩鹿加群岛驱逐殆尽，以及共同维护堡垒和工厂。这就意味着垄断不再是一家公司的事情了，而是双方的共享：英方占 1/3，荷方占 2/3。由此，双方都能提供船和人手，并得到自己想要的东西。

　　尽管这种合作关系是一种明智的选择，但是却激怒了科恩。对于科恩来说，他并不了解或者说根本不在乎两家公司在东印度群岛的敌对关系给欧洲带来的影响，这几乎引发了一场代价极为高昂的战争，这场战争可能会消耗掉由香料贸易带来的利润甚至更多。他唯一知道的就是如此行事，欧洲市场上的香料价格会陡然下跌，而在印度尼西亚群岛购买香料的价格则会不断攀升。为此，他火速写了一封信回复公司的委员会成员，其言辞十分激烈且嘲讽意味十足："先生们！英国人真是欠了你们一笔很大的人情债，他们刚从东印度群岛被赶走，你们就把他们迎了回来……真让人无法理解，尽管英国人并不拥有摩鹿加群岛、安波沙洲（Amboyna）或者班达群岛上的一粒沙，你们居然还允许他们拿走 1/3 的香料贸易！"

然而，科恩无意遵守上级传达的命令。其缘由主要在于荷兰东印度公司自身的实力十分强大，从而没有必要被迫听从荷兰政府的命令。科恩心里清楚，东印度群岛离欧洲很远，双方来回沟通需要一年的时间才能得到回复，因此他能够自由地解释他接到的命令。在这之后，科恩开始着手组织一次联合的"防卫舰队"，他很不情愿地邀请英国人参与其中。但是在听闻英国东印度公司缺少钱、人手以及船之后，他提出了一系列宏伟的计划，攻击西班牙人和葡萄牙人残余的据点，从而将他们的势力驱逐殆尽。一点都不令人吃惊的是，不久之前，英国东印度公司就没有能力履行支付 1/3 成本的承诺。1621 年 1 月 1 日，在一次英荷双方共同召开的会议上，科恩提出了他制订的入侵班达岛的计划，并号召他的英国盟友投入 1/3 的兵力和船。对此，科恩深知英方做不到，因为他们的大部分船舰都已经出海，被派去参加联合行动了。由此，他可以在没有英国人残存的情况下进行活动。

1621 年 2 月，科恩率领一支由 13 艘船组成的舰队抵达了大班达岛的拿索堡，船上近 2 000 名士兵严阵以待。相比之下，拿索堡仅有一支大约 250 人的部队守卫，这使得科恩的军队成为班达群岛有史以来最强大的军事力量。尽管这次入侵活动号称英荷两家公司的联合行动，但是科恩深知许多对他不满的英国人会藏匿于岛上，他们会训练班达人使用武器和构筑防御工事，从而抵御荷兰人的入侵。有一次，应班达岛上一些长者的请求，一位英国商人送信给科恩，敦促他避免发生武力冲突。据说科恩在看到这封信的时候大骂送信的商人，将他从办公室攥了出去，然后说"无论他发现了谁，他都会把他们视为死敌。他们的境遇不会比当地的班达人好"。很明显，这里说的"他们"指的就是暗地里帮助班达人的英国人。

最终，科恩发起了攻击。他先是派一艘小船绕着大班达岛航行，其目的是吸引火力，从而让他能确定安装炮台的位置。为了得到这一消息，2人被杀，10人受伤。几天之后，科恩先大声训斥了手下的士兵们，又为他们鼓舞士气，并表明打了胜仗后会得到钱财的奖励。然后，他命令军队开始发动攻击。然而，由于大班达岛丛林密集、山道众多，因此这里成为反抗荷兰人霸权的核心地点，岛上聚集了从其他岛前来的战士。在历经了两天的惨烈战斗之后，科恩贿赂了双方的几个叛徒，给了他们每人三十枚金币，以此让他们出卖同伴，破坏岛上的防御。不久之后，荷兰东印度公司的军队很快就控制了这座岛上的部分防御工事和据点。在这场战争中，荷兰一方仅仅6人死亡、27人受伤，而班达人则伤亡惨重。

一小部分班达人的首领从山上逃出来与科恩进行会面，而此时的科恩正在船上等着这些人前来投降。首领一行人在见到科恩后，向他深鞠躬，然后奉上了一条金链和一个铜壶，以表诚意。获胜的科恩并没有表现出宽宏大量。他要求班达人放下所有武器，协助毁掉所有剩下的防御工事，并且将他们的儿子送到荷兰人手中充当人质。他的经济条件也同样苛刻，他们需要放弃对所有岛屿的统治权，每年将 1/10 的肉豆蔻捐献给荷兰东印度公司的总督即他本人，剩余的 9/10 则按照预定的低价出售给公司。作为回报，科恩承诺为他们提供保护，以防敌人（科恩意指葡萄牙人）来犯。加之，科恩也答应首领们，不会强迫他们在班达群岛以外的地方进行劳动或者服兵役。

班达人的首领们见识过科恩的手段：亵渎他们的宗教圣所，焚烧他们的房屋，征用士兵以及对他们实行恐怖统治，所以对于科恩的承诺他们抱有一丝希望。然而，据科恩自己承认，尽管这些班达人接受了他提出的条件，但是他从来没有期望他们严格遵守。班达人的首领们为了满足科恩的要求，继续藏在山上，不再运送人质和武器。科恩曾写道："他们（班达人）是一群懒惰的人。对他们，我没什么好期望的。"的确如此，就在双方协商后不久，全副武装的班达人设下埋伏，杀死了荷兰东印度公司的巡逻队。科恩一直在等这样的一个契机，从而完全摧毁这些人。吉尔斯·米尔顿（Giles Milton）在《香料角逐》（*Nathaniel's Nutmeg*）一书中写道，科恩要求班达人放弃统治权是这些人起义的重要原因。但是对于科恩来说，这些起义没有被看成一种战争行为，而是一种叛国罪。在荷兰，叛国罪是要处以死刑的。

为此，科恩从船上带下来 45 名班达人首领。这些人是最初双方谈判的时候被扣下的。他对这些首领施以重刑，其审判程序主要包括上拷问台和烧烙铁两部分。没过多久，一些首领就被折磨而死，没有死的人供认了他们密谋攻击荷兰东印度公司的计划。据科恩所说，这样的背叛行为必须以死为代价。于是，科恩派手下的日本雇佣兵将这些年迈的首领用绳紧紧捆住，聚在了一片竹子制成的围墙内。在这里，这些人都未经正式审判而被处死。

荷兰东印度公司的上尉尼古拉斯·凡·瓦特（Nicolas van Waert）对科恩的行为表达了强烈的不满，瓦特曾写道："6名日本士兵接到命令，用锋利的剑砍下了8名被俘首领的头，并将其分成4份。然后又砍下了剩下的36名首领的人头，然后又分成了4份。这种处决方式惨不忍睹。死的时候，首领们都一言不发。只有一人用荷兰语说：'难道你没有任何怜悯之心吗?'但是一切于事无补。处死的场景真的太恐怖了，我们都感到震惊。砍下的头被放在竹子上，然后公开示众。只有上帝知道谁是对的。作为虔诚的基督徒，我们所有人都对科恩处理这一事件的方式感到不满，我们并没有从中感到任何快感。"另外一名公司的长官也写道："科恩以如此不道德的、残忍的方式行事，这些首领流下的血在向上苍祈求复仇。"不仅如此，他们公司的自己人也不能反抗科恩的命令，有些人就因为拒绝服从命令而被杀。

然而，科恩并不满足于此。自从1609年，他就已经在酝酿一个计划：他想减少这些群岛的人口，用进口的奴隶和签订契约的劳工取缔当地人，从而将这一地区完全置于荷兰东印度公司的控制之下。因此，科恩继续种族灭绝的勾当。在数月的时间里，荷兰东印度公司的士兵们焚烧村庄，围捕村民，将抓获的人赶到船上运到巴达维亚，在那里当作奴隶贩卖。在运送的过程中，数千名男人、女人、小孩死于疾病和饥饿。班达岛上原本有1.3万至1.5万人，最终仅有1 000人留在了岛上。除此之外，还有数百人作为奴隶又被运回了班达岛，在种植园进行劳作。

除此之外，科恩也违背了英荷两家东印度公司签订的合同，因为他逮捕了班达群岛上的所有英国人，对他们严刑拷打，并作为囚犯困在船舱中。不仅如此，科恩还下令没收英国人的财产，捣毁他们的工厂和住所。对于科恩而言，这完全是一场战争，胜者拥有所有。然后，科恩开始运送奴隶和殖民者到班达岛在种植园劳作。面对科恩的种种行为，十七绅士委员会只对他进行了轻微的指责，然后给了他 3 000 荷兰盾，以此作为他成功令公司垄断班达群岛肉豆蔻贸易的奖赏。

❖　❖　❖

到目前为止，科恩的商业目标几乎都实现了，他的复仇欲望也得到了满足，例如班达人因为他们的抗争行为得到了惩罚，英国东印度公司也在与荷兰人的对抗中败下阵了，荷兰东印度公司垄断了班达群岛的香料贸易，而他以进口奴隶取缔当地岛民的计划也在顺利地进行。因此，科恩决定返回荷兰，享受他这些年积累的财富。1623 年，他动身前往巴达维亚，在那里他还要处理一些小事。在此之前，他先来到了位于安汶的维多利亚堡（Fort Victoria）。在这里，科恩提醒驻扎在此地的荷兰东印度公司总督赫尔曼·凡·斯普尔特（Herman van Speult）要时刻提防形迹可疑的英国人。因为科恩相信在他走之后，班达岛一定会出现骚动。作为战略要地，安汶是当地几条重要贸易路线的重要地点，也是丁香的产地。

在料理了这些事情之后，科恩前往巴达维亚去处理自己的事情，并安排好班达群岛的殖民计划。他在班达群岛的计划是清除这些偏远岛屿上的所有肉豆蔻树，然后将这些土地划分成 68 份，每部分的面积为 1.2 公顷。荷兰东印度公司会将这些划分好的土地租给荷兰的种植者，这些承租的荷兰人只需要支付肉豆蔻在阿姆斯特丹出售价格的 1/122 就可以。很显然，在低人工成本的情况下，这种生意不管是对于荷兰公司还是承租人来说都是非常有利可图的。接下来的几十年也表明了，来到班达群岛的承租人都利用挣得的钱建造了大量的房子，以此凸显自己的财富以及作为地主的身份。

就在科恩以胜利者的姿态回到荷兰之时，他在安汶对凡·斯普尔特说的那些临别话语将一些事件推向了可怕的境地，哪怕科恩已经预料到了这些事情会发生。这里所说的事情要从维多利亚堡说起。该堡垒驻扎着公司的 200 多名士兵，他们手中有很多武器。从地理位置上看，维多利亚堡的一侧以一条壕沟为界与安汶岛上的城市相邻，另一侧则面朝大海。全副武装的荷兰东印度公司的船舰停泊在港口中，这就意味着要想对当地的荷兰人构成威胁需要更为强大的力量。尽管如此，斯普尔特从城墙上俯瞰整个安汶岛，最终将目光锁定在了一处小小的英国东印度公司的工厂。这是一个大约有十几人的破旧院子，从这个工厂就可以看出英国公司在当地没什么钱。没过多久，斯普尔特在当地的间谍网发现了一起非常可疑的活动：一名哨兵用灯光为英国商人雇佣的一支日本雇佣兵照明，他们潜伏在荷兰人堡垒城垛的周围。次日，有谣言称这个人是一名间谍，这令斯普尔特警觉起来。他命人将这个倒霉的哨兵带来问话，在经过一番严刑拷打之后，这名哨兵终于承认他和其他三十多个同伴企图夺取这座荷兰人的堡垒。为此，斯普尔特召集了这里所有的日本人，对他们进行拷问。最终，他们招出了英国的代理人加布里埃尔·托尔森（Gabriel Towerson），说他也参与其中，是所谓元凶。像往常一样，托尔森会与斯普尔特一起吃饭，但是这似乎并没有打消斯普尔特的疑心。

一天，斯普尔特像往常一样邀请他的同伴托尔森等人来他的堡垒共进晚餐。托尔森一行人刚进堡垒，荷兰东印度公司的士兵就将他们一举抓获。其中的一些人被戴上手铐扔进地牢，还有一些人被锁在船里，人们的尖叫声此起彼伏。在这种恐怖的氛围中，许多荷兰商人似乎失去了人性。当荷兰人质问这些英国商人是否参与了这次秘密袭击时，这些商人也同样遭受了与日本雇佣兵一样的折磨，有的人被烧死，有的人被刺死，还有的人被扔进水里活活溺死。他们中的一些人的四肢被荷兰人用火药炸掉了。这件事情发生之后，荷兰东印度公司出版了一本小册子，标题为《发生于安汶的针对英国人不公、残暴以及野蛮行径诉讼的真实记录》（*A True Relation of the Unjust，Cruel and Barbarous Proceedings Against the English at Amboyna*），书中讲述了英国东印度公司的职员们如何被迫承认攻击荷兰人的荒谬计划，并在处死他们之前，责令他们签署了能够证明其恶行的文件。1623 年 3 月 9 日，10 名英国人、9 名日本人以及 1 名葡萄牙人被斩首，托尔森作为元凶先是被活生生切成四块，然后被枭首示众。伯纳德·维勒吉在《努桑塔拉：一部印度尼西亚史》一书中写道："在 250 年时间里，安汶'大屠杀'在欧洲极具宣传价值。在印度尼西亚，这次大屠杀仅仅是该地商业竞争史上众多血泪的一小部分。"通过这次事件，英国东印度公司从印度尼西亚的香料贸易中被淘汰出局，之后再也没有在这片群岛上获得立足之地。此外，这次屠杀也终结了英荷两家公司的合作协议。很显然，科恩赢得了最后的胜利。自始至终，他都坚信只有控制了价格，公司才会获利。1623 年以后，科恩就让公司走上了实现这一目标的道路。

在回到荷兰之后，科恩过上了一名绅士应有的舒适生活。他住在一幢富丽堂皇的房子里，与他的财富地位非常相符。不仅如此，

科恩还娶了一位公司董事的女儿。荷兰历史学家朱瑞恩·凡·古尔
（Jurrien van Goor）认为"这些成就都证明了科恩的野心、骄傲与
自尊……他穿着的礼服以及摆出的各种姿态都富有贵族气质"。但
是，当科恩在印度尼西亚施行的商业手段传回欧洲时，许多荷兰人
都对他的行事方式感到惊骇，并害怕荷兰东印度公司会让整个国家
恶名昭彰。不仅如此，科恩在东印度群岛实施的计划也招来了非
议。人们认为如果荷兰的殖民者真的取缔了当地的印度尼西亚人，
所有贸易活动都在荷兰东印度公司的掌控下进行，并且使用奴隶进
行劳作，那么当地人还怎么活？若如此行事，荷兰东印度公司还能
够称得上是一家贸易公司吗？该公司的一名董事说道，"在一片空
旷的海域中，在一个空无一人的国度里，横尸遍野，那我们将无利
可图"。但是，当下公司获得的利润是十分丰厚的，没有人敢挑战
公司的垄断地位。与此同时，公司的海外活动不受荷兰法律的管
束。在欧洲之外，唯一能令荷兰公司服从的法则就是敌人的枪杆
子。因此，经过荷兰东印度公司内部董事多次商讨之后，科恩于
1624 年再次被任命为公司的总督。然而，由于在安汶岛那次对英
国人的屠杀造成了外交纠纷，科恩迟迟不能动身。直到 1627 年，
他才从阿姆斯特丹起航前往巴达维亚。这次，科恩的妻子、兄弟姐
妹也都一起随行。

　　直至 1627 年 9 月，科恩才抵达巴达维亚。一到那里，他就继
续巩固荷兰东印度公司在当地的垄断地位。然而，当地人也不会轻
易地放弃他们固有的生活方式、古老的传统以及自由。当年的 12
月，也就是在科恩到达之后的数月里，统治马塔兰（Mataram）的
苏丹阿贡（Agung）便对科恩展开了两次大规模的围攻。这位苏丹
控制着一个向外扩张的爪哇帝国，逐渐对荷兰东印度公司位于巴达

维亚的总部构成了威胁。为此，科恩也不会允许这一威胁的存在。他再次向世人证明了他是一个战术大师。阿贡在对科恩进行长达一个月的围困后，最终以失败告终。作为惩罚，阿贡在荷兰东印度公司堡垒的视野范围内处死了 750 名士兵。1628 年末，阿贡再次集结一支更为强大的军队，其数量多达上万人。这次倾全国之力，他相信一定能摧毁荷兰公司的私人军队，从而征服巴达维亚。但是在数月的围困时间里，科恩又一次证明了他是一个狡猾且危险的对手。他意识到了对方这支表面上十分强大的军队的弱点所在，也就是在海上作战，而这正是荷兰军队的优势。当时，荷兰东印度公司拥有东印度群岛最强大的海上势力。因此，科恩利用自身的海上优势摧毁了阿贡所有的粮船。当阿贡残余的供给船到达巴达维亚之时，数千名士兵都处在饿死的边缘。荷兰东印度公司堡垒的守卫们受到科恩胜利的鼓舞，更加顽强地抵御敌人的攻击。最终，阿贡的包围再次失败，船舰纷纷逃离巴达维亚，只有一具具尸体留在了那里。

经过此战，整个东印度群岛的人们都意识到了荷兰东印度公司的主导地位。不幸的是，对于科恩来说，这场巴达维亚包围战也让他感染了很多小病，这些病的出现与科恩他们长期待在狭小有限的空间有密切关系。其中，痢疾和霍乱对科恩的影响最大。1629 年 9 月 20 日，科恩死在了他的堡垒，终年 42 岁。一些人说由于害怕见到他的继任者雅克·斯佩克（Jacques Specx），他的死提前了。雅克·斯佩克的女儿正是此前被科恩公开鞭刑的萨特耶·斯佩克。

在科恩死后，巴达维亚已经成为印度尼西亚地区的贸易中心，同时也拥有当地最强大的军事力量。科恩是一位名副其实的商业之王，他为荷兰东印度公司的商业帝国打下了坚实的基础。如果没有他，公司还停留在仅是一个贸易公司的阶段，满足于在香料贸易中

与他人共同发展。在他死后，荷兰东印度公司继续遵循科恩定下的
发展路线，并在军事力量允许的情况下继续征服各岛上的族群，以
夺取统治权。1641 年，荷兰东印度公司在经历了长达六年的海上
封锁之后，最终征服了葡萄牙人的据点马六甲。1684 年，万丹的
苏丹也选择了向荷兰人投降，同意驱逐除了荷兰人以外的所有外国
人。在这一时期，荷兰东印度公司继续与英国东印度公司进行战
争，但是双方争斗的焦点变成了印度的西海岸。然而，两家公司的
争斗造成了欧洲范围内的三次英荷战争。凭借着优势，荷兰东印度
公司主导了欧洲大部分香料贸易，从而控制了欧洲近乎一半的对外
贸易。

为了始终保持高产量以及高昂的价格，荷兰东印度公司派军队
捣毁了其管辖的种植园以外地区的肉豆蔻树和丁香树。为此，蒂多
雷和德纳第两座岛上的人们不能再种植丁香了。但长期以来，丁香
是他们唯一的收入来源。违反公司的禁令种植丁香树将会遭受处死
的惩罚。荷兰东印度公司凭借减少群岛上人口的数量，并将人们重
新分配到各种植园中，从而对当地实行了严密的控制。这种做法无
疑会引起当地居民的反抗，但是公司几乎毫不费力就镇压了这些反
抗。在保证自身巨额利润的过程中，荷兰东印度公司令整个东印度
群岛变得贫困不堪。该公司在当地能够决定香料种植的种类和数量
以及重新分配人力资源，由此确保公司股东获得利润的最大化。由
此，荷兰东印度公司从一家商业公司转变成一个准殖民地的政治机
构，它闯入印度尼西亚人的生活，干预他们生活的方方面面，包括
商业模式、人际关系、宗教实践、饮食、服饰，乃至自由。

直至 17 世纪晚期，荷兰东印度公司是世界上最大、最富有以
及最有权势的跨国公司，其贸易范围从红海延伸到了日本。公司将

上百万欧洲人运往亚洲，这一过程无疑促进了思想文化的交流。不仅如此，公司还为上万人提供了就业机会，当时荷兰的人口数量才200万。公司下辖的海军力量令许多国家都相形见绌，而私人卫队也多达万人。然而，公司也面临了很多问题，主要表现为在向股东和投资者支付股息的同时，公司也要偿还不断增加的债务。荷兰东印度公司大部分的管理机构仅仅对十七绅士委员会负责，不受制于国家，这造成公司的组织日益臃肿、腐败乃至低效。

在接下来的一个世纪里，荷兰东印度公司继续进行了许多与全球政治事件相关联的商业投机，其间有成功也有失败。但是，维持垄断的成本最终还是高于香料本身带来的利润，尤其是在18世纪中期，由于欧洲消费者口味的变化造成肉豆蔻和丁香价格的下跌。荷兰东印度公司限制地区贸易的举措造成了走私与海盗盛行，打击这些违法行为需要军队、船只以及不间断的巡查。因此，为了垄断而进行的战争绝对不可能取得成功：公司不可能避免冲突，而维持舰队、堡垒以及戍卫部队消耗了由香料贸易带来的大量利润。

尽管荷兰东印度公司宣称在一个半世纪里给股东分了大量的股息，但是在1799年破产的时候，公司还欠着1 200万荷兰盾的债务。因此，尽管公司支付着大量的股息，但是也不断地赔钱。历史学家威拉德·汉纳（Willard Hanna）在《印度尼西亚人的班达》（*Indonesian Banda*）一书中写道，"公司的问题可以追溯到其黄金时期……因此，富有权势的荷兰东印度公司始终处于不断衰败的境地"。然而，大多数历史学家在指出18世纪该公司的活力的同时，也指明其因无法适应欧洲消费者需求变化而表现出的无能为力，以及1782年至1784年第四次英荷战争给公司带来的财务冲击。正如朱瑞恩·凡·古尔所言："战后，荷兰东印度公司的董事们都在尽力恢复公司往日的辉煌，而不是去寻找新的运营方式。其结果就是公司像一艘无人掌舵的船，驶向了金融的礁石。"尤其是第四次英荷战争成为公司垮台的最后一击，揭露了公司日益增加的债务。这些债务最终在荷兰接管公司的时候由政府和纳税人承担。在国家的控制下，荷兰东印度公司一直运营到1949年。在150多年的时间里，荷兰东印度公司始终是印度尼西亚大部分地区的统治当局，控制着人们的利益分配，维护着当地的传统与文化，但是这些做法的目的都是令身在荷兰的股东们变得富有。

荷兰东印度公司的成功与失败都基于一位伟大的商业之王的梦想，那就是科恩。他努力减少东印度群岛的商业活动，以至于能实现全面控制。科恩是一位杰出的战略家，但是由于过度竞争或者内心的病态，科恩将整个世界看成一个棋盘，其中布满棋子。为了赢得这盘棋，就需要有人冒险、有人牺牲，不必在意人命的价值。对科恩来说，赢就意味着一切。他人的生命，包括自己的同胞，都是可以很快解决掉的外在事物。人们可能会相信历史仅仅记载了他的部分事情。如果科恩活得再久一点，这就会更明显了。但是，尽管科恩长期以来被视为荷兰的一位民族英雄，他为荷兰东印度公司的繁荣打下了坚实的基础——他不仅为荷兰的黄金时代提供了财富来源，而且还为其提供了世界性的身份——但是他的残忍、暴力以及由他创造的公司文化给他的名誉蒙上了一层阴影。

科恩对荷兰东印度公司的愿景为这家公司以及他的国家带来了伟大的成就，但是犹如一个亢奋的瘾君子一样，这些成就最终都被消耗殆尽。尽管公司获得了贸易垄断的地位，但是控制和治理香料群岛的成本超过了其香料带来的利润。加之，与荷兰东印度公司一样，荷兰的黄金时代也逐渐消失。一代代人享受着该公司带来的利益，直至公司的最后一次决算揭露了其内在运行机制的腐败。事实上，腐败从一开始就已经存在了，与之相伴随的是 17 世纪科恩征服和主宰香料贸易的宏伟计划。总之，这位伟大的商业之王缔造的商业王国，最终因其错误的根基而崩塌。

第二章

破裂的忠诚

彼得·斯特伊弗桑特与荷兰西印度公司

我们的权威来自上帝与西印度公司，而不是少数傲慢自大的人。

　　　　　　　　　　　　——彼得·斯特伊弗桑特，约 1647 年

1664 年，英国国王查理二世在历经了十年的流亡生活后重新登上了英国王座。在他流亡期间，这个国家一直由议会统治。同年的 3 月 22 日，查理二世做了一个具有划时代意义的决定，也就是他授予充满野心的弟弟——约克及阿尔巴尼公爵（Duck of York and Albany）——詹姆斯掌管北美洲东部地区广袤的土地，其范围涵盖"从克洛伊河（Croix）到肯纳贝克河（Kennebec）之间以及从海岸到圣劳伦斯（Saint Lawrence）之间的所有缅因地区（Maine），从科德角（Cape Cod）到纳罗斯海峡（Narrows）之间的所有岛屿，从康涅狄格地区（Connecticut）西部边界到德拉华湾（Delaware Bay）东海岸之间的所有土地"。这份特许状特别提及了一条哈得孙河，这是一条向北流的河流，在这条河流的汇合处有一座贸易据点，这是波士顿南部、加勒比地区北部唯一一处重要据点，也是人们关注的焦点。

作为对这份厚礼的回报，詹姆斯每年都会给国王送 40 张优质的海狸皮。从表面上看，国王赠予詹姆斯这片北美的土地是兄弟之间的慷慨举动，但更深层次的原因是这片土地是荷兰西印度公司控制的准殖民地，这就意味着国王的这份赠礼并不是一个轻率的或者荒谬的决定，而是一个经过政府高层详细商讨后制定的政策，其目的在于凭借武力从荷兰西印度公司手中夺取新荷兰的控制权。

如果英国军队包围并夺取了荷兰西印度公司的这片准殖民地，那么英国将会控制整个北美洲的东海岸，然后将北部的新英格兰殖民地与切萨皮克地区（Chesapeake）的英国定居点连在一起。位于曼哈顿岛（Manhattan Island）上的新阿姆斯特丹不仅是荷兰在大西洋西部的商业活动中心，而且是英国殖民地大多数商业贸易的中心。因此，作为北美洲东海岸重要的港口城市，新荷兰地区尤其是新阿姆斯特丹成为荷兰和英国争夺的焦点。为了挑战荷兰人的商业地位，詹姆斯和他的几个亲信合并了一些公司，例如皇家非洲公司（Royal African Company），这家公司的目的就是摧毁荷兰人控制的非洲奴隶贸易，然后接管往加勒比地区种植园运输奴隶的事务。1663 年，由詹姆斯带领的这家公司夺取了荷兰在西非的所有奴隶贸易据点。由于英国人在香料群岛和东印度群岛遭受到了荷兰人的排斥，因此他们不准备在邻近家门口的大西洋地区也面临同样的境况。总之，英国人对新阿姆斯特丹，乃至整个新荷兰地区，都是势在必得。加之，有消息称，荷兰公司并没有投入多少精力来守卫新阿姆斯特丹这座城市。

詹姆斯很快就采取了行动。1665 年，四艘乘载着 2 000 名士兵的护卫舰在理查德·尼克尔斯上校（Colonel Richard Nicolls）的指挥下离开了英国执行秘密任务，也就是突袭新荷兰。在大西洋上航行的时候，四艘护卫舰是分散航行的，在 8 月 26 日抵达格雷夫森德湾（Gravesend Bay）的时候，这支舰队又重新集结。尼克尔斯在这里留下了 450 名士兵，用来夺取布鲁克林（Breukelen）的渡口，而其余人则继续沿着海岸行进，去支援在荷兰殖民地生活的英国定居者。当时，大约有 1 500 人生活在新阿姆斯特丹，而哈得孙河周围的整片土地上则有大约 1 万名英国人，他们分散在城镇和农场之中。尽管殖民地的荷兰市民乃至公司的总督苦苦哀求，但是荷兰西印度公司的董事们却拒绝了所有增加弹药和士兵的请求，因为他们不想再承担任何花销了。荷兰公司的董事们在写给殖民地总督彼得·斯特伊弗桑特的信中乐观地告知他，他没必要担忧英国人的入侵，因为"我们相信，由于这些北方的英国人大部分都是为了所谓的宗教自由而从英格兰本土逃过来的，所以他们不会给我们制造麻烦的，而是会在我们的管理下自由地生活，并不想再次让他们自己置于之前逃离的政府管辖之下"。总之，董事们希望公司实行的宗教宽容政策能够避免这些英国人攻击自己。

　　四艘英国护卫舰驶进了新阿姆斯特丹的港口，数百名士兵从这里登陆。尽管阿姆斯特丹堡垒在抵御如此强大的力量时人手不够，但是斯特伊弗桑特事先收到了可能会遭到入侵的警告，并为此加强堡垒的防御，组织人员巡视、挖掘沟渠，以及修复了早已破旧不堪的围墙。与此同时，斯特伊弗桑特匆忙给英国舰队的船长写了一封信，询问英国船舰来此的目的，并且提及由于英荷两国尚处于和平阶段，"贵舰队的指挥官对我们也没有什么偏见"。

　　9 月 4 日，一名通信员将尼克尔斯上校的回信转交给了斯特伊弗桑特，信中写道："以国王陛下的名义，我要求这座位于曼哈顿岛上的城市，以及这座岛上的所有堡垒服从于国王陛下，并交由我保护。"这封信的意思是尼克尔斯本人和国王都不想要发生流血或者暴力的事情。但是荷兰西印度公司不能答应上述要求，那么斯特伊弗桑特只能为此引发一场战争。

　　当这封信呈现在斯特伊弗桑特面前的时候，他对此嗤之以鼻，并拒绝回信，因为这封信的署名不对。为此，尼克尔斯上校重新写了一封信，开头为"尊敬的曼哈顿总督"，然后信中的内容不变，责令斯特伊弗桑特不要拖延："为了避免今后的不便，您有必要及时给予回复，我将对此非常感激。"最后，尼克尔斯还署名为"您谦恭的仆人"。

斯特伊弗桑特考虑了公司目前面临的形势：尼克尔斯拥有近1 000名士兵。不仅如此，尼克尔斯在整个长岛（Long Island）上还有1 000多名士兵，加之他的船舰上还装有许多大炮。相比之下，斯特伊弗桑特拥有的驻守新阿姆斯特丹的士兵仅有500人，还有少量大炮。不过，对于斯特伊弗桑特来说，他占据着堡垒，以及熟知周围岛屿的情况。为此，他能够抵挡英军的入侵一阵子，但是如果增援迟迟不到，新阿姆斯特丹这座堡垒还是要丢掉的。然而，如果不战而降，对于斯特伊弗桑特这样的人来说是一件不光彩的事情，并且很可能为此断送自己在公司的职业生涯。于是，斯特伊弗桑特大声喊道："我宁愿将他（尼克尔斯）拖进我的坟墓，也绝不会不战而降！"但是，尽管如此说，他还是选择先尽量拖延，向尼克尔斯表明他正在等公司董事们的命令。

之后，斯特伊弗桑特在一家当地非常受欢迎的酒馆会见了英国代表，在平静地读完递交给他的投降书上的条款后，斯特伊弗桑特愤怒地将这份投降书撕成碎片。这封信也激怒了聚集的人群，人们要求斯特伊弗桑特将这名英国人交给他们。但是，对于一位为了定居点和殖民地进行斗争的人来说，那样做就太没尊严了。他不想让下属或者这里有身份的市民看到这封投降书，因为他深知如果这些人看到了就会要求他投降。之所以会这样，是因为投降书上的许多条款正是新荷兰的人们梦寐以求的事情：宗教自由、财产权、继承的原则以及与荷兰的持续通商。总之，"每个人都会在他所在的地方自由而体面地生活"。

斯特伊弗桑特慢慢地将投降书的碎片捡了起来，交给了当场的民众。人们用胶水将皱皱巴巴的碎片拼在了一起。一些人眯着眼睛看着纸片，还有人大声地朗读纸上写的内容。在人们看着投降书的时候，斯特伊弗桑特悄悄地离开了酒馆，登上了堡垒的城垛。他凝视着停靠着英国船舰的那片海域，这些船上的大炮都对准城市。按照战争的通行规则，如果一方接到对方的正式要求后选择投降，那么平民和城市都会幸免于难。但是，如果接到要求的一方率先开了第一枪，那么此地的人们就会遭到劫掠。因此，如果斯特伊弗桑特下令开了第一炮，那么他管辖的民众就需要自我防卫了。也就是说，斯特伊弗桑特可以选择武力回击，但是这一定会将这座城市置于毁灭的境地，许多民众也会为此丧命。就在斯特伊弗桑特思考的时候，一位名叫多米内·麦加多伦斯（Domine Megapolensis）的教士来到他身边，这时在城垛上还有一位枪手。他们聊了起来，时间慢慢地过去了。最终，斯特伊弗桑特想清楚了，然后走下了城垛。次日早晨，也就是 9 月 5 日，新阿姆斯特丹的 93 名有身份的市民递交给斯特伊弗桑特一份请愿书，希望他能够选择投降，从而避免一场"苦难、痛苦与冲突，以及对当地 1 500 多名无辜者的完全毁灭"。看到请愿书的时候，斯特伊弗桑特已然明白，自己已经丧失了他们的忠诚。

尼克尔斯提供投降书的目的就在于打击对外国势力的抵制力量。他们能提供荷兰西印度公司所不能提供的东西，这些令人憎恶的外国人提供给新阿姆斯特丹的民众更好的生活，至少是一种享有自由的生活。那么，为什么最早来到北美殖民地的荷兰人宁愿接受外国的征服，还是与他们自己的国家交战多年的英国，都不愿意为自己的国家而战呢？这是一个有趣的问题。对这一问题的回答需要了解彼得·斯特伊弗桑特和荷兰西印度公司当初遗留下的问题。

❖ ❖ ❖

如今，人们都还记得亨利·哈得孙（Henry Hudson）于 1610 年在以他的名字命名的岛上惨死于暴动的船员之手的场景。几个世纪以后，一位画家画出了这一著名的事件：一个濒临绝望的船员蓄着胡子，身穿破旧的衣服，有一双深邃的眼眸。此时，他正在一艘拥挤不堪的小船上凝视着远方。他的四周都是令人望而生畏的雪山以及巨大的冰山。这位身形消瘦的船员紧紧握住他儿子约翰的手，孩子这时也看着自己的父亲。向四周望去，人们看到的是一片荒凉的冰冻荒野。这名船员就是哈得孙，他和他的一群忠实的追随者，以及在这次前途未卜的远征中病危的人，仿佛都被抛弃在这冰冷的海面上，任其自生自灭。尽管如此，他还是带着一种近乎病态的乐观宣布，他打算在春天到来的时候继续寻找从海湾到摩鹿加群岛之间的西部航道。人们在附近一处冰冻的岛上度过了一个悲惨的冬天。这次暴乱是一个充满悲伤色彩的事件。由于这次事件，英国在之后的几十年时间里都没有再探寻前往香料群岛的北方之路。

由于亨利·哈得孙的失败，很多人都为此损失了钱财。英国政府不再雇用哈得孙。然而，在弗吉尼亚公司（the Virginia Company）、莫斯科公司（the Muscovy Company）以及英国东印度公司的赞助下，一些商人还是给了他继续探索的机会。这是一个私人的冒险活动，但是和其他三次航行一样，哈得孙还是失败了。当时的大多数荷兰商人和英国商人都争相建立一条绕过好望角前往摩鹿加群岛的路线，并为此不惜与西班牙人、葡萄牙人以及马来人开战，以此在香料贸易中分一杯羹。相比之下，还有一些人想要找到另一条前往摩鹿加群岛的路线，这会是一条路途更短且航程中几乎不会遇到敌人的路线。加之，这条路线上居住着北方民族，他们更可能对羊毛这种英国的大宗出口商品感兴趣。

对于 17 世纪早期的船员们来说，他们手中的地图展现出的是一个残缺的世界，因为这些地图上四处都是空白的广阔区域，那是令人生畏的未知区域（terra incognita），其中可能暗藏着未知的商业机会，但也可能是掠夺。当时，唯一一条前往神秘的香料群岛的贸易路线是危险重重的，且航程十分漫长，需要环球航行并穿过未知的海域。这些海域中有西班牙和葡萄牙两国的船。除了这条航路之外，最具可能性的一条路线是穿过加拿大北部的寒冷海域，还有一条路线是沿着欧洲的北部海岸线向东航行。无论是其中的哪一条航路，当时的人都认为找到它仅仅是时间问题。自 1600 年英国东印度公司成立以来，英国始终被排斥在香料贸易之外，因此英国商人希望寻找到新的香料市场。1607 年，伦敦的一些大商人决定解决这一问题。他们资助了一次对前往东方的新路线的探索。

当时的哈得孙 45 岁，已经结婚，育有三个孩子。他是一名富有经验、技术娴熟的船员。哈得孙曾带着 12 名船员驾驶着一艘 20 多米的小船驶离英国，向东北方向航行。在航行中，他遇到了无际的冰沼，这使他不得不返回。这次航行的唯一收获就是发现了大量的鲸鱼。次年，也就是 1608 年，他沿着东北方向进行了第二次航行，但是由于遭遇冰层再次被迫返回。在这次航行中，哈得孙也准备穿过大西洋向西北方向航行，但是船员们出现了动乱，迫使他返回了伦敦。1609 年春天，就在哈得孙充满自信地准备进行第三次航行时，莫斯科公司的董事们拒绝了他的请求。在走出董事的房间后，哈得孙非常愤怒。但是，就在他还没来得及想好下一步该怎么办的时候，一个名叫伊曼纽尔·凡·梅特伦（Emanuel van Meteren）的外国人上前和他搭讪，向他讲述自己的国家以及服务的公司。梅特伦是一个温文尔雅、受过良好教育的人，时任荷兰驻伦敦的领事。他给哈得孙描绘出了一个吸引人的前景，足以使这位船员追寻探索之梦。受到一些荷兰大商人的邀请，梅特伦带着哈得孙来到了阿姆斯特丹，这些商人和哈得孙一样希望找到一条经由北美洲通往东方的西北航道。在当时的环境下，荷兰商人能够支持哈得孙实施这样的探索计划，主要得益于荷兰与西班牙之间达成了一项长达 12 年的休战协约。在此期间，荷兰共和国暂时停止与日益衰颓、濒临破产的西班牙帝国进行战争。

作为英国的主要贸易对手，荷兰人向哈得孙提供了很好的条件。对于荷兰东印度公司的十七绅士委员会来说，他们并不满足于通往东印度群岛的现有航路，因为这条航路十分漫长，且途中充满各种危险。因此，委员会的董事们想要找到一条路程短、耗时少的路线，并且所经地区没有坚固的防御工事，他们的对手英国人也没有事先开辟过。哈得孙向董事们表明，当他向北航行穿过北极圈（Arctic Circle）的时候，气候变得越来越暖了，他能够看见绿草覆盖的土地，那里生活着各种野生动物，以此把他们说服了。与此同时，虽然哈得孙说的这些无论从什么时候看都是违背常理的，但是却得到了荷兰地理学家皮特鲁斯·普兰修斯（Petrus Plancius）的支持。按照普兰修斯的说法，"在靠近极圈的地方，连续的太阳光照时间可以长达五个月，尽管太阳光线十分弱，但是长时间的照射还是会使当地变得温暖，从而适合人们生活，动物们也能找到有营养的食物"。因此，1609 年，也就是哈得孙惨死的前一年，荷兰东印度公司雇用哈得孙进行一次通往香料群岛的航行，然而他们是不可能找到这条路线的。

4 月初，哈得孙驾驶着一艘名为"半月"号（Half Moon）的船从阿姆斯特丹出发，向北部和东部航行去找寻他早期的路线。在这次航行中，荷兰东印度公司给哈得孙提供了 20 名船员，荷兰人和英国人各占一半，双方都不懂对方的语言。一点都不会感到吃惊的是，没过多久，哈得孙又遇到了此前阻碍他航行的冰层。但是这次，他没有返航，而是掉转船头向南部和西部驶去，穿过大西洋，去寻找一条道听途说的路线。这条路线是哈得孙从生活在弗吉尼亚的殖民地詹姆斯敦（Jamestown）的朋友约翰·史密斯（John Smith）船长那里听来的，而史密斯是从詹姆斯敦当地人那里听来的。按照当地人的说法，在美洲存在一条能够通往西部海域的大河。哈得孙临时改变航行路线违背了荷兰东印度公司的规定。公司曾警告他，除了探索新地岛（Nova Zembla）以北和以东方向之外，不要想着发现其他的路线。直到 7 月初，哈得孙一行人看到了纽芬兰岛（Newfoundland）或者布雷顿角岛（Cape Breton）的海岸线，然后向南航行穿过科德角，前往切萨皮克湾，继而向北航行去寻找能够通往西部海域的秘密路线。这条路线能够让哈得孙在历史上留名，并且获得财富。最终，在 1609 年 9 月，"半月"号在一处位置极佳的港口抛锚，停靠的位置距离岸边有四五英寻深。此处位于一条宽阔大河的入海口，不久后人们就以哈得孙来命名此地。

从现在来看，"半月"号停靠的地方叫科尼岛（Coney Island）。

在船停稳之后，一小队人划着小船上岸去探险。"他们对当地硕大、粗壮的橡树感到吃惊，单凭一个人很难完全抱住大树。哈得孙一行人受到了当地人的友好接待。当地人希望用烟草和毛皮与他们交换刀和五颜六色的珠子。令哈得孙他们感到惊讶的事物太多了，例如茂盛的草木，悬挂在树上和灌木上的水果，散发着浓郁香味的野花。"他们在这里逗留了几天，然后就驾驶着"半月"号沿着河流顺势而上寻找前往摩鹿加群岛的路线，"他们航行的这条河是曼纳·哈塔（Manna-hata）"。在接下来的几天时间里，哈得孙和船员们尝试着与当地人交流。为了从当地人口中得知西部海域的位置，哈得孙不止一次将当地人灌醉。在航行的过程中，哈得孙惊讶于沿途丰富的食物以及坚固的房屋建筑，尤其是羡慕数不尽的玉米以及各种豆子。当地人将这些作物种在房子周围，以便晾晒。抛开田地里正在生长的作物不说，已经长成的作物就足以装满三艘船。船员们向上游航行，穿过了一片他们认为是有生以来所踏足过的最适宜耕种的土地，那里还生长着各种各样的树。在大约航行了250千米之后，也就是快到今天的奥尔巴尼市（Albany）的地方，河流变得狭窄，且水位太浅，这使得"半月"号无法继续航行下去。哈得孙很不情愿地掉转了船头，顺流而下返回大海。与此同时，他也在思考在公司董事面前如何把这次失败的探险活动说得有那么一些成功。

在临近河流入海口的时候，哈得孙提议继续进行探索，但是却遭到了船员们"恶狠狠的"威胁。于是，他改变了计划，选择向大洋彼岸航行，开始返程。但是哈得孙没有回到阿姆斯特丹，而是将船停靠在英国的达特茅斯（Dartmouth）。在那里，哈得孙迅速写了一封信给公司的董事们，向他们描述了这次航行，并且请求他们资助次年的另一次航行。但是，董事们没有为此而雀跃，他们要求哈得孙立即将"半月"号驶回阿姆斯特丹。但是正当哈得孙不情愿地准备返航时，英国政府却以"他的航行损害了英国"为由将其逮捕，责令他不准离开英国。英国政府之所以这样做，主要是因为当时有谣言称哈得孙为荷兰人带去了重大的发现，所以英国人不想坐以待毙，也想得知其中的消息。为此，哈得孙被要求在伦敦面见国王，他的家也有专人看守。对于英国政府的行为，荷兰领事凡·梅特伦非常愤怒，他立即给荷兰东印度公司写了一份报告，谴责英国政府的行为："这些英国人真是变化无常，非常鲁莽，并且爱慕虚荣，他们对看不上的外国人充满了怀疑！他们的言谈举止是如此的矫揉造作，但是他们却自认为是富有教养、富有智慧的。"

尽管荷兰东印度公司很快就不考虑哈得孙的发现了，因为他们认为这些发现毫无价值。但是没过一年，一些不属于该公司的荷兰商人们却对可能存在的毛皮生意感兴趣。因此，他们"再一次向哈得孙发现的地方派去一艘船，也就是当时发现的第二条河——曼哈顿河"。

凡·梅特伦公开发表了对哈得孙航行的评价，声称这是荷兰人的发现。他描述道，这是一条极佳的河流，又宽又深，河的两岸都有很好的停靠点。这里居住着一群友好的、有礼貌的人，他们渴望互相进行贸易。当地人所从事的贸易活动吸引了阿姆斯特丹商人的兴趣，当时恰好这些商人也在寻求新的商机。凡·梅特伦所说的"毛皮、小鸟、狐狸以及其他货物"对商人们非常有吸引力。不过，值得注意的是，这里所说的商人指的是那些被荷兰东印度公司排斥在外，并对该公司完全掌控的东印度群岛航路不再感兴趣的人，他们喜欢自己掌握资本。对于这些人来说，通往中国和东印度群岛的海上之路固然是好的，但是从一个距离较近、安全性较高的地方直接获得有保障的回报也是很好的。他们所说的地方就是法属的新法兰西（New France）以北、英属弗吉尼亚以南的广大区域，这里还未为欧洲国家所占据。

　　这一地方具有的这些吸引力使得在哈得孙航行之后，许多个体荷兰水手和商人航行到这里，沿河探索两岸及内陆地区，并与当地人建立了良好的关系。不仅如此，这些荷兰人还建造了一些简易的营房和贸易工厂，其范围远至内陆奥尔巴尼。在哈得孙航行的几年时间里，当地人就已经在荷兰人的贸易据点出售素有"软黄金"之称的海狸皮。这里所说的贸易据点都分布在曼哈顿附近的三条河流两岸，即哈得孙河、康涅狄格河以及德拉瓦河。由于没有修好的路能够通往浓密的森林，因此各条大河就成为当地旅行和贸易的要道。荷兰人在曼哈顿岛南端建立的据点成为当地的贸易中心，在这里，商人们用小装饰品和当地人换取海狸毛皮。在欧洲，动物的毛皮价值非常高，人们能够用毛皮制作外套、衣领、披肩和暖手筒的衬里。海狸皮在这方面是相当实用的，因为海狸光滑的外皮之下是一层柔软、紧密的短毛。人们将这些短毛制成毛毡，然后再做成耐用、保暖的时尚小帽。此外，商人们也发现哈得孙说当地的土地极具耕种价值并非夸夸其谈。在几年的时间里，这些人在曼哈顿岛南端建造了一些房屋，然后开垦土地用于耕种。

　　1617年，英国船长、探险家托马斯·德尔默（Thomas Der-mer）航行至哈得孙河，他此番前行也是为了寻找通往香料群岛的西北路线。在抵达河口的时候，令德尔默非常震惊的是，这里居然停靠了大量的阿姆斯特丹和霍尔纳（Horna）商船，他们与当地人有着频繁的贸易往来。这是荷兰人与这片新土地保持长期来往的开端。

❖　❖　❖

1609—1621 年是西班牙和荷兰两国和平共处的时期，这种和平的环境推动了个体荷兰商人在美洲的商业活动。当时，荷兰议会中思虑长远的议员们商议着，在战端重开之时如何重创西班牙。他们计划利用私人资本以及广泛的商业网络发动一场独立战争。更为有利的是，当时许多荷兰的水手和领航人都通过贸易发展起来了。历史学家托马斯·康登（Thomas J. Condon）在《纽约早期史：新荷兰的商业起源》（*New York Beginnings：The Commercial Origins of New Netherland*）一书中写道，"（荷兰议会的）布局是宏伟的。在对西班牙的战争方面，议会将荷兰西印度公司作为国家的一个伙伴。在幅员辽阔的新世界，这家公司的目标是从根本上扼杀西班牙的生命力。为了做到这点，公司把精力都集中在了战争和贸易这两方面上，两者同样重要"。为此，1621 年 6 月 3 日，荷兰议会效仿对荷兰东印度公司的做法，也授予荷兰西印度公司长达 24 年的特许状。这家公司的管理阶层被称为十九绅士委员会（The Lords Nineteen），其成员包括有权势的大商人、金融家和政治家。凭借着特许状，荷兰西印度公司对新荷兰地区实行了贸易垄断，这也就意味着在 1623 年以后，个体商人就不能在这里进行贸易活动了。

荷兰西印度公司被赋予了两个重要目标，一是劫掠西班牙人的货物，二是在北美建立定居点。这些定居点可以作为抢掠西班牙人商船的基地。公司在西印度群岛和北美洲进行贸易活动，同时也在这些地区大肆劫掠西班牙人的商船，这些活动让公司的投资者和投机者赚得盆满钵满。荷兰议会宣称："西印度公司在新大陆起初不要与邻近地区的人们发生冲突，而是与之保持良好的来往以及友谊。"不过，1623—1624 年，公司接到的首要任务之一就是为攻击西班牙在巴希亚（Bahia）的糖料种植园做准备，其间投入了 300多人以及 23 艘船舰。1625 年，公司袭击和劫掠了圣胡安（San Juan）和波多黎各（Puerto Rico）。1628 年，海军上将皮特·海因（Piet Hein）率领小舰队伏击了由 16 艘船组成的西班牙银色舰队，这次洗劫的货物价值 1 000 多万荷兰盾。在当年，这足以支付股东们 50％的股息。在接下来的十年里，荷兰西印度公司资助了 700 多艘船以及 6.7 万人进行劫掠活动，收获的战利品价值超过 4 000 万荷兰盾。由此可见，公司的投资者们在这些早期的商业冒险活动中收获颇丰。

此外，荷兰西印度公司也在西非、加勒比海上的安的列斯群岛（Antilles）和其他岛屿上，以及南美洲的苏里南（Surinam）和圭亚那（Guyana）建立了贸易据点，并征服了葡萄牙的巴西殖民地。在整个 17 世纪 20 年代，公司都在努力巩固美洲中东部地区的势力范围，这一地区不仅有望为毛皮贸易带来利润，而且还能成为公司在加勒比海地区进行劫掠活动的中转站或基地。1624 年，科内利斯船长（Captain Cornelis May）公司派遣的第一批 24 个家庭从荷兰出发到了殖民地。他们分散在这片土地上的最偏远地区，然后定居下来。这些地区生活着不同部落的美洲土著，主要是德拉瓦部落（Lenape）和马希坎部落（Mahicans）。这些勇敢的殖民者在河流沿岸的荒地上建造了一些房屋，作为贸易站或者工厂。次年，越来越多的殖民者来到了殖民地。每年，这些殖民者都会向阿姆斯特丹运送价值 2.7 万荷兰盾的毛皮。一些人开始在曼哈顿岛各地耕种。这里水草丰茂，牛群在草地里慢悠悠地吃着草，风磨房、锯木厂以及木制的营房成为新阿姆斯特丹的定居点。一个热情满满的殖民者写道："我们饲养了能够提供食物的牛、猪以及其他牲畜。我们不想再回荷兰。凡是渴望在天堂里得到的东西，我们在这里都可以找到。"

荷兰西印度公司的董事们对这片土地可没有定居者的那份热情。在他们看来，新的定居点应该是贸易的前哨，而不是荷兰殖民扩张的前线。董事们要求这些定居者将公司的利益置于首位，并且派遣一名总督管理这一地区。对于新定居点而言，涉及管理的决定应该来自公司上层，而不是基层。定居者所要做的就是无条件地服从和执行公司下达的命令，并接受相关的规定。换句话说，他们须居住在公司指定的地方，然后满足公司的需求，例如种植庄稼，修建防御工事或者其他必要的建筑如总督的房屋，必要时还需要服兵役。只要服从公司的命令，在工作六年后，这些敢于冒险的拓荒者就可以选择一些土地供自己生活。但是这并不是许多人向往的那种田园般的种植园生活，这些人作为劳力需要做一件重要的事，就是在曼哈顿岛南端的一处重要聚点（被称为阿姆斯特丹）修建堡垒，他们称之为阿姆斯特丹堡（Fort Amsterdam）。这个名字看着没什么特别之处，但从主题上来说是合适的。

在新阿姆斯特丹这座独特的公司之城中生活的市民过着非常艰苦的生活。他们吃着硬邦邦的、不新鲜的食物，就像人们当初吃的一样。不仅如此，他们居住在破旧的小屋里，与其说是居住，倒不如说是蜷缩。由此，醉酒、打架斗殴、偷窃、谋杀以及强奸在这个大部分是男性的群体里时有发生。在新阿姆斯特丹，四分之一的场所是出售烈性酒和啤酒的商店以及烟草店。考虑到这些人大多是公司的契约佣工、职员以及奴隶，所以人们这些有伤风化的行为大都因公司而起。因为尽管公司很反感这片殖民地以及这里的人，但是通过售卖酒，公司从他们身上赚得了巨额的利润，其利润额仅次于毛皮生意。总之，在当时的新阿姆斯特丹，道德败坏、污秽以及无序大行其道。

在历任无能且贪腐的总督的管理下，以及在公司对殖民地发展的重重限制下，新阿姆斯特丹发展得非常缓慢。于荷兰坐镇的公司董事们害怕殖民地会对商业不利，因为当地的定居者们要求提供各种服务，例如需要学校的老师和教堂的牧师，还有一套司法体系以及军事力量，所有这些都需要花费更多的钱。耕种土地以及与当地人发生的冲突也可能破坏有利可图的毛皮生意。正由于此，公司更希望在殖民地定居的人口数量保持在较低的水平，并直接接受公司的雇用。只要有人能够向公司出售足够的毛皮或者为其生产毛皮，以及买下公司的所有商品，那么这个人就可以自己开个小农场，或者从事个人贸易。荷兰西印度公司早期的一位总督彼得·米纽伊特（Peter Minuit）曾用价值 60 荷兰盾的商品买下了整个曼哈顿岛，但是因为他无法抑制住日益猖獗的私人毛皮贸易，所以公司将其召回了阿姆斯特丹。对于毛皮生意而言，几乎所有的殖民地居民都参与其中，以此来补贴自己微薄的工资。公司始终极力杜绝这些个体活动。

直到 1630 年末，新阿姆斯特丹仅有 400 人，这个地方已经变得破旧不堪，防御工事年久失修。公司管理的五座农场也都空无一人，就连牲畜都没有了。不仅如此，这座城市已经被新英格兰的年轻城市波士顿赶超。受公司疏于管理和过分吝啬影响，新阿姆斯特丹并没有发展起来。为此，很多人都害怕殖民地的事业会被英国人夺走。英国人管辖的北美殖民地弗吉尼亚和新英格兰充满活力，并日益向外扩张。其缘由就在于英国本土爆发了内战（Civil War），清教徒们被迫逃至美洲以寻求一个理想的社会，这一情况使得在短时间内英属殖民地的人口快速增加。面对这样的局面，荷兰西印度公司尽管很不情愿，但还是放松了对殖民地人口数量的限制，不过仍严密控制殖民地定居者的人身自由。因此，尽管新来到殖民地的人表面上看是自由市民，实则仍受荷兰西印度公司的管辖，需要每年缴纳一定的税收。

经过 20 年的发展，新阿姆斯特丹也发展成了一座繁荣的荷兰城市，有三角形屋顶的房子、许多风车房、一座石制的教堂、扩建的堡垒、一处总督的房屋以及一所学校。但是由于这些殖民地定居者的首要目标是为雇主赚钱，因此总督们并没有积极回应定居者渴望创造一个市民社会的要求。相反，他们对殖民地的人们很粗暴、很严苛，随意地对他们进行调动和提拔，乃至征税。正由于此，一名早期的定居者抱怨道，在一位国王的管辖下，我们也不会被如此糟糕地对待。许多人都生活在不满的情绪之中，其结果就是殖民地没有发展起来。历史学家乔治·兰克维奇（George J. Lankevich）和霍华德·弗雷尔（Howard B. Furer）在《纽约简史》（A Brief History of New York City）一书中写道，"尽管新阿姆斯特丹在本质上是一座荷兰城市，但是就其定居者拥有的野心以及利益而言，这座城市很不荷兰"。也就是说，这座城市缺乏活力，而这种活力的缺乏似乎很令人吃惊，因为这片殖民地及城市都由一家奉行垄断原则的合股公司管辖。然而，如果考虑到，当一个人的自由和向上发展的空间受到限制时，那么他就完成不了公司指定的任务，这难道还会很奇怪吗？

17世纪40年代早期，一个名叫威廉·凯夫特（Willem Kieft）的人担任荷兰西印度公司的总督，其手段十分残忍，他曾经设法攻击哈得孙河谷低处的土著，以此逼迫他们向公司纳贡。凯夫特这一思虑欠周的计划造成了对当地居民的一场残忍屠杀，同时殖民者也死了许多人，并且造成了公司在新阿姆斯特丹以外的据点完全丧失。这一计划的后果还不止于此，受战争的影响，大量的难民涌入新阿姆斯特丹。殖民地八名有地位的市民联名上书公司的十九绅士委员会，陈述了凯夫特的放纵行为将公司置于悲惨境地，"许多贫困的人带着妻子和孩子来到了曼哈顿堡及其周围，这令我们片刻不得安宁"。

1643年，凯夫特雇用了一伙英属殖民地的"印第安战士"，在约翰·安德希尔（John Underhill）的带领下袭击了殖民地周围的土著村庄。他们杀死了1 600多名当地人，并把一些俘虏带回了阿姆斯特丹堡。据说，"凯夫特看到这些俘虏的时候，笑得很开心，一边摸着自己的右胳膊，一边哈哈大笑"。士兵们露出了残忍的一面，把这些俘虏通通杀死了。其中一名俘虏死得非常惨，俘获他的人将他摔倒。在他未死的时候切下他的下体，然后塞进他的嘴里，继而将他的头放在磨石上割了下来。凯夫特的残忍和贪婪"在短时间内使得殖民地遭受到了重创"。生活在新荷兰的大多数人都强烈反对凯夫特的种种行为。凯夫特对当地土著发起的攻击摧毁了公司潜在的消费者和供应商，从而对商业的发展极为不利。

在阿姆斯特丹的公司董事们收到殖民者们的报告后，立即将凯夫特从殖民地召回。与此同时，殖民者们也写信给公司的董事们请求就殖民地的事务给予他们更多的话语权。另外，他们向荷兰议会请愿，效仿荷兰的城市在殖民地建立一个民政管理的组织，也就是说独立于荷兰西印度公司的政府。

对于接替凯夫特的总督来说，他的任务就是令新荷兰殖民地以及新阿姆斯特丹这座城市恢复元气，从而继续为公司营利。但是新任总督面临一个矛盾的问题：就公司股东而言，公司是一个用来营利的商业组织；而对于新荷兰的定居者来说，殖民地是他们的家，他们想要有人能够管理他们的社会。但是新阿姆斯特丹一直都是作为一座公司之城来运作的，公司明确规定了当地居民能够做的事情、生活的方式、居住的地点、购买的食物种类等。此外，人们还背负着沉重的税，服务少得可怜。公司这样做是害怕无法控制这些人。放宽规定这一举措无论对殖民者们来说多么好，也不符合公司的眼前利益。十九绅士委员会派往殖民地的新任总督正是这片殖民地的最后一位荷兰总督。

❖　❖　❖

彼得·斯特伊弗桑特是一个严肃且聪明的人，经常眯着眼睛，行为举止略显傲慢。他的脸刮得干干净净，隆起的鼻子和有棱角的下巴非常惹人注意。从他的肖像画来看，斯特伊弗桑特轻蔑地望向远方，头上戴着一顶黑色的帽子，长长的头发垂到肩上。他的脸有些凹凸不平，脖子上紧紧系着一条打过浆的领带。他的衣着打扮展现出了他的性格：死板、执着、自以为是和严厉。斯特伊弗桑特对自己接受过大学教育感到十分骄傲。在当时，大学教育并不常见。受大学教育的影响，他崇尚文化和教育。对于自己的名字，他非常喜欢拉丁文的表达"Petrus"。长期以来，斯特伊弗桑特都和他的一个朋友以诗的形式保持通信。他并不是一个逃避现实或者挫折的人，也从未让任何挫折阻碍他的目标，哪怕这些挫折就像他 32 岁的时候右腿被一颗西班牙炮弹炸飞一样可怕，他现在的右腿是一个木制的假肢。就这样，在成年生活的大部分时间里，他都一直忠诚服务于公司。

大约在 1612 年，斯特伊弗桑特出生于荷兰北部弗里斯兰省（Friesland）的一个小城镇。尽管他的父亲是一位信仰加尔文宗的牧师，但是年轻的斯特伊弗桑特在进入弗兰尼克大学（University of Franeker）之时背离了父亲曾定下的道德规范。斯特伊弗桑特因勾引房东的女儿（或者其他一些类似的丑闻）而被迫退学，因此他没有拿到哲学学位。但是斯特伊弗桑特自身有着不畏艰险、精力旺盛的特性，这促使他为自己寻找一个合适的工作。在当时，云集在阿姆斯特丹港口的高桅帆船每日来往于世界各地。因此，斯特伊弗桑特选择西印度公司作为自己事业的发展地，刚进公司的时候，他仅仅是一名低级的职员。斯特伊弗桑特第一次登船远航是前往加勒比海。长官们对他的热情以及尽职尽责的印象十分深刻，所以很快就提拔了他。斯特伊弗桑特的主要工作是负责后勤，以及保障巴西、加勒比海地区和新阿姆斯特丹地区的通信与运输。斯特伊弗桑特具备天生的领导才能，但又缺乏对权威的服从，这使得他既有追随者又有对手。幸运的是，斯特伊弗桑特的劲敌、公司的高管扬·克莱斯佐恩·凡·坎彭（Jan Claeszoon van Campen）在 1642 年死了。因此，年仅 30 岁的斯特伊弗桑特成为阿鲁巴岛（Aruba）、博内尔岛（Bonaire）以及库拉索岛（Curaçao）的总督（荷兰西印度公司驻美洲总部）。

1644年4月，斯特伊弗桑特率领一支由12艘战舰、1 000多名士兵组成的舰队穿过加勒比海驶向圣马丁岛（St. Martin），这座岛屿是波多黎各附近安的列斯群岛链的一部分。几年前，在西班牙帝国与新兴的荷兰共和国斗争期间，西印度公司夺取了这座圣马丁岛。近年来，西班牙和荷兰在加勒比海地区的斗争程度要远超两国在印度尼西亚群岛的斗争。巨大的战舰从欧洲出发，将纪律严明的士兵带到了美洲海岸。1630年，一支拥有67艘船的舰队搭载着1 170门大炮和7 000多名士兵抵达伯南布哥（Pernambuco），并很快拿下了此地。在接下来几年的时间里，荷兰西印度公司征服了许多葡萄牙人的据点，并将其势力扩展到了巴西东北沿岸。另一场大的战役是巴希亚包围战，这次战役牵涉了86艘葡萄牙战船以及超过1.2万名士兵。争夺主导权的斗争持续了整个17世纪中期。当时的贸易和旅行都是在私掠船、海盗以及国家海军的帮助下进行的。荷兰进行这些斗争下了很大的赌注：控制巴西和加勒比海地区的种植园经济以及西非的奴隶贸易能够给荷兰西印度公司带来巨大的利润。但是如果要实现这个目标，就需要无视由此给人类带来的可怕代价。在当时，普通水手的生活条件极其恶劣。在热带炎热和疟疾肆虐的港口，成千上万的人死于疾病和营养不良。斯特伊弗桑特目睹了这一切，但是他用钢铁般的意志在混乱中指挥秩序。此外，他使用各种手段挤掉了对手，并利用从西非带到巴西的大量奴隶从公司控制的土地上榨取利润。荷兰西印度公司凭借奴隶提供的免费劳动力，广泛从事糖、盐、马匹、烟草以及染料木的贸易，与此同时还会劫掠装满财物的西班牙帆船。

　　1644 年 4 月，斯特伊弗桑特对圣马丁岛的进攻并不顺利。根据
线人提供的情报，该岛上西班牙人的军事力量很薄弱，疏于防备。
因此，在士兵登陆并修建防御工事之后，斯特伊弗桑特就要求西班
牙人立即投降。但是西班牙人无意投降，这是因为他们近期加强了
防御工事并增加了补给。所以，西班牙人回应斯特伊弗桑特的是猛
烈的炮弹。在这样的境况下，斯特伊弗桑特下令发起攻击，安置好
大炮准备长期围攻。当时，斯特伊弗桑特爬上东部的堡垒，敦促士
兵们与可恨的西班牙人作战，以获得更大的荣耀。就在斯特伊弗桑
特指挥的时候，一颗炮弹从天而降炸飞了他的右小腿。尽管斯特伊
弗桑特痛苦地倒在了地上，但是他仍然下令继续围攻。可是这次围
攻注定是希望渺茫的，最后荷兰士兵们不得不撤退，人们抬着受伤
的斯特伊弗桑特回到了船上。外科医生检查了他的伤口，认为情况
不太好，这条腿必须被截掉。

　　在治疗斯特伊弗桑特的伤口方面，17 世纪的外科技术起不到
作用，或者说很难保证成功。在当时，外科医生没有针对性的麻醉
技术，也没有消毒的医用刀具，所以在给患者截肢的时候，他们靠
的就是速度和运气。手术的失败与成功参半。在西印度群岛这种地
方，情况更是如此，当地令人窒息的温度和酷热使得患者很容易感
染。但幸运的是，经过手术，斯特伊弗桑特渡过了难关，身体在慢
慢恢复，这足以表明斯特伊弗桑特钢铁般的意志以及外科医生高超
的医术。尽管在手术之后，斯特伊弗桑特有些神志不清，还伴随着
发烧的症状，但是他还是坚持写信给公司的董事们。他在信中写
道："尊敬的先生们，这件事没有我预想的那样成功，一个不小的
障碍让我失去了右腿，它被一颗粗糙的球给炸没了。"尽管斯特伊
弗桑特尽了最大的努力不去理会那地狱般的疼痛和未愈合的假肢上

流出的令人作呕的脓液，但是这一小小的障碍还是使得他无法集中精力完成行政工作。由于西印度群岛当地的气候原因，斯特伊弗桑特的伤口没法很好地愈合，所以医生建议他在伤口感染之前赶紧去一个气候适宜的地方。最终，尽管斯特伊弗桑特很不情愿，但是他还是选择离开工作地，返回了欧洲。在当时，斯特伊弗桑特才就任不到一年，他为自己的职业生涯感到担忧。1644 年 8 月他启程，于当年的 12 月抵达了阿姆斯特丹。在返航的途中，他经受了发烧和无尽的疼痛。

在回到荷兰后，斯特伊弗桑特住在了他姐姐和姐夫家调理身体。与他们一起生活的还有他姐夫的姐姐朱迪斯·贝雅德（Judith Bayard）。贝雅德是一位加尔文宗牧师的女儿。在斯特伊弗桑特休养期间，贝雅德负责照顾他。当时，37 岁的贝雅德被人们称作老姑娘。她可能已经放弃了结婚的希望。但是，斯特伊弗桑特却深深爱上了贝雅德。她会说多种语言，歌唱得好，在音乐方面很有品位，并且穿着也很时尚。不到一年光景，也就是在 1645 年 8 月，这对恋人就步入了婚姻的殿堂，并准备在新世界一起生活。尽管如此，斯特伊弗桑特当时在美洲更北的地区即将面临新的挑战：公司任命他为新荷兰的总干事（director-general）。公司的董事们希望他能中止殖民地的人们对组建独立政府的呼吁，以及结束威廉·凯夫特留下的混乱局面。公司对斯特伊弗桑特尽职尽责的精神以及牺牲一条腿的印象极为深刻。董事们希望派遣他去制止殖民者们递交给议会的各种请愿信，其中的很多殖民者本身就是公司的员工，他们为争取政治权利而活动。对于斯特伊弗桑特自身而言，很明显他学会了将失去的右腿作为他履行使命的一种表现。换句话说，他之所以能够幸免于难，是因为上帝对他有更重要的委派。

　　1647年8月，斯特伊弗桑特和妻子贝雅德看到了他们共度余生的家园，也就是新阿姆斯特丹。从远处望去，新阿姆斯特丹是一座很古朴的城市，有着众多的风车、不断扩大的农场等。但是，在这种欣欣向荣的景象背后却暗藏着足以使这座城市分崩离析的不利因素。这里一片混乱，甚至混乱到一个品行不端的人都感到恐惧，而斯特伊弗桑特的责任就是要纠正这里的不良风气。

彼得·斯特伊弗桑特，荷兰西印度公司的总督，从1647年开始负责整个新荷兰殖民地，直至1664年向英军投降。

凯夫特实行的"毁地灭人"政策的负面影响随处可见。上百名士兵和当地的殖民者（包括公司的职员）散漫地在街上闲逛。他们破旧的住所散落在街道两旁，令前往阿姆斯特丹堡内部庭院的道路变得拥挤不堪。斯特伊弗桑特写道，这里的堡垒更像是一个田鼠丘，没有大门。围墙的四周随处可见人和牲畜踩踏的痕迹。此外，这里也没有一处合适的码头，酒馆却如暴风雨过后涌现出的蘑菇一样遍及四处。人们都非常野蛮，道德败坏。

尽管斯特伊弗桑特计划用 3 年的时间完全改造这片殖民地，然后换地方，但是他却在这里一待就是 17 年。在将这片破败不堪的居民场所改造成一处繁华的定居点的过程中，斯特伊弗桑特面临很多挑战。为了实现改造的目的，他制定法规，严禁在周日销售烈性酒，对械斗者处以罚金，并对其他不端的行为或者犯罪进行严厉的惩罚。一般说来，他的惩罚措施包括监禁、干苦力以及在饮食上仅有面包和水。曾经有两名水手就因为没有按时返回船而受到了三个月的惩罚，用手推车干着最苦最累的话，但只给水和面包补充体力。

斯特伊弗桑特下令清洁脏乱不堪的生活区，并重新规划建筑的边界，铺设像样的道路，减少蜿蜒曲折的小路。他还为马车设置了速度限制，用鹅卵石铺设主干道。之后，斯特伊弗桑特着眼于不守规矩的猪、牛、羊和马。这些牲畜在大街上四处跑，从垃圾堆里觅食。不久后，人们会因为在干净的大街上随意扔垃圾、污物、灰渣、贝壳、死的动物或者类似的东西而被罚钱，屠夫们也不再被允许随意将动物的内脏四处扔，动物的主人也要清理干净动物产生的粪便。与此同时，住房边上的附属建筑物必须保持洁净，甚至排水管排放的污水也不准溢到大街上。因为这些污水不仅会散发恶臭以及给行人造成不便，而且还会令街道堵塞，无法正常行走。

除了上述措施之外，斯特伊弗桑特还禁止使用木制的烟囱和用稻草铺的屋顶，并设立了消防管理员，将皮革材质的消防水桶放到街道的角落，对于所有商品的交易，人们必须使用标准的阿姆斯特丹度量衡，拒不使用将视为违法。然后，他还将周二和周六定为官方的市场日，并为此建立了一座监狱以及一支治安巡逻队，还确定了市场指定的垃圾堆放处。对于船运设施，斯特伊弗桑特还建造了一处大码头用来装卸货物。但是，他却拒绝建立济贫所，也不同意资助孤儿院、医院和学校。斯特伊弗桑特把公共的经费用在了维护和扩建堡垒、教堂上，还下令修建一条贯穿整座城市的沟渠。尽管人们对斯特伊弗桑特的这些移风易俗举措怨气很大，但是在他的治理下，这座城市确实更加适合人居住。

最令殖民地的居民感到恼火的是斯特伊弗桑特那专断、独裁的行事风格。他经常不经过协商或者毫无预兆地就对事情做了决定，抑或是征税。对于许多人来说，斯特伊弗桑特仅仅是公司的领导，他首要的任务是考虑公司的需求。在坚定地捍卫公司利益这方面，斯特伊弗桑特绝对是忠诚的。他实行的许多改善殖民地的举措需要钱，而这些钱本来是可以作为利润回报给公司的。然而，让殖民地的居民感到很烦恼的是斯特伊弗桑特对公司贸易垄断政策的执行，这些政策束缚了所有殖民地居民的贸易活动，包括与当地的土著做买卖。许多人因此抱怨道，有这些束缚人主动性的事物存在，这个地方就无法兴旺起来。

但有人提出只有公司的雇员们才应该服从总干事及其组建的委员会的命令。为此，斯特伊弗桑特感到愤怒，他冷静地告诉说这些话的人："我们的权威来自上帝与西印度公司，而不是少数傲慢自大的人。"一位评论者挖苦地说道，任何公开反对斯特伊弗桑特的人都好像是"太阳和月亮"。当有人挑战他的权力的时候，他经常表现出怒不可遏的样子，所以一些殖民地的居民觉得他有一点精神错乱。也正是因此，斯特伊弗桑特把控权力的欲望非常强。此外，斯特伊弗桑特非常热衷于宗教事务，他竭尽全力去限制殖民地人们的宗教自由，并迫使人们遵守荷兰归正会（Dutch Reformed Church）的教义。他的宗教政策针对犹太教徒、路德宗信徒（Lutherans）、浸信会信徒（Baptists）以及教友派信徒（Quakers），并对这些信徒进行迫害，人们对此强烈反对。面对这种情形，荷兰西印度公司的董事们在无法继续拖延的情况下，才要求斯特伊弗桑特要包容他者的宗教信仰。

多年以来，斯特伊弗桑特一直巧妙地处理公司、国家以及殖民地居民之间的利益纷争。与此同时，他也享受着他所处的地位，以及地位赋予的尊重、金钱，乃至生活方式。在17年的时间里，斯特伊弗桑特一直以强硬的手腕来维持这种平衡，也就是一边推动着殖民地向前发展，一边又使殖民地始终处于掌控之中。因此，也只有像斯特伊弗桑特这样有坚定毅力、深谋远虑的人才能够做到这一点，平衡好各方的利益如此之久。然而，随着时间的流逝，越来越多的殖民地居民不是公司的雇员了，久而久之，这些人开始憎恨公司对他们生活的影响。

对于如何界定新阿姆斯特丹居民的自由与权利，斯特伊弗桑特并不怎么关注。他往往在这些事情上与这些居民有很大纷争。他喜欢的是军事独裁式的管理方式。与此同时，和这种独裁方式相辅相成的是非洲奴隶贸易以及其他南部公司带来的高效率。动乱是从斯特伊弗桑特及其随从第一次登陆后做的演讲开始的。当时，斯特伊弗桑特胸前装饰着佩甲，腰间系着佩剑，右腿的假肢直直地站立着。他开始对聚集的市民们讲话，向他们说明自己对这片殖民地的规划。他会对这里的市民如同"一位父亲对待儿子一样，顾及西印度公司、市民以及国家的利益"。在听完之后，这些市民或许能明白斯特伊弗桑特的行事智慧。

❖ ❖ ❖

阿德里安·范·德·丹克（Adriaen van der Donck）首次来到新荷兰是在 1641 年。那时约 22 岁的丹克刚从莱登大学（University of Leiden）毕业，莱登大学是围绕荷兰共和国摆脱西班牙枷锁进行哲学与法律辩论的学术中心，随后他成了一名律师。当时正值荷兰的黄金时代，荷兰共和国的世俗化以及繁荣的程度减少了保守势力的束缚，并认可了这个国家的新思想以及行事的方式。丹克是一位思维敏捷的健谈者，非常善于自我推销。靠着自己的努力，他找到了一份体面的工作，也就是充当基里安·伦思勒（Kiliaen van Rensselaer）的流动治安官和起诉人。伦思勒在奥尔巴尼附近的哈得孙河上游拥有一处庄园。对于丹克而言，他梦想成为这片土地广袤、人口分散的庄园的司法守护者。

然而，丹克的雇主却有别的想法。丹克巡查庄园的每一个地方，十分陶醉于这里美丽的自然景观。为此，他时常在没有询问雇主伦思勒的情况下就自行处理庄园的事务。例如，他为自己挑选了一个新农场，放弃了原本分配给自己的农场。在农场里，他拒绝向佃户收取租金，因为他觉得这些佃户太穷了，没法支付租金。也正是考虑到佃户们很穷，他也没有打击黑市上的海狸皮交易，因为这是当地佃户获得收入的重要方式。针对丹克的这种行事方式，伦思勒多次写信告诫他，"他的职责是为雇主谋福利，保护其利益不受到损失"，而不是顾及殖民地居民的利益。伦思勒在信中还抱怨道："你从最开始就不像是一名官员，而是一名助理！"但是，伦思勒生活在欧洲，离殖民地太远了，他从来没有踏足自己在新荷兰的庄园，也从未打算踏足于此。所以，丹克继续按照自己的方式行事。但是，当三年合同期满之时，伦思勒没有再与丹克续约。于是，丹克便南下到新阿姆斯特丹去寻求财富。

丹克非常热爱他的新家园。他买下了曼哈顿北部的一大片土地，雇人为其耕种，并在那里娶了一位叫玛丽的年轻姑娘。在新的家园里，他继续研究当地的土著以及动植物，最终出版了他的著作《新荷兰记述》（*A Description of New Netherland*）。此外，他在新阿姆斯特丹为自己赢得了闹事者的名声。因为他选择充当人们的法律代表，对抗荷兰西印度公司。他也在向海牙的荷兰议会起草抗议信方面发挥了重要作用，按照他的说法，"根据荷兰的习俗，赋予殖民地的人们应有的权利"。然而，丹克也会讨好荷兰西印度公司的总督威廉·凯夫特，使其雇用自己为公司的律师，以此帮助他管理殖民地。但是，不久后，他又倒向了另一边，支持凯夫特下台。

丹克在新阿姆斯特丹的这段时间，也正值凯夫特肆意地毁掉新阿姆斯特丹殖民者多年努力的成果，以及与当地土著建立的稳定关系。正是在这样的环境下，丹克偶然找到了之后成为他毕生追求的事业，也就是充当殖民地人们的政治代表。拉塞尔·萧图（Russell Shorto）在其著作《世界中心的岛屿》（*The Island at the Center of*

关于新兴的荷兰西印度公司在曼哈顿岛上的新阿姆斯特丹定居点的
最早雕刻画之一。该画最初被纳入阿德里安·范·德·丹克的《新
荷兰记述》一书中。

the World）中写道："殖民地没有司法制度，更确切地说，这里的
司法制度就是凯夫特。这里也没有判例法，凯夫特都是根据自己的
意愿来处理争端。与此同时，这里也没有上诉的人。凯夫特和殖民
地的其他管理者不会授权人们建立一套政治与司法制度。公司用军
事独裁的手段取缔了本应存在的这套制度。"对于坐落在一片陌生
且充满危险的土地上的商业据点新阿姆斯特丹来说，公司作为政府
对其进行管理有其优势，但是这座城市已经超越了商业据点这个角
色，正在迅速转变为一个成熟的社会。因此，新阿姆斯特丹现在需

要的是摆脱荷兰西印度公司强有力的控制，建立起另外一套自治的政府结构。凯夫特对此最大的让步是任命了一个由两人组成的理事会代表人们的意愿。其中一人由市民选出，另一人则由凯夫特本人任命。这个新理事会的成员之一能投两票，另一名能投一票。不难想到，凯夫特会把拥有两票的权力给予谁。由于任何决策都要以多数票通过，所以凯夫特组建的这个顾问理事会就是一个笑话，也是对人们的一种侮辱。实际上，在凯夫特和公司的眼中，这些渴望权力的人不过是和奴隶一样的人。但是，荷兰西印度公司在殖民地施行的那套中世纪时期的政治结构已经不再适用。

许多来到殖民地的人都想要在美洲安家，丹克也是如此。他对殖民地的贫穷状态感到十分愤怒。很明显，由于西印度公司的束缚，这片殖民地无法发挥其潜力。这使理想主义者逐渐找到了实现对新大陆的热情以及为人们谋求自由的途径，这一理想在他上大学的时候就已经深深扎根于心中。作为荷兰的公民，难道殖民地的人们不能和在荷兰一样拥有法律权利？在此之前，没有任何垄断的商业据点关心过这些问题，因为大多数人都是公司雇用的，在殖民地服役。但在新阿姆斯特丹，大多数居民真的很想在新大陆安家定居。心怀不满的商人、农场主在丹克这里找到了共鸣。可是荷兰西印度公司是这片殖民地强大的政府代表，它从未打算容忍他人挑战其垄断地位。公司的董事会认为，解决这一问题需要的不是赋予人们更多的自治权，而是要依靠更强硬的手腕。

1647年8月，就在斯特伊弗桑特来到新阿姆斯特丹后不久，他就开始对这里进行全面的改革。他使新阿姆斯特丹成为宝贵的财富之地。与此同时，斯特伊弗桑特也着手处理躁动不安的市民们，这些人总想着在殖民地建立一个自治的政府。在斯特伊弗桑特在任的大多数时间里，年轻的律师丹克都是一颗眼中钉，他们俩仅仅相差8岁。其实，斯特伊弗桑特和丹克并不是敌人。当时的丹克还主动迎合新上任的总督。对于丹克来说，人们生活的圈子很小，每个人都生活在咫尺之间，所以维系一种良好的关系还是十分必要的。丹克能非常熟练地说英语，加之他的妻子还是英国人，这使得斯特伊弗桑特在处理与英国殖民地的事务上游刃有余。直至17世纪40年代，新阿姆斯特丹还是北美航运的中心枢纽，也是英属殖民地北上南下必经的商业中心。正是在这样的背景下，荷兰人时常需要和英国人打交道。

直到1648年，丹克和他的同伴劝说斯特伊弗桑特接受人们对其绝对权威的限制，并成功保住了一个由九人组成的理事会。这个理事会的作用是在关乎殖民地福祉的问题上参与决策。丹克成为理事会的主席，致力于殖民地的政治活动。他走访边远的农村，在酒馆会见商人，游走于港口与船长们洽谈事情。丹克渐渐获得了市民们的支持，并了解了他们的诉求，因此他将民众的不满与诉求汇编成了一本小册子，以此方式呼吁公民权利。民众表达的这些诉求正是荷兰政府长期以来奉行的传统，即政府不会随意地征税，也没有政治偏护与商业徇私现象的出现。然而，像斯特伊弗桑特这样骄傲的人很难认同这种与民众合作的方式，这就在关乎共同利益方面产生了分歧。

丹克想要荷兰政府接管殖民地，从而取缔荷兰西印度公司的治理。当时，关于这一问题，荷兰有两支不同的力量。斯特伊弗桑特代表了其中的一支力量，这一群体往往是商人中的佼佼者、贩奴商人抑或战士。他们是手段残忍的扩张主义者，对所服务的公司和国家保持忠诚。但是在寻求对全球贸易的主导以及对可恶的英国人、

西班牙人和葡萄牙人发动战争这两件事上，这些人往往将对公司和
国家的两种忠诚混淆在一起。丹克代表着另一支力量，这一群体是
富有思想的、深受文艺复兴影响的哲学家和法律思想家。他们拥护
自然法和人们的自主权利。由此，丹克自然而然与斯特伊弗桑特
立场不同。对于斯特伊弗桑特来说，他是为了公司股东们的利益
来管理新荷兰的。至于市民们的权利，在他那里最多处于次要的
位置。

　　随着时间的流逝，上述两大群体之间的摩擦日益增加。斯特伊
弗桑特甚至把丹克的行为视为反叛。他无法理解为何丹克坚持为市
民写请愿书，而且还举行公开的会议。对于斯特伊弗桑特来说，丹
克当时已经成为公司理事会的一员，拥有较高的地位。斯特伊弗桑
特往往是从权力来认知这个世界，因此他认为丹克是想要夺取他的
权力，取而代之。与此同时，令丹克感到十分困惑的是斯特伊弗桑
特那坚决不让步的态度和与日俱增的敌意。他谈道，"这些人曾经
都是他亲密无间的朋友，不久之前，他还把这些人当成最值得尊敬
的、充满智慧和虔诚的人。然而，一旦人们没有服从他的意愿，他
们或者他们中的一些人就成为他口中的流氓、撒谎者、叛逆者、贷
款者，甚至败家子。总之，绞刑对这些人来说是很不错的归宿"。

　　斯特伊弗桑特逮捕了丹克，并将他驱逐出理事会，关押在监
狱。当时，斯特伊弗桑特正在想如何处理理事会"反抗且无礼"的
行为。他宣判丹克犯了叛国罪，这是一种死罪。双方的矛盾越来越
激化，没有任何一方打算为此让步。然而，斯特伊弗桑特逐渐意识
到有太多有影响力的人反对他，所以他释放了丹克。如果斯特伊弗
桑特公然无视荷兰的法律，那么人们将会称他为暴君。可是当释放
了丹克之后，他又回去为民请命了。公民权利是那个年代的时代精

神：1648 年，三十年战争（Thirty Year's War）结束，欧洲再次恢复和平的局面，西班牙官方承认了荷兰的独立。在这样的背景下，让荷兰西印度公司成为一家持有官方特许证的垄断组织似乎已经没有必要了，甚至是非法的。与此同时，在殖民地任命一名带有军事独裁意味的总督也过时了。毕竟，公司最初获得特许状是为了在加勒比海袭击西班牙的船只。

　　1649 年 7 月 26 日，丹克及多名顾问签署了"新荷兰民众请愿书"，他本人对这份请愿书做了最后的润色。这份请愿书上以法律准则为基础，罗列了殖民地的人们 83 条正式的诉求。这代表了丹克最高的成就，也是他事业的巅峰时刻。他和理事会的两名成员横渡大西洋前往海牙，从而将这份请愿书递交给荷兰政府。在代表新荷兰的人们向荷兰议会发表演讲的时候，丹克非常慷慨激昂。他提到，无能且腐败的西印度公司不断毁坏殖民地。殖民地的人们应该由国家的政府来管理，从而改变现在穷困潦倒的局面。丹克还说道，斯特伊弗桑特就是一个给新荷兰的繁荣带来灭顶之灾的人。所有殖民地的人如自由民、农民、种植园主、劳工以及从事其他服务的人都在骂他。如果殖民地的人们没有经济自由、地方政府以及较低的税收，这片土地就不可能发挥其潜力，现在不会，将来也不会。丹克接着指出，英国殖民地的人们深知荷兰要比他们的好，但是在荷兰西印度公司的治理下，荷兰殖民地的发展受到了很大的阻碍，这会令殖民地失去新荷兰的美名。丹克等人联名递交的这份请愿书抱怨殖民地缺少学校、教堂、孤儿院以及其他政府服务机构，而公司是不会提供这些的。在丹克等人看来，政府应该剥夺西印度公司所有的权力，因为"在公司的管理下，这片殖民地就不可能繁荣"。

受到这份请愿书的影响，荷兰议会于 1650 年采取行动，责令西印度公司按照荷兰的传统，构建一个更加自由的政府，并且鼓励人们移民殖民地。公司对移民这一事情长期以来一直是有所限制的。与此同时，丹克竭力使人们对殖民地产生兴趣。在此之前，人们从不会谈及新荷兰。但是现在似乎天地都为之动容，人们开始争先恐后地想在那里挑选最好的土地。两年后，也就是 1652 年，荷兰议会命令公司建立一个责任制政府。斯特伊弗桑特也被召回荷兰，对其在殖民地的所作所为负责。当斯特伊弗桑特返回荷兰的时候，丹克私下将国会的信函交给了他。

❖　❖　❖

如果当时没有战争，荷兰政府对殖民地的命令将会具有划时代的意义，但事情并未朝这一方向发展。在丹克准备横渡大西洋返回殖民地时，英荷两个国家的舰队在英吉利海峡发生了冲突，其缘由大多是争夺全球贸易。由此，第一次英荷战争爆发。在这场战争中，荷兰西印度公司在荷兰国内又重新占据了优势。公司再次劝说议会撤销此前对殖民地的命令。由于荷兰害怕英国入侵以及对西印度公司的依靠，新荷兰的自由问题再次被否定了。拉塞尔·萧图写道："就在几周前，丹克的行动还被誉为荷兰法律进步主义的全面发展，并且作为一个案例被应用到了这个国家的海外省份。可现在突然看起来十分危险了。"正是在这样的背景下，荷兰西印度公司的特许状没有被废除，而斯特伊弗桑特也没有被召回。随着战争的开始，这家公司作为打击外敌的代理人的作用再次被凸显出来。但是，公司至少认可建立一个市政理事会的需要。

公司的十九绅士委员会对丹克怀恨在心，拒绝他返回新荷兰。此时的殖民地再次置于公司的垄断之下。在公司的眼里，丹克就是一个制造麻烦的人，险些让他们损失了殖民地的特许状以及权力。在经过了多次协商之后，直到1653年末，丹克才获准重返殖民地家园。他为此付出的代价是永久放弃在政府任职的权力，以及在北美殖民地践行法律。只要丹克保持中立，公司就允许他持有公司股份。至此，丹克为之奋斗的事业似乎要不复存在了。丹克将自己描述成"心灰意冷和垂头丧气"的。

然而，在返回殖民地之后，丹克继续为公民权而煽动群众，只不过这次是在幕后秘密进行。在这样的背景下，斯特伊弗桑特不得不施行一些改革措施，例如收取正式的经济许可证的费用、聘请官方的政府职员如郡长（sheriff）、建造一座官方的城市大厅等。考虑到欧洲的战争以及由此可能造成的对新阿姆斯特丹的冲击，斯特伊弗桑特下令在旧堡垒的周围建造一座长七百多米的围墙。尽管有这些很好的建议，但是无论是在市政基础设施的建设上，还是在军事相关的设施上，公司都面临着资金短缺的问题。当时，新阿姆斯特丹的防御工事实在是太陈旧了，斯特伊弗桑特深知这一情况。他每次都向公司的董事们请求补充更多的士兵、战舰以及战斗装备，但是都没有得到满足。因为这些是非常费钱的，如果没有迫切的需要，公司是不会批准这些请求的。殖民地的人们也深知这座城市防御很差，更是不断抱怨。斯特伊弗桑特为此处于两难境地。幸运的是，对于新荷兰来说，英荷战争并没有波及北美。1654年，双方就签订了和平条约。

虽然英荷之间的纷争告一段落，但是殖民地的人们和西印度公司之间的斗争还在继续。斯特伊弗桑特并没有给代表人民的市政府任何征税的权力，因此这个所谓政府还需要仰仗于公司。虽然名义上是公司和市政府共同管理殖民地，但是这种合作关系并不融洽。埃德温·布罗斯（Edwin G. Burrows）和迈克·华莱士（Mike Wallace）在《哥谭市：纽约城的历史从建城之始到 1898 年》（*Gotham：A History of New York City to 1898*）中写道，"由于没有明确的职责分工，公司和代表人民的政府之间在事情优先权以及一些蝇头小利上时常发生争吵"。公司害怕任何对其利益安排的改变，始终想要殖民地成为一家受制于自己的工厂，而不是放任其独立。毕竟公司从几十年前就控制着这片殖民地，没有必要为其设立独立的治理机构。然而，只要荷兰共和国处于和平时期，这个商业性质的"政府"在殖民地就显得不合时宜，这片土地更需要的是与公司无关的人来此永久定居。

托马斯·康登在《纽约早期史：新荷兰的商业起源》一书中写道，"西印度公司和民众领导者在专制与民主方面的斗争，抑或一家商业公司与一群争取自由的人之间的斗争，未能妥当地处理牵涉其中的历史问题"。尽管荷兰西印度公司也并非总是充满罪恶的，但是这家公司最大的失败就是未能在殖民地的人们心中留下任何忠诚的意识。殖民地的许多人都不会说荷兰语——一些人出生在北美，另一部分人则是从新英格兰逃过来的。此外，这片殖民地还有来自德国、法国或者其他欧洲地区的人。据说，早期的曼哈顿殖民地汇集了 18 种语言的人群。这种多元文化汇集带来的后果之一就是人们的忠诚是不牢靠的，很难对其进行控制或者驾驭。

由于将对殖民地的人们应该承担的责任交给了一家垄断公司，荷兰国家为此付出了失去人们的忠诚的代价。殖民地的人们对公司没有什么忠诚可言，尤其是这家公司的总部位于大洋彼岸。他们只对自己生活的群体忠诚。此外，人们感觉到被国家出卖了，因为荷兰总是把一家对他们来说是多余的乃至可憎的公司强加于他们头上，这让他们失去了为国而战的意愿。因此，当1664年理查德·尼克尔斯上校及其指挥的护卫舰对新阿姆斯特丹构成威胁的时候，殖民地的人们没有什么兴趣去抵抗。他们不想为了捍卫所谓垄断而牺牲自己以及危及家人，甚至拿自己的农场或者其他事业做赌注，更不用提为了保卫西印度公司以及专横的总督斯特伊弗桑特的利益而牺牲。当英国人向殖民地的人们承诺许多荷兰西印度公司所给不了的东西之时，人们更是放弃了抵抗的欲望。

　　1664年9月8日，斯特伊弗桑特及其卫成部队迫于压力走出了阿姆斯特丹堡，正式向尼克尔斯投降。当时，殖民地的人们为此敲锣打鼓，彩旗飞扬。荷兰西印度公司的士兵们登上了船，不久就驶向了欧洲，留下英国成为这片往昔的荷兰殖民地的唯一掌权者。尼克尔斯参观了自己的新住所，满意于自己所取得的胜利。他没有费一枪一炮而夺取了整片殖民地，将英国的司法权不仅置于新荷兰之上，更置于整片北美大地之上。尼克尔斯很快就宣布，从此以后阿姆斯特丹堡改名为詹姆斯堡，奥兰治堡则改为奥尔巴尼堡，而新阿姆斯特丹则称为新约克（New York，即后来的纽约）。当英王查理二世（Charles Ⅱ）听闻此消息时，便写信给他法国的姐姐："你将会听到我们夺取了新阿姆斯特丹，这个地方至关重要……如今这个地方叫新约克。"当时，整个北美殖民地有9 000多人，而曼哈顿岛上的新阿姆斯特丹就生活着几千人。

约翰内斯·芬伯恩于 1664 年绘制的彩图，展现了英军在 9 月夺取新
阿姆斯特丹的瞬间，之后英国将此地更名为新约克。

不到一年的时间，1665 年 2 月，查理二世对荷兰宣战，这是第
二次英荷战争的开端。这两个国家的战舰都在为即将到来的战争做
准备。当时，斯特伊弗桑特接到了十九绅士委员会给他的草率命
令，让他立即返回欧洲。他知道自己一定遭人陷害了，成为新荷兰
向英军投降的替罪羊。为此，他决定为自己进行辩护。当斯特伊弗
桑特登上开往阿姆斯特丹的船时，这位昔日的总督为自己准备了各
种文件来证明自己是一位"诚实的领导者、爱国者以及宗教改革的
支持者"。与此同时，新荷兰的其他领导者，也就是往日和斯特伊
弗桑特存在竞争的那些人，也决定不计前嫌，一起为他们投降的事

情共同进行辩护。他们声称投降是唯一的选择，"受人尊敬的彼得·斯特伊弗桑特在英国护卫舰来犯之时，就想尽办法来动员新阿姆斯特丹的市民们以及周围村民进行抵抗，但是他无法说服人们这样做。因为人们都希望有个好结果，这样的抵抗是徒劳无功的"。

尽管如此，当斯特伊弗桑特抵达阿姆斯特丹的时候，西印度公司公开谴责他懦弱、无能，把殖民地落入英国之手的罪责归咎于他。按照公司的说法，他作为总督竟然允许牧师、女人，甚至胆小鬼骑在他的头上，这样做仅仅是为了保全他自己的名声和私人财产。对于公司的这些控告，斯特伊弗桑特在议会上竭力为自己辩护。公司就像当初对待丹克一样，也否认了斯特伊弗桑特返回殖民地的权利，从而使他远离妻子和孩子，以及他视为家的地方。对于公司对待自己的方式，不知道斯特伊弗桑特是否能感觉到自己的这种窘况非常具有讽刺意味。当斯特伊弗桑特最终从议会赢得了返回殖民地的权利后，他回到了他在曼哈顿的农场，退出了公共生活，与贝雅德和孩子们过着安静惬意的生活。在过去的 17 年职业生涯中，斯特伊弗桑特为公司管理着广袤的北美殖民地，现在他逐渐意识到他的兴趣不再和西印度公司或者荷兰一致了。在新约克，他度过了晚年，直至 1672 年去世，享年 60 岁。

1674 年，第二次英荷战争结束，双方签订了《布列达条约》(Treaty of Breda)。根据条约，荷兰放弃了让英国归还新荷兰的要求，以此重新获得最近被英军占领的苏里南（即荷属圭亚那）。与此同时，由于奴隶和糖料种植园对于荷兰西印度公司至关重要，所以在英荷谈判过程中，荷兰从英国手中重新获得了鲁恩的肉豆蔻岛。

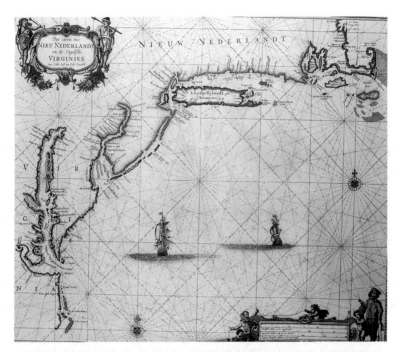

彼得·戈斯于 1667 年绘制的《从科德角至坎里克角之间的新荷兰及英属弗吉尼亚海图》，展现了荷兰西印度公司和英国殖民地的范围。

因此，为了换取印度尼西亚的一小块土地贫瘠的肉豆蔻岛以及南美的一些糖料种植园，荷兰就将新约克——这座世界上最出名的城市之一——廉价转让给了英国。一个多世纪以后，在1764 年，最初的荷兰西印度公司因债台高筑而破产了。经过新一轮的融资和重组，这家公司一直运营到了 1791 年。是年，荷兰政府接手了公司的股份，并亲自治理公司位于加勒比地区以及南美的殖民地。

　　尽管斯特伊弗桑特生性自大、固执并且珍惜自己的权力，但是他并不是一个行事粗暴的人。他也会为新荷兰的人们考虑，关心他们的需求。只不过斯特伊弗桑特相信的是，人们需要的是一个强硬手腕的管理，不需要将责任和权力赋予他们。正是在他的治理下，新阿姆斯特丹成为一个干净整洁、秩序井然、遵纪守法的地方。但是他在贸易和移民两方面实行限制措施，这导致这里人口的增长速度要比周边英国殖民地的慢得多。此外，由于过度管理，新阿姆斯特丹的市民们无法发挥自身的潜力。尽管斯特伊弗桑特内心是想要顾及殖民地人的利益，但是他作为公司的总督，受雇于公司的股东。所以，对于斯特伊弗桑特来说，在公司和殖民地的人们之间寻求一种平衡肯定非常困难。

　　总之，斯特伊弗桑特永远无法完全履行这两种义务，也就是说，他不可能做到令公司和殖民地的人们都满意。在早期，确实需要一个像斯特伊弗桑特这样手腕强硬的人治理殖民地，从而让殖民地的发展步入正轨。但是，他太过骄傲、性情急躁和固执，这使他无法知道自己在何时应该让出权力。正是他天生保守的性格以及对公司的忠诚，让他未来的发展受阻。多年以来，西印度公司限制殖民地人们的自由，并且从未给殖民地提供充足的军事防御。为此，殖民地的人们和公司之间的纷争已演变成了一种强烈的怨恨。

　　奇怪的是，斯特伊弗桑特在向英国投降的时候，他执意在转让条件中列出一则条款，即在英国的统治下，"市民必须享有宗教信仰以及其他方面的自由"。结果，英国接手的新约克在文化和宗教宽容方面非常像荷兰，这一点也不像周围的英国殖民地。这位新荷兰的商业之王将新阿姆斯特丹打造成了一座繁荣的国际港口都市。

与此同时，他也阻碍了这座城市的发展，令城市逐渐失去活力。正如一团火焰会消耗氧气一样，荷兰西印度公司治下的新阿姆斯特丹逐渐变成一个快要熄灭的煤球，直到它变成了新约克，清风徐徐之下，再次容光焕发。

第三章

战时的公司

罗伯特·克莱武与英国东印度公司

请设身处地想想普拉西战役的胜利给我带来的处境吧。印度的君主要看我的脸色；富丽堂皇的城池任凭我摆布；最富有的银行家为博我一笑相互竞争；行进至金库时，我的手边堆满了黄金和珠宝。先生们，我对自己的节制感到吃惊。

——罗伯特·克莱武，1772 年

在经历 1623 年安汶大屠杀之后，英国东印度公司的发展便停滞不前。身处东印度群岛的英国商人们显得有些惊慌失措，他们担心自己的生命安全。他们十分想知道，到底有什么办法能够组织荷兰东印度公司继续对英国人施以暴行或者进行屠杀呢？尽管令人讨厌的简·皮特斯佐恩·科恩已经回欧洲了，但是谁能知道新任总督彼得·卡彭蒂尔（Pieter de Carpentier）又会怀揣什么心思呢？在短短几年的时间里，几乎所有英国东印度公司的雇员都逃离了东印度群岛，仅万丹一处不起眼的商业据点还有一些人。大批的人员离去，加之普遍的经济下滑，英国东印度公司来往于欧洲与东方市场的船只数量骤然下降了 60％ 之多。直至 17 世纪 30 年代末期，公司堆积了沉重的债务，开始低价抛售资产、船舶和建筑物。在这段萧条的时期，公司的运营仅仅依靠与印度之间进行的贸易。

17 世纪初，威廉·霍金斯（William Hawkins）带领一个外交使团前往莫卧儿帝国，拜见皇帝贾汗吉（Jahangir），向其呈送英王詹姆斯一世的信函，其内容是请求授予在印度西北海岸的苏拉特（Surat）建立一处贸易据点的权利。尽管英国东印度公司在印度的贸易活动开始得较晚，但是纵观整个 17 世纪，来往于印度与英国的船运也是十分繁忙的，一艘艘船从伦敦出港驶向印度，然后满载货物而归。1642 年英国内战（English Civil War）的爆发以及随之而来的十年动荡使海上航行变得日益危险，对于贸易活动来说更是灾难性的。1649 年，奥利弗·克伦威尔（Oliver Cromwell）下令处死了查理一世，然后宣布英国为共和国，并且终止了英国东印度公司的王室特许状。没过多久，公司的对手们就开始派船只前往印度。克伦威尔敦促公司继续造船并进行海外贸易，但是在没有垄断权力的情况下，公司财富的减少还是不可避免的。就在克伦威尔就安汶大屠杀给英国船运造成损失一事向荷兰东印度公司提出索赔时，英国东印度公司还在苦苦挣扎着维持运营。然而，克伦威尔还真成功地为英国东印度公司索回了 8.5 万英镑的赔偿金，并为遇难的英国商人家属争取了 4 000 英镑的赔偿金。

1657 年 1 月中旬，时任英国东印度公司总督的威廉·科凯恩爵士（Sir William Cockayne）召集投机者开了一次会。在会上，他着重强调了公司不乐观的财务状况。公司的收入始终在下降，短期内也无从改善。哪怕公司大幅度削减开支也于事无补，而且债务还与日俱增。面对这样的局面，科凯恩提议清算公司剩余的资产，全面停止业务，"卖掉公司在东印度群岛的岛屿、关税、房屋以及相关的权利"。事实上，在前些年，公司已经抛售了大部分有价值的资产，以此保证自身的运营。往日为泰晤士河增彩的船舰如今已经抛锚停运了，这些船曾经可是将全世界的香料、香水以及纺织品运往欧洲。奥利弗·克伦威尔以及国务会议（Council of State）对英国东印度公司的现状和决策感到震惊。克伦威尔为公司起草了一份新的特许状，并于当年的 10 月 19 日通过。

但是，此时的英国东印度公司已经今非昔比。尽管公司再次获得了垄断权力，并有权不遵守英国白银出口的禁令，但是此时公司的金融结构与荷兰东印度公司非常相像。也就是说，虽然公司实行的是股份制，但是其资本是永久的而非暂时的。不仅如此，公司现在有明确的总体发展方向和策略，这与之前充当独立冒险活动的协调者有很大的区别。在此之前，公司的每一次远征都是有独立资金进行资助的，各负盈亏。加之，公司的记账方式十分复杂，为每艘航行的船募集新的资金也是一件非常乏味的事情，而公司内部船只之间的竞争使得公司无法形成对抗荷兰东印度公司的统一战略。因此，如果要为东方贸易构建一个有利可图的立足点，那么就需要类似于荷兰东印度公司那样的组织框架，包括利用所有可用资本追求共同目标，如修建堡垒、各艘船之间的通力合作、建造联合的工厂以及组织必要的防卫力量。为了成功，新成立的英国东印度公司既需要能够保障后勤与防御的组织战略，也需要资金。此时的公司已经有能力解决这些问题。在数月时间内，伦敦的投资者们募集了超过 75 万英镑的资金。这是英国东印度公司几十年来第一次看到了光明的未来。

　　次年，克伦威尔去世，公司的特许状一事再次无人问津。但是两年后，君主制复辟，国王查理二世为公司颁发了一份新的王室特许状。这份特许状赋予了该公司前所未有的权力，例如有权发动战争，进行司法审判，与外国君主进行外交往来，攫取土地，招募军队，劫掠侵犯公司垄断权力的商船。正如荷兰东印度公司，英国东印度公司如今也获得了许多本属于国家的权力。然而，公司获得这些权力后并不是服务于国家，而是服务于公司的股东。此时的英国东印度公司更像是一个国中之国，至少在欧洲以外的地方，公司能够以国家的身份行事。

经过慎重的考虑，英国东印度公司决定在香料群岛对荷兰东印度公司发起一场新的私人商业战争。英国公司之所以没有把竞争地点选在印度，其缘由在于公司在这里已经获得了一定的成功，印度的市场能够提供除了香料以外的其他名贵物品，如丝绸、靛蓝染料、棉纺织品、硝石。当时获取廉价香料的贸易途径完全落入了荷兰东印度公司之手，这也就使得英国东印度公司没再把香料作为公司争夺的首要目标。苏拉特成为英国东印度公司新的总部，万丹剩余的雇员也都来到了苏拉特。英国人迁移公司总部的举动并不意味着英荷之间的争端停止了。就在几年以后，也就是 1664 年，理查德·尼克尔斯就责令彼得·斯特伊弗桑特和荷兰西印度公司交出新阿姆斯特丹。

在 17 世纪剩余的时间里，英国东印度公司在印度的贸易发展谈不上快，但是很稳定，并且利润也逐年增加。直至 18 世纪初期，公司在印度次大陆设立了三位"总督"，分别位于西北部海岸的苏拉特、中东部海岸的马德拉斯（Madras）以及东北部的加尔各答（Calcutta）。荷兰东印度公司在印度很强势，但是印度次大陆的面积很大，荷兰公司没有能力垄断该地区的所有贸易活动，抑或对所有对手发动战争。尽管英荷两家东印度公司在获得硝石的问题上发生过一些钩心斗角，也为此争吵过，但是没有演变成直接的战争冲突。

硝石是在高温的作用下，动物的粪尿经过细菌作用在地下形成的结晶体。孟加拉农业腹地的土壤里充满着污水，加之这里长期干燥炎热，这种条件非常适合硝石的形成，因此这里产出的硝石数量最多。根据一位 17 世纪的商人所述，印度因其硝石和香料而闻名。直到 17 世纪末期，印度几乎是所有欧洲地区硝石的主要供应地。

18世纪时期，许多欧洲的公司都往印度派遣代理人，并在当地建造货栈，并与硝石的生产者保持着密切的联系。由于硝石十分重，所以人们往往在装船前将其打成碎石状，然后铺在船的底部，在硝石的上面放置其他值钱的货物。

从17世纪中期至18世纪，印度的硝石在很大程度上推动了大多数欧洲战争的进行。霍尔顿·弗伯在《1600—1800年东方贸易中相互角逐的帝国》一书中写道，"在整个17世纪的下半叶以及18世纪英国东印度公司从孟加拉的硝石产地接到的欧洲订单稳步增加，这能够反映出一个更加好战的欧洲"。历史学家贾格迪什·纳拉扬·萨卡尔（Jagadish Narayan Sarkar）在《印度历史季刊》（*Indian Historical Quarterly*）中评论道，"英国对硝石的需求如此之多，以至于公司给当地的人员下了长期的订单，从而确保每年都有硝石供应"。尽管硝石的价格波动很大（取决于战争的情况），但是英荷两家公司从各自的商业活动中获利颇丰，给自己的股东带来了巨大的红利，与此同时也为政府缴纳了可观的税款。

18世纪早期，竞争更加激烈。除了英荷两家东印度公司之外，这时期又有法国、丹麦、瑞典以及奥地利的公司想从硝石贸易中分一杯羹。在大多数时间里，荷兰东印度公司主导着硝石的生意。它拥有最大的货栈、最有经验的员工以及最具效率的运输体系（就陆路运输而言，硝石太沉了）。英国东印度公司的代理人记录了在早期的硝石贸易中自身面临的窘境。正如其中的一名代理人带着一丝嫉妒说的："荷兰人在这方面把事情做得很好。"同时，另一名代理人却提及："荷兰人粗鲁无礼，丝毫不怕撕毁合同。"

然而，没过多久，在印度贸易中又出现了一家有影响力的公司，也就是法国东印度公司（La Compagnie des Indes Orientales）。

该公司自 1664 年获得特许状之后，在印度南部逐渐占据重要地位。
直到 18 世纪初期，法国东印度公司才在孟加拉西部的金登讷格尔
（Chandernagore）和科罗曼德尔沿岸（Coromandel Coast）的本地
治里（Pondicherry）站稳了脚跟，其附近就是英国东印度公司在马
德拉斯的商业据点。随着莫卧儿帝国中央权力的日益式微，法国、
英国以及荷兰三家东印度公司开始互相倾轧。他们与王子们相互勾
结，从而使战争始终处于爆发的边缘。但是，莫卧儿帝国的崩溃为
欧洲商人带来了巨大的机会。

18 世纪中期的一幅版画，标题为《科罗曼德尔沿岸圣乔治堡的立体
图》，展现了公司在印度最重要的贸易与军事据点之一。

✢　✢　✢

　　年轻的罗伯特·克莱武并不是一个好学生，父母对他的未来感到很绝望。在什罗普郡有许多拥有土地的人，克莱武一家就是这样，他们在当地有一处庄园住宅，时间有些久了，需要修缮。罗伯特的父亲还会从事一些法律工作来补贴家里的收入。一家人都对身为长子的罗伯特抱有很高的期望。罗伯特·克莱武出生于 1725 年，他有 5 个妹妹和 1 个弟弟。但是，作为长兄的克莱武却是一个不听话的顽皮孩子，曾经被多所著名的学校开除。但是，克莱武却从小表现出了一个领导者的气质，有些傲慢，但是做事却无所畏惧。他曾经筹划很多计划来自娱自乐，并为社会的道德灰色地带所深深吸引。有一次，他组织了一群青少年进入一家店收保护费，向店主勒索钱财。

　　克莱武很精明，自以为是并且爱挖苦他人。他能够意识到他人的弱点，有信心根据自己的直觉行事。哪怕事情的胜算不大，并会为此受到极为严厉的惩罚也在所不惜。克莱武具备一种强烈的责任意识，并对伙伴十分忠诚。例如，当东印度公司的董事们因其勇敢要授予他一把昂贵的礼仪用剑时，他拒绝了，除非他的指挥上司也会受此殊荣。在花钱方面，克莱武非常大方，人们很难用通行的社会准则来衡量他。他常常遵从自己的内心去做事，然后处理由此带来的后果。我们很难想象这么一个行事鲁莽、不计后果的青年日后为英国东印度公司在印度次大陆确立了军事和政治优势，并为英属印度（British Raj）的主权奠定了基础。克莱武的官方画像显示出他佩戴着荣誉勋章，肩负着维持社会秩序的责任。但是这些画像并没有暗示他在年轻时就能取得此等丰功伟绩。

17 岁那年，克莱武被父母送到了东印度公司，做一名海外的小职员。当时的人都知道，通过走这条路，一个人可以获得很多财富。但是财富并不是通过做一名职员获得的，而是凭借着很多半官方的机会，乃至带有黑暗面的机会。生存总是充满着不确定因素，海难、疾病以及不幸的遭遇都是确实存在的威胁。在公司成立的早期，出于各种原因也会有人员的死亡。虽然与那时比，人员死亡的人数有所减少，但是总数也很多。克莱武搭乘公司的一艘小船离开了英国，在海军的护航下穿过了法国和西班牙的海岸。在航行至佛得角群岛（Cape Verde Islands）附近的时候，克莱武目睹了一艘船撞上岩石，只有一小批船员获救。不久之后，克莱武搭乘的船只在巴西海岸搁浅了。这造成了很大的损失，所幸没有人员伤亡。这次搁浅使得船只从龙骨到桅杆全部需要进行整修，耗时 9 个多月。克莱武不想在这些事情上浪费时间，于是他开始学习葡萄牙语，并在他们于 1744 年 7 月 1 日抵达马德拉斯的时候，已经能说得非常流利了。

在克莱武到达印度的时候，英国东印度公司已经十分繁荣了，陆续赶超了葡萄牙人和荷兰人的公司。当时，印度的政治局势十分紧张，部分是欧洲的局势所致。17 世纪后半期以及 18 世纪初期，欧洲纷争不断，很多国家卷入其中，例如瑞典、丹麦、法国、荷兰、西班牙、葡萄牙、神圣罗马帝国、沙俄、波兰和奥斯曼帝国等。国家之间的联盟不断发生变化。对于当时的欧洲，没有爆发战争的时间非常少。1672 年至 1713 年，荷兰与法国始终处于战争状态，这给法国的贸易造成了沉重的打击。但是随着两国和平的到来，商业活动又得以发展。

　　1707 年，莫卧儿帝国的皇帝奥朗则布（Aurangzeb）在统治了近半个世纪之后去世了，终年 89 岁。莫卧儿王朝有着蒙古血统。16 世纪，蒙古人从中亚入侵了印度。莫卧儿帝国的军队逐渐征服并控制了大片土地，包括今天印度的绝大部分地区、巴基斯坦（Pakistan）以及阿富汗（Afghanistan）的部分地区。奥朗则布的去世致使整个帝国开始分崩离析，曾经受其严酷统治压制的地方统治者们现如今都在抓住机会寻求独立。中央政权式微，帝国政府逐渐无法维持国家的和平。旅行和贸易也越来越受制于地方领主和盗匪的意愿。加之，随着统治阶层的瓦解，贪腐的现象与日俱增。斯蒂芬·R. 鲍恩在《一项可恶的发明：炸药、硝酸盐与现代世界的形成》（*A Most Damnable Invention：Dynamite，Nitrates and the Making of the Modern World*）一书中指出："西方的这些东印度公司都开始建立自己的常备军，这些军队不仅用于它们自身的防卫，而且还受雇于地方统治者，解决他们的权力纷争。"

　　经过多年的纷争，法国东印度公司在约瑟夫·弗朗索瓦·迪普莱（Joseph François Dupleix）的带领下，试图在莫卧儿帝国破败的废墟上控制印度。历史学家亨利·多德韦尔（Henry Dodwell）在《迪普莱与克莱武：帝国的开端》（*Dupleix and Clive：The Beginning of Empire*）一书中写道，"在欧洲，这些东印度公司只是私人公司，但是在印度，它们确是实实在在的政治体……真正的问题在于是否要进行一场决定印度统治权的斗争。但是当时没有人意识到这个问题"。当时印度的局势发生了翻天覆地的变化：中央政权的崩溃带来了混乱，各家东印度公司的军队都掌握了优越的军事技术等。为了确保硝石、丝绸和棉花的正常航运，公司的代理人都要清楚地了解印度当地的政治局势，乃至参与其中，比如如何交税或避税、向谁行贿及向谁投诉。商人们在从事了几十年的生意后，在当地的政府内部以及商人家族内部都有着盘根错节的政治与社会关系网。欧洲国家的东印度公司也都参与到这些当地的政治之中，以此保护贸易活动的稳定。他们也会把公司的军队雇给地方的统治者，从而赚取一些收入。这也使得公司不可避免地参与到了地方君主的权力斗争之中，同时也使得公司之间的斗争不断。

贸易和国际政治之间存在紧密的关联，这就意味着两者之间不可能长期脱节。这对于法国东印度公司来说更是所言不虚。这家公司几乎就是法国的臂膀，由国家建立，受国家资助，其股息也是由国家担保。国家及其高级大臣们能够随意干预公司事务，他们也可以毫无顾忌地利用公司来推进自身的外交政策。因此，与荷兰和英国的东印度公司相比，法国东印度公司并不怎么像一个贸易垄断组织，前者存在的目的主要是为股东们赚钱。对于英国东印度公司来说，它维护垄断的一个措施就是每年向英国王室供应500吨硝石，否则公司将面临出口白银的沉重关税。因此，用廉价的硝石来换取贸易的垄断是十分值当的。英国东印度公司非常满足于依靠垄断来获取利润，并且避免纠缠于国际政治事务。由于不受政府的直接控制，所以公司也没有协助国家进行对外战争的压力——直至18世纪40年代，公司的董事们向政府寻求帮助时问道："政府是否同意派遣军舰去肃清印度海岸的法国船只？"

正是在事态开始升温的时候，年轻的克莱武来到了这个对他来说陌生的世界。克莱武从来没想到自己会在即将到来的斗争中发挥极为重要的作用。但是在那一刻到来之前，尽管克莱武一直努力工作，但是他却对办公室职员的工作不抱有什么希望。他在给家里的一封信里提道："近来，我觉得这个世界似乎不那么尽如人意，人们在做事的时候往往先考虑利益，然后才是这件事具备的价值。如果仅仅想着利益的事情，并以此作为自己发展的阶梯，我就会感觉自己不配得到这份恩惠。我相信，你会尽力为我的进一步发展想办法的。"就在克莱武催促父母为自己的工作晋升想办法的时候，他本人最终选择了一个影响未来的积极角色。正是这样一个瘦小多病、偶尔还会抑郁和癫痫发作的人在努力适应他的新角色。

✣ ✣ ✣

1740 年，奥地利王位继承战争（The War of the Austrian Succession）爆发，这打破了英法两家东印度公司在印度南部的和平局面。英国政府非常积极地回应了本国东印度公司要求皇家海军（Royal Navy）军事援助的请求。毕竟，法国东印度公司从本质上说是国家的一部分，因此也就和其他地方一起成为被攻击的目标。1745 年，英国皇家海军舰队抵达印度，随即对法国舰队展开了进攻，俘获了几艘船舰。不久，一支法国国家舰队也抵达印度，对英国展开了一系列针锋相对的进攻（英法两家公司的主要商业中心相距非常近——本地治里和马德拉斯之间仅 130 公里的距离）。英国舰队的司令下令舰队向北航行至孟加拉进行休整。这一举动使得公司在马德拉斯的据点处于无防备状态。事实上，马德拉斯的防御工事始终欠缺，因为修建的成本要从公司的利润中支付，因此就被忽略了。法国东印度公司驻本地治里的总督迪普莱见到此景非常高兴。1746 年 9 月 7 日，迪普莱率领法国舰队沿着海岸向北行驶，对马德拉斯发动进攻。早些时候，在英国皇家海军舰队进攻期间，迪普莱损失了大部分私人财产，因此他现在渴望复仇。

英国东印度公司在马德拉斯的据点不仅疏于防守，人手也不够。一座城市仅仅有 300 多名士兵把守，这人数都不及法国军队的 1/4。与此同时，很多士兵还没有任何军事背景或者经验。马德拉斯当地的统治者禁止迪普莱进攻英国人，但是没有枪杆子在手，说话便不中用。经过两天的围攻，马德拉斯堡垒失守。很显然，这次失守有其自身的原因，酒馆里充满喝醉的人，这些人拒绝战斗。没有人会责备他们。趁着投降谈判混乱之际，年轻的罗伯特·克莱武与其他几个英国人逃走了。他们向南走了 150 公里，到了英国最后一处据点圣大卫堡（Fort St. David）。当法国舰队进攻圣大卫堡的时候，他们感到十分震惊，这里居然有近 1 万名士兵。尽管如此，人数不占优势的法国舰队还是打败了英国军队。只是恰逢英国皇家海军舰队及时赶到，这处据点才得以保住。

在战争于 1748 年结束之前，还爆发了一些不重要的小冲突。根据英法之间签订的和平条约，马德拉斯重归英国。英法之间的冲突刺激到了克莱武，使得他改变了自己的职业生涯。他不再满足于沉闷乏味、墨守成规的职员生活，他寻求改变。圣大卫堡的总督在报告中写道："罗伯特·克莱武先生有着军人的性格。在我们后期与法军交战的过程中做过志愿者。我们针对他的申请授予他海军少尉军衔。"克莱武尽力讨好自己的上司，在写给公司董事的信中，克莱武夸耀自己的"勇敢与英武"，希望能够得到提拔。最终，公司授予他膳务员的职位，这是一个肥缺，能够在出售给公司雇员的物品中收取佣金，并且还能有机会私下做一些小买卖。总之，对于年轻、缺乏经验的人来说，这是一个绝佳的职位。

随着和平的到来，印度沿海地区又恢复了往日的商业贸易活动。然而，随时可能爆发的战争令这种和平的局面变得十分不稳定。各国的贸易公司相互猜疑、钩心斗角，都在寻找对自身构成威胁的事情。英法之间这场短暂的冲突让克莱武发现了一些极具价值的事情，虽然这些事情在当时并没有引起人们的广泛重视，但是克莱武却用这些看似不重要的事情引发了极具毁灭性的效果。他发现的事情就是：英国、法国东印度公司的士兵要远远优于地方的武装力量。克莱武开始以一种新的眼光审视英法两家公司——不仅是以一种商业的眼光，还以一种军事的眼光。尽管地方军队在数量上占据优势，但是当地军队的装备也就比使用破旧武器的暴徒们好那么一点。克莱武之后回忆道："在那些日子里，我们对战争的艺术是多么的无知啊。一些工兵谈理论行，但是毫无实践经验，另外一些工兵则缺乏解决问题的能力，还有一些人什么也不懂，只是拥有做事的勇气。如果让他们知道如何行事，他们就会立即行动起来。当下，几乎没有一个军官知道工兵们的行动正确与否。等到时机成熟的时候，一切却又太晚了。我们已经损失了太多的兵力，无法再展开进攻了。"但是熟能生巧，克莱武意识道，他们可以雇用大量的当地士兵，然后在战争中取胜。在没有这么做的情况下，英国和法国的东印度公司都是当地强大的军事武装力量，能够改变远不止贸易范围内的事情。但是，如果如此行事，军队在以公司利益为重的同时也可以充当一种重要的商品，能够"出售"给当地统治者，尤其是那些与公司长远商业利益相一致的统治者。

1748年和平到来之时，英国东印度公司中绝大多数的雇员都希望进行贸易活动，毕竟这是他们不远万里来到印度的原因。然而，迪普莱和法国东印度公司却另有所图。尽管英法两国官方宣布处于和平状态，但是两家东印度公司却时刻处于剑拔弩张的状态。当莫卧儿帝国崩溃之时，地方的君主们都开始攫取权力。其实在1740年的时候，许多地方的君主已经建立起了独立的国家。其中，权势最大的君主是德干（Deccan）的阿萨夫·耶（Asaf Jah）。当1748年阿萨夫·耶去世的时候，迪普莱看到了扩展权力与影响的机会。他开始与王位争夺者进行密谋，最终设法让他支持的候选人撒拉巴特·杨（Salabat Jang）当权，并让昌达·萨希卜（Chanda Sahib）成为科罗曼德尔海岸边的卡纳提克（Carnatic）的小统治者。

在这样的背景下，英国东印度公司的官员们陷入困境：公司的董事们要求进行贸易，为公司营利，不要参与印度当地君主们的权力斗争，因为这样做会消耗公司的资金。但是迪普莱的行动已经很明确了。一味遵循不干涉的和平贸易原则会导致法国有效控制当地的统治者，继而出现英国东印度公司遭到驱逐，法国东印度公司受到支持并一家独大的局面。总之，如果这样的事情出现，法国人就会将英国人驱逐出印度，这和早些年的时候荷兰人将英国人和法国人从香料群岛排斥在外是一样的。

因此，对于英国人来说，他们唯一的选择就是支持一位统治者。没过多久，英国人就密谋让他们的傀儡统治者穆罕默德·阿里（Muhammad Ali）登上德干的王座。在王位争夺的斗争中，克莱武被任命为上尉。当昌达·萨希卜及其法国盟友将穆罕默德·阿里与英国军队包围在特里奇诺波里（Trichinopoly）的时候，克莱武提出了一个计划：通过对阿科特（Arcot）发动攻击，以达到为特里奇诺波里解围的目的。因为阿科特没有设防，一旦这座城市受到攻击，那么萨希卜势必要返回救援。克莱武向上级请求实施这一计划，该计划可以算是一场冒险的赌博，这会将英国东印度公司在马德拉斯和圣大卫堡的据点都暴露在敌人面前。如果计划失败，就可能促成法国在印度沿海的贸易垄断地位。

后来克莱武的行动表明，公司上级支持了他的计划。在 8 月酷热难耐的天气里，克莱武带领着 200 多名英国士兵和 300 名雇佣军向内陆行进。他们穿过闷热的丛林和枯萎的矮树，蹚过一条条河流，翻过一座座山丘。其间，他们还经历了疾风暴雨，这导致行走的道路十分泥泞。经过六天艰难的行进，他们走了 100 公里，到达了目的地。情报人员告知克莱武，有大约 1 000 名士兵在把守阿科特，这个小镇约有 10 万居民。所以当克莱武一行人进城的时候，他对无人驻防的情况感到十分惊讶。只有在肮脏狭窄道路的两侧，能看到衣着破烂不堪的士兵。不仅如此，把守这座城市堡垒的卫戍部队因迷信和怯懦已经趁着夜幕逃跑了，他们成为谣言——夸大了对抗他们军队的规模——的牺牲品。克莱武即刻让人摘下了法国的国旗，然后挂上了一面他事先准备好的旗子。按照人们所想，他应该挂英国东印度公司的旗子或者英国的国旗，但是事实上，克莱武挂的却是穆罕默德·阿里的旗子。他宣布，阿科特这座城市及其附属的堡垒现在归阿里所有。克莱武严禁手下大肆劫掠，但允许人们接受贿赂。之所以这样，是因为他已经拿下了这座城市，所以也就没必要再给自己四处树敌了。与此同时，出于克莱武表现出的礼貌和尊重，所以阿科特一行人也就保持了中立。

随后，克莱武让手下修缮破旧的堡垒工事，以应对敌人随时可能发起的反攻。在接下来的 50 天里，克莱武和他的手下们抵挡了敌人的一次全面的围攻。在被包围期间，他并没有坐以待毙。在夜幕的掩盖下，克莱武对敌方阵营发起了突袭，也抵挡了人们对城门的一次次猛攻，并且还要直面无情的炮火以及忍受匮乏的食物和不新鲜的水。在一次战争中，克莱武身边的两名同伴被活生生炸死了，所幸他没有遭此厄运。最终，昌达·萨希卜之子拉扎（Raza）带领着 1 万多名士兵冲进了阿科特城，包围了堡垒。克莱武受到了敌人的威逼利诱：先是答应给他大量的财富，允许他的人行动自由；如果他予以拒绝，那么将会遭受可怕的痛苦与折磨。面对这样的局面，克莱武依然选择坚守，他要么是怀疑敌人不遵守许下的承诺，要么就是希望等到马德拉斯或者公司盟友的救援。更可能的是，他坚守着倔强本性和荣誉感；他曾经说过他会拿下并坚守该堡垒，他确实做到了，并为此承受了应有的后果。

在马德拉斯，有人将此事上报给公司的委员会，"克莱武认为自己能够抵御敌人的进攻。他唯一担忧的就是同伴因疲惫而倒下。与此同时，克莱武还认为至少需要 1 000 名印度士兵和 200 名欧洲士兵才能解此困境，因为敌人实在太强大了，敌军的人数每天都有增长"。1748 年 11 月 14 日，在伊斯兰的历法里，这一天是阿舒拉日（Ashura），穆斯林要悼念殉难的穆罕默德的子孙们。恰好克莱武带领的军队中有很多士兵是穆斯林，这些士兵相信，在战争中阵亡可以让他们直接上天堂。当第一缕阳光在地平线缓缓升起的时候，敌人发动了进攻，一群人扛着几百个巨大的梯子向堡垒的大门猛冲。在敌人的前面还有几十头全副武装的大象，大象的脑袋都包裹着金属，以抵挡攻击。

就在敌人看似胜局已定的时候，克莱武下令朝大象开炮，并让枪手射击大象，这使得大象在人群之中横冲直撞，四散逃跑。但进攻的敌人仍然朝着堡垒的大门冲去，完全不顾飞来的子弹，眼看着一群敌人坐着筏子已经穿过了护城河。然而，枪林弹雨让这些进攻的人感到恐慌，纷纷从筏子上掉入水中，许多人当场溺水身亡。法国军队的指挥官并没有参与混战，而是在一旁冷眼观看。由于缺乏援助，拉扎下令撤兵。没过几个小时，英国东印度公司的援军就赶到了阿科特，一起赶来的还有阿里的盟友莫拉里·拉奥（Morari Rao）带领的几千名马拉地人（Maratha）骑兵。

但是克莱武并未稍做休整，随着公司近千名援军的到来，同时还有 600 名马拉地人骑兵增持，克莱武开始主动出击。他横扫了阿科特附近的几个堡垒，打败了拉扎近 5 000 人的军队。战争胜利的关键因素是拉扎手下几百名印度兵临时变节。在接下来的数月里，克莱武继续带领自己的小队伍取得了一系列的胜利，他所运用的战术在未来的几年里给他带来了更大的名望。他为公司带来了巨额的财富，以及几千万人。克莱武率领士兵在陆地上快速行进，对所遇敌人展开突然袭击。与此同时，通过贿赂敌方并不忠心的士兵，从而达到瓦解对方军队的目的。克莱武所做的这些事基本上肃清了法国东印度公司在卡纳提克地区的势力，并让穆罕默德·阿里成功登上了王位。

与此同时，在马德拉斯，克莱武的下属们也在紧张地忙碌着，并为他赚取了一笔财富。此时的克莱武已然成为一名年轻的英雄。他租下了一处舒适的房子，让自己沉浸在各种社交活动中。也就是在这种活动中，他遇见了一位朋友的妹妹，刚从英国来到印度不久的玛格丽特·马斯基林（Margaret Maskelyne）。那时，玛格丽特是一个 17 岁的姑娘，而克莱武已经 28 岁了。但是在相处了一段时间后，两人最终步入了婚姻的殿堂。为克莱武作传的一个人曾写道："克莱武总是深爱着玛格丽特，并始终对她保持着忠诚。此外，没有丝毫迹象表明，克莱武采取的任何行动受到过玛格丽特的影响。"两人结婚以后一直在一起。

在返回英国之前，克莱武给公司在印度南部留下了一支强大的军事力量。在他踏上回国的旅程时，他已经成为一个传奇。当克莱武和新娘不在一起的时候，他就会和罗伯特·奥姆（Robert Orme）讨论许多他战斗的细节、胜利的场景、英雄的事迹以及一次次死里逃生的经历。奥姆当时正在撰写东印度公司在印度的英雄事迹，克莱武正是其中的典型人物。奥姆笔下的克莱武中等身高，不算英俊，小眼睛、蒜头鼻、方形脸，想要将这样的形象塑造成一位英雄还是需要一定技巧的。对于克莱武来说，他深知要实现自己的野心，就需要更多的行动。行动起来总是没错的，甚至是十分必要的，但是要做到这点，那就需要一个传奇。与此同时，恰如18世纪英国流行的风气，他还需要一笔财富。

当时的欧洲处于和平时期，信息的传播速度很快。克莱武为英国东印度公司在印度做出的英雄举动也就很快在人们之间传开了。如今的克莱武可以说是声名鹊起。英国首相老皮特（William Pitt the Elder）称他为"天生的将军料"。但是，尽管集财富与名望于一身，但是曾经因食物匮乏、喝污浊的水、彻夜不眠、长时间在室外被烈日炙烤和被大雨淋湿这些原因而落下的病根，以及所负的枪伤，都时常困扰着克莱武，更不用说指挥作战带来的压力。任何人都会因此而落下病根，克莱武也不例外。他长期为疲惫、发烧、腹痛所折磨，人们认为他患上了痢疾和疟疾，或者其他什么病。认识克莱武的人都知道他喜怒无常，并时常感到抑郁。在病情发作的时候，克莱武时而狂怒，时而焦躁不安，总是想自杀了事。相较而言，历史学家们从一些证据中发现，克莱武也有性情温顺的一面，可也有人说他患有躁郁症。这些疾病一直伴随着他直至去世。在病痛的折磨下，克莱武开始吸食鸦片来缓解痛苦。

当克莱武在印度结束任期的时候，他带着玛格丽特回到英国，买下了一处大房子，两人过上了安静惬意的生活。1754 年 3 月，玛格丽特生下了他们的第一个孩子爱德华。与此同时，克莱武与英国东印度公司签订了合同，只要他身体恢复就返回印度任职。也是在这个时候，克莱武出于某些说不来的原因，决定为自己在议会中赢得一个席位。为此，他花费了 5 000 英镑用来行贿，可惜的是因为一些细节问题，他未能如愿。之后，克莱武与公司达成一致，出任圣大卫堡的副总督，任期五年。在任命的合同中还附带了一个条款，即当马德拉斯现任总督死亡或者退休时，由他来接替总督一职。1755 年 4 月，克莱武和玛格丽特踏上了前往印度的船。在抵达印度东部之前，他先让船停靠在了西海岸的孟买。在这里，克莱武再次展开行动，协助占领了一处海盗把守的堡垒。此外，在踏上印度的土地之时，他就立即投身于政治活动之中。当时整个印度都弥漫在权力的斗争之中。

在孟买处理完这些事情之后，克莱武一行人最终到达圣大卫堡，但是刚到地方就听到了一些不好的消息：即便英法两家东印度公司有约在前，不插手科罗曼德尔海岸附近的政治事务，但是法国东印度公司却接连不断地搞政治活动，以讨好地方的统治者。不仅如此，孟加拉的统治者去世之后，他的孙子苏拉杰·多拉（Suraj-ud Dowlah）继位。登上王座后不久，多拉对英国东印度公司在卡辛巴沙尔（Kasimbazar）的据点发起了攻击。傲慢的公司代理人为此辱骂多拉，挑战其权威，甚至支持争夺王位的人，或者至少在加尔各答为争夺王位的人提供避难场所。不仅如此，他们还开始强化堡垒的防御工事。

年轻的国王多拉不可能忍受有人挑战自己的权威，这有损他的尊严。多拉让法国派人训练他的士兵。与此同时，他听闻了很多欧洲发生战争的流言。这些都让多拉下定决心对英国人动手。1756年6月，英国商人不同意停止修建加尔各答的防御工事，也不同意交出与多拉争夺王权的叛徒。因此，多拉率领军队对英国人发动进攻，夺取了英国东印度公司在加尔各答的堡垒。对于英国人来说，加尔各答是最具价值的商业据点之一，这里的棉花和硝石贸易十分繁荣。在进入加尔各答的时候，多拉说道："英国人一定很蠢，才会让他将他们从这么好的城市中赶出去了。"像卡纳提克一样，孟加拉是莫卧儿帝国的一个省份，新的印度行政长官披着效忠的伪装，事实上却宣称独立，在帝位空缺的时候，他已经准备了一段时间。

与此同时，又有传言称一支由19艘战舰组成的法国舰队已经从法国出发。船上搭载了几千名士兵，正在往法国东印度公司在本地治里的据点赶来。这支舰队为何而来，不甚明朗。如果这个传言是真的，那么还有什么理由比攻击英国东印度公司更加让人信服？与此同时，在圣大卫堡的英国人正在被另一个谣言困扰着，也就是加尔各答的黑洞（The Black Hole of Calcutta）。大致内容是，当多拉夺取了英国东印度公司的堡垒之后，他下令将146名英国人埋进一个仅仅5.5米宽、4米长的坑里，这个坑只有一个小小的通风口。在这么一个闷热的坑里，许多人都被闷死了。历史学家认为，可能仅仅死了一半的人，并且多拉并不应该对这个事件负直接责任。无论这个谣言真实与否，它都在人们之间传开了，成为印度当地统治者背信弃义、野蛮、残忍的例证，并且证明了英国人作为"文明人"的合理性。

在圣大卫堡听闻加尔各答失守的消息后，克莱武心中不仅充满焦虑，而且还十分恼火。他写信给伦敦的公司董事们，请求救援加尔各答。在信中，克莱武写道："加尔各答的失守对公司来说是极大的侮辱，并且将贫困的人置于极其野蛮、残忍的境地。"公司任命克莱武为这次收复加尔各答行动的领导者。这项任命让一些人感到十分不快，因为在某些人眼里，克莱武仅仅是公司的一名士兵而已，并没有把他看成一位军官。公司驻马德拉斯的委员会选择克莱武来取缔约翰·阿尔德克龙上校（Colonel John Aldercron），后者负责该城市的一部分军队。就是这样一个易怒、自负的人在职业的士兵、船员等之间吵闹和煽动。很显然，克莱武和阿尔德克龙无法和平共处。在接下来的几年里，两人的争吵造成了很大的损失。克莱武似乎很擅长在自己人中树敌，他常常自我吹嘘，行为举止也较为傲慢，经常能在众人之中为自己博得眼球。他不怎么注意与高级别的那些群体打交道，这在之后的时间里时常困扰着他。

此外，在写给伦敦的公司董事们的信中，克莱武表现出必胜的信心，并声称他不会满足于仅仅夺回加尔各答，而且还会让公司资产在这些地区的配置比以前更加稳妥，为公司挽回损失。在马德拉斯，克莱武接到的指示是，"采取你认为最有利于公司利益的措施"。这一指示并不具体，但让克莱武有很大的发挥空间，能够自行决定事务。1756 年 12 月，克莱武出发前往加尔各答。与他同行的是查尔斯·沃森上将（Admiral Charles Watson），他指挥着五艘皇家海军战舰。除此之外，参与这次远征的还有公司的三艘战船和一些用来搭载士兵的小船。克莱武在给父亲的信中写道："如果这次探险成功了，我或许就能做更大的事情了。这是我迄今为止完成的最伟大的事业。我拥有强大的力量和威信。"

在发动进攻之前，克莱武对军队进行了重组，并给国王多拉送去了一封信。信中写道："在过去的十年里，我们一直打仗，万能的上帝乐于让我取得胜利。"然后，他对敌人展开了攻势。其间，他夺取了一些小堡垒，为此遭受了一些损失，最终在1757年1月2日拿下了加尔各答。一个月之后，多拉带兵反攻。据说，这次多达30 000名步兵和200名骑兵。即便这人数有些夸张，但是在克莱武那几千兵力面前还是显得十分强大。然而，克莱武抵挡住了敌人的进攻。2月5日，他主动发起攻击。之后，克莱武写信给父亲："我们获得了很大的胜利。在这场战争中，我们杀了1 300个敌人，连带着他们的五六百匹马和四头大象。这次战争让多拉败下阵来，并迫使他签订了一份非常体面且对公司有利的和约。"然而，虽然战争胜利了，但是加尔各答却几乎成为一片废墟——房屋在战火中被烧毁，树木也被人们砍倒了。人们估计这次战争的损失高达200万英镑。

和平的局面并没有长久，因为多拉的军队并没有被彻底打败，仅仅是散落四处而已。当多拉听闻其盟友在欧洲参与这场始于1756年5月的战争的消息后，他又开始巩固与联盟的关系，并准备再次对克莱武发动进攻。与此同时，克莱武也听闻欧洲爆发战争的消息，这里所说的战争就是历史上的"七年战争"（Seven Year's War）。因此，对加尔各答的争夺不再仅仅是一场为公司利益发动的战争，而是欧洲利益纷争的一种延伸。在这种情况下，克莱武觉得他有必要带领军队向上游行进，在3月的时候袭击一处法国的贸易据点。

　　由于克莱武率领的公司军队太小了，所以他再次获得了指挥部分皇家军队的权力。此举意味着公司的利益与国家的利益开始混在一起，这成为日后英国东印度公司的一大显著特征。克莱武很有先见之明，意识到可能会发生的利益冲突。这些士兵属于国家，而不是公司。为了搅浑印度这摊水，克莱武必须依赖他们，甚至在印度拥有指挥他们的能力。但是，克莱武从来没有完全控制这些士兵，这些士兵也从来没有把他当作长官。事实上，这些皇家军队的存在意味着克莱武让更高等级的权威凌驾于自己之上。换句话说，国家的等级制以及权力的引入使得他难以驾驭，从而在客观上令自身权力受到了削弱。

　　克莱武对法国据点的进攻花费了大量的资金。尽管这些成本无法通过其他方式弥补，但是这次进攻的效果是明显的，因为它给予英国东印度公司的头号对手以沉重的打击。克莱武自己也承认，他给法国东印度公司造成了难以形容的打击。当这一则消息传到伦敦时，英国东印度公司的股价上涨了12％。因此，我们可以说，英国东印度公司几近获得了有史以来最大的胜利和利润。克莱武给公司的董事们写了很多的信，以表明自己的英雄事迹和对公司的绝对忠诚。在公司看来，克莱武是对外进行征服活动的良将。

❖　❖　❖

　　普拉西战役（The Battle of Plassey）堪称世界历史的一个关键转折点。从表面上看，这场战役并不复杂，具体细节如今已经模糊不清了，并且我们也很难从与此次战役相关的神话中挑出事实的部分。在法国军队于金登讷格尔战败后的三个月时间里，印度的多拉国王对其溃散的军队进行重组，并用一支强悍的法国派遣队来增强自身实力。准备好之后，多拉率领队伍向加尔各答行进。根据克莱武的传记作者所说，克莱武对敌军庞大的规模和气派的阵型感到吃惊。

尽管后世的史家可以轻描淡写地记录这场战役，但是对于克莱武来说，摆在他面前的是一场噩梦。因为这次进攻的敌军人数大约有 5 万人，包括多达 1.8 万名骑兵、重型炮兵以及一支身着铠甲的战象队。这支强劲的敌军队伍在加尔各答以北 12 公里的普拉西集结。数百面军旗在风中飘扬，战鼓在人群中隆隆作响，士兵们分成若干部分整装待命。这些士兵在法国人的指挥下似乎比克莱武以往遇到的印度士兵更有纪律性。相较而言，克莱武指挥的军队仅仅有 1 000 多名欧洲士兵和大约 2 200 名印度士兵，并且只配有很少的枪支。对于克莱武而言，似乎败局已定。然而，克莱武清楚地知道己方和敌方各自的优势与劣势。他笃信，这支看似庞大的军队纪律性不会太好，甚至都谈不上忠诚。加之，对方还存在士兵们的军饷少、补给差、军官指挥不力等问题。相比之下，他的优势是军队规模虽小但是听号令，这使得他能够充分利用自身的名望来获取战争的胜利。

虽然如此，可是这次克莱武的胜算并不大。面对局势，克莱武犹豫不决，为此他召开了一次战争委员会进行抉择。正如克莱武自己所说："以当前的局面，我们是在没有援助的情况下对多拉发起进攻，还是说等待援军的到来，到底哪个是明智的？"克莱武犹豫不决，或许是他在等与多拉军队中高层密谋的结果。对于这件事，一个非常流行的说法是克莱武收到了多拉的一名叫米尔·贾法尔（Mir Jafar）的知己写的信。读过这封信后，克莱武在树下踱步，想着信中所说的事情。6 月 21 日，雨下得非常大，在次日清晨，克莱武开始了进攻行动。和以往比，这次行动虽说果断，但是显得很鲁莽，甚至有勇无谋。这或许是因为他害怕始终犹豫不决会辱没他的名声，或者无法实现对自己命运的掌握。总之，克莱武向对方发起了进攻。

突如其来的进攻令多拉感到震惊。当克莱武的军队向前行进时，多拉的队伍仅仅是躲在一片红树林里，暗中进行观察。6 月 23 日，双方发生了正面冲突。除克莱武用大炮炸死了数百名敌方的步兵之外，这场战争没有什么值得注意的重要事件。当时的克莱武正在等一个契机，也就是叛变的米尔·贾法尔率领部队临阵倒戈。克莱武向贾法尔承诺，如果英方获得胜利，将会给予其高官的回报。因此，当多拉率领部队向前行进时，贾法尔反而后退。当法国军队缓慢向前行进时，克莱武下令向敌人猛烈射击。然后，正如克莱武所料，法国军队退出了战争，但是敌方的骑兵在长官被杀的情况下仍坚守阵地。下午时分，一场大暴雨突然袭来，顿时狂风大作，这样的天气也在克莱武的预料之中。他命人将武器弹药盖好，以防被雨淋。而多拉军队以及法国军队没有做好准备，所以损失惨重，武器和大炮都被雨浸湿了。他们相信克莱武的情况也差不多，所以步兵继续行进，但速度很慢，最终在猛烈的射击下停滞不前。突然间，克莱武下令进行刺刀近身攻击。见此形势，敌军接连后退，四处逃跑，匆忙之中各种物资散落一地，如武器、补给品等等。士兵也是死的死，伤的伤。总之，多拉一方已经溃不成军。

曾经有人将这场战争画了出来。在画中，克莱武是一个英雄的形象，骑着一匹猛冲的马带领士兵们冲锋陷阵。他大胆地告诫士兵们要在战场上奋勇杀敌，夺取战争的胜利。画中描绘的敌军是仓皇逃跑的状态。在这场战争中，多拉一方死亡数百人，英国东印度公

司则仅仅数人阵亡。我们可以说克莱武的胜利不是军事方面的，而
是对机遇、敌方变节以及外交方面准确把握的胜利。然而，克莱武
却把这场战役说成一次出色的军事胜利，并宣称自己是一位伟大的
将军。正是克莱武对自己的这种吹嘘逐渐激怒了身边的人。加之，
克莱武自己的风头越来越大，但是却几乎不承认他人做的贡献，也
不承认命运或者运气在成功背后起的作用。

弗朗西斯·海曼于 1757 年绘制此图，题为《普拉西战役后的罗伯
特·克莱武和米尔·贾法尔》。该图展现了克莱武正在为孟加拉及其
三千万子民的未来与米尔·贾法尔进行磋商。此处提及的普拉西战
役是英国东印度公司开展的首次大规模领土征服行动。

克莱武和英国东印度公司对战争怀有极大的热情。根据先前达成的协议，克莱武扶持米尔·贾法尔登上王位。在进入贾法尔的宫殿之时，克莱武观察到众多的叛乱者都聚集在贾法尔周围。克莱武带有诚意地向贾法尔表明，现在是他坐上王位的时候了。然后，克莱武向这位新君主献上了一些金币，以表尊敬和臣服。

作为回报，米尔·贾法尔将加尔各答周围的一些土地以及土地上产出的所有收入授予克莱武。其土地每年的产值多达 2.7 万英镑。除此之外，克莱武还拥有大约 30 万英镑的战利品。贾法尔为了稳固王位还付出了其他一些支出，例如私下里又给了克莱武 16 万英镑，并将 50 多万英镑分发给英国东印度公司的士兵们。此外，贾法尔还给其他公司的官员每人赠送了价值数万英镑的礼物，并向公司缴纳每年 10 万英镑的军事费用。1758 年 11 月，英国东印度公司的董事们任命克莱武为孟买的总督。至此，克莱武成为一个名副其实的地主，同时也是一个掌管着公司在印度贸易中心的封建领主。这种职业的安排是很常见的。其他人肯定也从这样的安排中获取了财富，但是克莱武获取的财富数量却是很罕见的，这也注定日后会出现问题。克莱武作为公司的职员没有权利从履行本应尽的义务中获得如此之多的财富，尤其是英国皇家军队还在他取胜的战争中发挥了重要的援助作用。

克莱武的军事活动没有结束。在接下来的几年时间里，他镇压了数次印度敌方的叛乱，从而巩固了公司的利益。在法国、英国乃至荷兰之间的战争中，各家的东印度公司不再以薄弱的兵力来参与印度地方统治者的政治纠纷，而是尽可能地倾尽全力进行战争。英国东印度公司无法再主动地改变敌方的政治局势或者仅仅维持一个贸易据点。迈克尔·爱德华兹（Michael Edwardes）在《与生俱来的将军克莱武》（*Clive：The Heaven-Born General*）一书中就写道："所有的国家要么都避免干预印度的政治，要么就防止对方演变成一个拥有'国家权力'的政治主体，但这都是不可能的事情了。对于英国而言，将自身在印度塑造成一个'国家权力'实体和降低荷兰与法国的地位是密不可分的。"

随着克莱武在军事上和政治上获得了诸多胜利，英国东印度公司逐渐成为印度最强势的力量之一。历史学家詹姆斯·劳福德（James P. Lawford）在《印度总督克莱武》（*Clive：Proconsul of India*）一书中就曾提及，"克莱武如今俨然是一个士兵出身的政治家。在他看来，战争并不是结束纷争的方式，而仅仅是实现政治目的的一种策略"。英国东印度公司将孟加拉建设成一个核心据点，然后以此为中心稳步向周围扩散。在征服孟加拉之后，英国东印度公司就控制了当地硝石的渠道。并且在公司以及日后英国政府的管控下，硝石在战争期间完全被英国人垄断，其他国家的人很难获得。第一个因失去硝石渠道而感到压力的国家就是法国。正如历史学家们所指出的，法国被迫严重依赖国内低质量的火药是影响法国在七年战争中谋求和平的关键因素。也正由于此，1763 年，七年战争结束。根据英法双方达成的共识，法国东印度公司可以在印度的某些地点进行贸易，但是不能再驻守任何军队。

然而，一切并非都如此顺利。正如菲利普·劳森（Philip Lawson）在《东印度公司历史》（*The East India Company：A History*）一书中评论的："自 17 世纪以来公司就惯用的贸易委托管理模式已经不再适用了。曾经以贸易占据主导地位的地方如今以区域性权力和政治权力为重要特征，公司为此要承担很多不必要的责任。"当代观察家约翰·尼克尔斯（John Nicholls）在 1822 年出版的

《回忆与反思》（*Recollections and Reflections*）一书中写道："一家由商人组成的公司获得了一个领土广阔的帝国。在他们成为这一帝国的统治者之后，他们始终保有垄断商人的特征。统治者和商人，这两个身份显得有些不太协调。"总之，英国东印度公司开始面临许多他们无力承担的责任。克莱武的胜利使得公司开始作为一个帝国进行统治，但是怎么统治呢？甚至克莱武也慢慢意识到了公司承担这些责任的巨大压力，以及由此带来的利益纷争。1759年，在写给威廉·皮特的一封信中，克莱武写道："一个商业公司要统治这么一大片土地需要消耗太多的资金。如果没有国家的帮助，恐怕公司无力维持这种统治。"公司的长官们以及商人们几近掌握了专制权力，他们慢慢沦为了贪婪的掠夺者，这使得腐败日益猖獗。这些贪婪的公司上层官员与下层职员正慢慢地掏空数百万印度人的钱包。

事实证明，英国在孟加拉夺取尚处于萌芽阶段的帝国的代价和复杂程度远远超出了人们的想象。的确，当克莱武在普拉西取得大捷的消息传回伦敦后，人们举行了庆祝活动，股票也随之水涨船高，但是这一兴旺的局面很快就因后续发生的事情而消失不在，因为当克莱武于1760年回国的时候，他给公司留下的是一个不稳定、暴力冲突不断的政治局势。在印度，各家东印度公司直接的斗争映射出欧洲国家之间的纷争。这些欧洲公司在印度的各种斗争都是在莫卧儿帝国行将就木的背景下进行的。无论哪一家公司取得了胜利，都不可避免要保卫这种胜利的果实，并毁灭所有对手。如果斗争失败，对于他们来说都是自我毁灭。正是在这一斗争过程中，英国东印度公司逐渐失去了对自己命运的把控。

❖ ❖ ❖

在与法国人和荷兰人斗争了 4 年之后，克莱武决定回国休息一段时间。这时他已经 35 岁了。就其收入而言，他每年从加尔各答领地上获得的收入要比英国东印度公司成立之初的原始资本多得多。具有讽刺意味的是，由于个人财富非常多，这使得他都不敢亲自将钱运回伦敦，也不敢利用公司来做这件事。最终，他选择利用荷兰东印度公司来运送自己的钱，其方式是在印度把钱存到荷兰东印度公司的银行里，然后在英国取现。凭借着巨额的财富，克莱武成为英国最具财势的人之一。当时英国的财富大多集中在少数拥有特权的贵族手中。1760 年，克莱武为庆祝自己回到伦敦，大肆炫耀自身的财富。他为家人买下了富丽堂皇的大房子以及众多地产。如果他的财富无穷无尽，那么他都可能将钱撒在地上。回国之后，克莱武被召去面见国王乔治三世。王室授予他爱尔兰的贵族爵位，人称"普拉西的克莱武男爵"。与此同时，克莱武跻身议会下院（The House of Commons），以此确保能够插手印度的政治局势。不仅克莱武进入了下院，他的一些有钱的朋友也都成功当选下院议员。可以说，对于这个国家极为富有的人来说，钱根本算不了什么。克莱武还从牛津大学获得了荣誉学位。然而，在获得各种地位、殊荣的同时，克莱武因炫耀财富，也给自己招致了他人的憎恶。人们讽刺他是一个大摇大摆的"长官"（nabob），在当时，这个词用来贬低印度的统治者以及拥有巨大财富的商人。

克莱武与英国东印度公司的董事劳伦斯·沙利文（Lawrence

Sulivan），甚至和其他的董事成员逐渐发生了严重的争吵。沙利文反对克莱武给皮特提的意见，也就是公司从孟加拉获得的收入应该交给政府而不是据为己有。为此，沙利文扬言威胁要把克莱武在加尔各答的地产收入没收。公司之所以敢这么做，是因为尽管印度地方的君主私自将大片地产转交给克莱武，但是并未得到公司官方的认可。对于克莱武来说，他需要每年 2.7 万英镑的收入来维持自己奢华的生活。正如他本人说道，"我未来的权力以及显赫的地位都要依赖地产的收入"。在 18 世纪的英国，金钱以及由财富炫耀而带来的尊重构成了克莱武传奇人生的重要部分。1763 年，克莱武动用了各种资源来阻止沙利文再次当选公司董事会成员，但是未能如愿。再次当选董事的沙利文立即中断克莱武的地产收入，一场法律纠纷随之而来。克莱武试图利用政府给公司施加压力，迫使后者将地产收入归还给他。与此同时，克莱武还写了数封信给莫卧儿帝国的皇帝沙·阿拉姆二世（Shah Alam Ⅱ），以确认自己财产收入的合法性。

　　当克莱武把时间浪费在这些无休无止的争吵上时，英国东印度公司在印度陷入的麻烦也越来越大了。在加尔各答的公司理事会用一个新的"国王"取缔了克莱武扶持上位的米尔·贾法尔。贾法尔和他的国家深知，他的统治权是从英国东印度公司那里得到的，他需要从印度各地攫取大量的财富，以换取公司对自身的支持。但是，当时印度最富有的省份都没有太多的财富了。加之，由莫卧儿皇帝和地方君主们率领的军队掀起了反抗公司霸权的斗争，以此给英国东印度公司以致命打击。战争的成本与日俱增，从而不断消耗公司获得的利润，而且并不是所有的战争都对英国东印度公司有利。总之，当时印度的时局再一次变得不稳定了。可以肯定的是，法国人已经出局，仅凭印度当地统治者的实力能将英国东印度公司的势力驱逐殆尽吗？当时公司的股票价格一落千丈。英国政府担忧会失去这一税收的来源，并有损自身的国际威望。在这样的背景下，普拉西的英雄克莱武能否扭转局势？

克莱武和他的支持者肯定认为他们能够改变时局。然而做到这一点的前提是罢免沙利文，并且保证克莱武在加尔各答为期十年的地产收益。公司的股东们答应了克莱武的要求，并派给他 3 000 人的军队，以及在原有基础上授予其在孟加拉更多额外的权力：在当地，克莱武只需要与一个四人组成的理事会共享权力，而这四位理事会成员的人选取决于他。克莱武渐渐在英国待得无趣，并总与他人发生矛盾。所以他也渴望再次返回印度。在那里，战争会让他的人生更加有趣，尤其比和那些脸色苍白的官员和政治家们打交道要有趣得多。相比之下，在印度，克莱武再次成为一个有行动力的人，成为自己命运的主宰者。

1765 年，克莱武航行至加尔各答，他听闻了一个令人震惊的消息，也就是赫克托尔·芒罗少校（Major Hector Munro）为公司打了一场胜仗，也就是打败了奥德（Oudh）的君主和沙·阿拉姆二世领导的一次联合进攻。芒罗想要继续追击。然而，克莱武认为公司的做法已经偏离了一家贸易公司的发展方向，并且公司在孟加拉的管理处于一团糟的情况，这个时候继续追击敌人太冒险了。于是，克莱武命令军队停止向前行进，并且他将夺取的领土归还给了奥德的君主。他在写给公司董事们的信中提道："在我看来，除非公司的整体利益有变，要不然继续行进的计划就太荒唐了。没有哪个总督和理事会这么干。"克莱武似乎预见到了不久后公司发生的一些事情，统治几倍于英国人口的土地所需要的人力很难得到满足。与此同时，克莱武也知道，征服事业的成功需要与地方统治者合谋，需要双方之间存在共同利益。哪怕这些统治者在没有公司支持的情况下会丧失实权也是如此。在当时，如果地方君主的行为令英国东印度公司感到不满，那么他们就会将其废黜。但是虽说公司在印度看似无所不能，但还是有必要维持合法的外表。

1765 年 8 月 12 日，克莱武会见了莫卧儿皇帝沙·阿拉姆二世，并在他的旅行帐篷里的一张餐桌前主持了一场仓促的仪式。阿拉姆用笔潦草地签署了一份敕令，将孟加拉、比哈尔（Behar）以及奥里萨（Orissa）三地的高官职位授予公司。公司凭借这份敕令直接统治了有近 3 000 万人口的土地，从而成为一个名副其实的帝国，这也是英国在印度统治的开端。克莱武在给公司董事的信中写道：“我们发现，由于获得了这些地方的最高统治权，原属于总督的权力现在完全归于英国东印度公司。因此，总督实际上已经名存实亡。”这时的克莱武更像是一名政治家，而非一个只会掠夺的野蛮人。

个人的贪婪、无尽的野心以及从未统一的道德标准把公司在征服孟加拉的道路上推向了成功。然而，在对孟加拉进行统治时，这些特征却显得不再具有价值。克莱武是一个机智聪明的人，对公司也忠诚。他深知如果公司不做出改变，那么以现在的文化来说，迟早会破坏乃至毁灭公司所取得的成果。换句话说，长久的利益需要公司立即做出改变。但是真正做起来，并不是一件容易的事。因为做出改变势必会挑战部分既得利益者的权力地位，令他们对权力和财富的幻想破灭。对这些人来说，权力和财富正是他们不远万里来到印度的全部理由。在印度，他们有机会跨越社会和物质的界限，攫取大量的财富，从而令他们在回到英国后能够获得更高的社会地位。这是在其他任何条件下都不可能有的机会。

　　尽管如此，克莱武还是着手改善印度的民政事务，实行的措施有：禁止公司官员接受贿赂，但是他自己却从印度君主手中得到了大片地产，从而获得了巨额的财富；增加公司职员的工资；限制公司的垄断行为，因此不会阻碍地方经济的发展；为公司的军人引进退休金制度，并且他自己捐了一笔钱；对军队进行重组和简化；在可能的情况下扫除腐败行为，建立三支不同的军队，每一支都有足够的力量对抗印度君主的武装力量。

　　对于拒不服从改革的官员，克莱武予以逮捕，遣返英国。与此同时，他还解雇了那些与自己持不同意见的人，废除他们免税贸易通商的权力。克莱武并没有仔细琢磨他实行的这些改革措施，也不在乎别人怎么看他。进行这些改革正是他的职责所在，他也在尽力将事情办好。理事会的一名成员对克莱武的命令感到十分震惊，以至于写道："克莱武成为我们名副其实的国王。他的话就是法律，他嘲笑任何与他不同的言论。"但是克莱武担任的这份职务也让他疲惫不堪。由于长期的抑郁和疾病的困扰，1767 年 2 月，也就是仅仅在印度待了 1 年零 10 个月之后，他选择了回家。当时，他还有很多事情没有做。腐败只是受到了轻微的抑制，或许只是从人们的视野中消失了而已，并没有根除。

✤　✤　✤

　　克莱武永远都不会怀疑自己做的决定。1767 年，也就是他最后一次离开印度的那一年，他写信给朋友罗伯特·奥姆："命运似乎决意要陪我走到最后，每一个目标、每一个乐观的愿望都将完全实现，我到达了我所渴望的巅峰。"但是，不久他就会后悔自己早期那乐观的想法。

克莱武完成了许多伟大的事情，他深知这一点，但是他还想让其他人也知道自己的壮举。对此，他一直努力美化自己的成就与命运，并认为自己是一个受上帝眷顾的人，而没有意识到这很快就会被那些嫉妒他迅速崛起的诋毁者打破。他专注于塑造自己的形象，也许是为了给他惊人的财富积累编造一个理由。可以肯定的是，他知道，奥姆编造的故事并不完全是真的，但是他想从平凡的生活中获得伟大之物，所以在真实的基础上稍加润色也是无伤大雅的。在这种时候，他丝毫不担心会伤害到其他人。他能够像彗星一样在天空中升起——飞驰而过且光彩夺人，从而突破英国社会的重重界限，但是他却排斥其他人像自己这样晋升。克莱武的做法激怒了一些人。这些人要么是被他打败的，要么是因他抑制腐败而失去了财富。人们之所以愤怒，是因为他常表现出傲慢自大、直言不讳的样子。很多人都想看到他倒台。

当克莱武回到伦敦的时候，健康情况并不乐观。他说自己"疾病缠身，身体虚弱"。克莱武在印度时患上了一些疾病，可能有疟疾、胆结石以及一种"神经性的疾病"，与此同时，抑郁症还反复发作。为了缓解病痛，他自行服用鸦片。克莱武没有很好地适应作为男爵的生活。就在他前往欧洲疗养之前，与一些长期的战友也闹翻了。在 1768 年底回到伦敦的时候，他再次卷入公司与国家的政治纷争之中。这一次，他曾经冒犯过的、凌辱过的以及挑战过的人都在伺机而动，对其进行报复。

在印度，英国东印度公司很明显并没有能力统治辽阔的疆域。

尽管公司充当着政府的角色，但是却始终无法摆脱作为一家商业公司具有的自利、贪婪的本性。在这片土地上，公司以税收的形式攫取了令人难以置信的财富，但是这也要求公司承担一些责任，也就是说这些收入不能作为利润从孟加拉抽走。英国东印度公司的股东们逐渐领悟到，统治一个国家并不是一件有利可图的事。在孟加拉，税收上涨了 20％，沉重的负担都压在了当地人身上。绝大多数增加的税收都被腐败的公司与当地官员瓜分殆尽。由此可见，收税并不是为了孟加拉人民的整体利益，而仅仅是一套剥削的制度：榨取大多数的财富以满足少部分公司的官员。正如霍尔顿·弗伯在《1600—1800 年东方贸易中相互角逐的帝国》一书中写的："由于普拉西战役的结果，英国统治阶层开始深信，英国东印度公司的活动应该惠及'大众'（the public）、公司及其雇员。只不过，对于18 世纪时期的绅士们来说，'大众'一词更多指的是'国家'（nation）。他们并非想将公司的利润分给穷人，而是想用来减少国家的债务。"如果公司劫掠了印度，那么英国政府就应该在其中分得更多的利益。政府的一些人质问，克莱武等人为公司在战争中取胜，难道皇家海军的军官与士兵没有出一份力吗？那么，为什么公司拿走了所有的利润？这些享有特权的少数大富豪回归后竟然比任何人都富有，并以此挑战现有的等级制度，这正成为一个重要的刺激因素。

尽管克莱武承诺让东印度公司富裕起来，而且会有越来越多的大富翁从印度归来，但公司的前景实际上并不乐观。事实证明，在后莫卧儿时代的印度，在政治混乱和机会主义的背景下管理一个帝国，并不是所有公司都能从中赢利。大部分的利润似乎都绕过了公司，直接进入某些个人（nabobs）的手中。长期和印度君主们进行交战消耗了公司大量的利润，并威胁了公司原有的领地。与此同时，法国在政治上实行干预的谣言再次兴起，这使得英国东印度公司的股票价格猛跌。此外，孟加拉爆发了一场可怕的饥荒，致使上百万人饿死，而统治者的无能以及国家资源遭外部势力掠夺更是加剧了饥荒。在这场饥荒中，大约 1/3 的人口死去，严重破坏了当地经济的发展，这对公司来说也是损失惨重。在英国，人们将印度发生的这些问题都归咎于在印度暴富的人，他们受到了新闻界的嘲讽。克莱武尤甚，人们将他描述得粗鲁、毫无教养以及寡廉鲜耻。

1772 年，英国议会对公司以及克莱武个人进行了一次政治性调查，发现了他们在印度的很多肮脏行径，收受贿赂、腐败以及其他不法行为逐渐公之于众。一些批评者搜集了克莱武的罪行。詹姆斯·劳福德在《印度总督克莱武》一书中写道："曾经掌管印度多省的独裁者，数百万人命运的决断者，如今也要屈服于不知名的人对他的质疑。不仅如此，当他所取得的一切成就受到质疑和贬低时，他也只能听着。"克莱武的辩词偶尔还会令人感到愤慨，例如在一次辩护中，他讲述了在普拉西战役之后数不尽的财宝摆在他面前：珠宝、黄金、银条、钱币以及价值连城的艺术品和古文物。他曾向议员们恳求道："请设身处地想想普拉西战役的胜利给我带来的处境吧。印度的君主要看我的脸色；富丽堂皇的城池任凭我摆布；最富有的银行家为博我一笑相互竞争；行进至金库时，我的手边堆满了黄金和珠宝。先生们，我对自己的节制感到吃惊。"人们能够想象得到议员们对克莱武这大胆辩词的回应。

但是克莱武是一个非常机敏的人，也可以说他是一个善于权谋和雄辩的人。当为自己在印度的行为进行辩护时，克莱武冷静地回应批评者对自己的质问。他宣称自己受到了冒犯和侮辱，因为他被这（议会）屋子里的人看成偷猎者，而不是其中的成员。他的宿敌劳伦斯·沙利文对他的评价尤其值得注意，沙利文将他和其他东印度公司的董事描写成一群贪吃的猪、饥渴的乌龟以及各种应时和不当时令的食物。他们痛饮着大桶的红葡萄酒、香槟酒以及勃艮第酒。尽管克莱武表现出色，对腐败、贪婪和不诚实的指控进行了巧妙的辩护，但是他却无法回避沙利文的同伙约翰·伯格因少将（Major-General John Burgoyne）对自己的指控："在军事力量的影响下或者通过与外国君主签订条约所获得的所有东西理应都归国家所有。"伯格因认为，克莱武应该进行赔偿，这是唯一能解决问题的途径。他继续说道："克莱武非法获得了23.4万英镑，这有损于国家的名誉。"他的论据是"任何民政或军政的职员在与他国进行协商时，从中谋私都是不具备合法性的"。这一论据在今天看来似乎是符合逻辑的，但是在当时的东方贸易中，接受所谓"礼物"是太正常不过的了。对于这项指控，克莱武回答道："我们在印度开始修筑防御工事的时候，公司的长官们就已经开始收礼物了……陛下的骑兵部队的长官、陆军部队的长官，乃至任何总督或者其他要员都不存在没收礼物的情况。"

虽然如此，克莱武还是感到了耻辱以及破产的危险，所以在众议院最后一次演说时，他采取了一种卑躬屈膝、安抚人心的策略为自己辩护。他宣称自己是无辜的，并认为"惩罚一个不知自己犯有何罪的人，这是不公正的"。克莱武谈及荣誉以及自己的意志不能被毁灭："我只有一件事情交代了，那就是对众议院有一个卑微的请求。我做出这项请求不是为了我自己，而是为了他们。这个请求就是，当议员们对我的荣誉做出决定的时候，他们不应该忘了他们自己。"说完之后，他怀着紧张的心情回到了他的众多豪宅之一，等待着可能毁掉他所取得的一切的判决，这份判决不仅可能夺走他所有的财富，或许还会毁掉他的遗产。

在焦虑不安地等待了一天之后，他接到了议员们的裁决。从内容上看，这份裁决还带有些许表扬之意："克莱武爵士为国家立下了汗马功劳。"但是对克莱武来说，长达一年的纷争早已让他疲惫不堪。1773 年，那撒尼尔·丹斯（Nathaniel Dance）为这位已经年长的商业之王绘制了一幅画像。从画像中，我们可以看出此时的克莱武已然是一个略显大腹便便的长者，整个人被身着的厚重衣服压得有些喘不过气来。他的眼眸低垂，眼睛里没有透露出一丝光芒。总之，这幅画像给人的总体印象是克莱武好像一只忧郁的蛤蟆。1773 年 5 月，克莱武淡出了公众视野，并在数月之后独自前往法国，在那里待到了 6 月末。他每日都处在压抑之中，身体的痛苦也在一直折磨他。1774 年 11 月，在遭受公开折磨一年半后，在伦敦的庄园里他用小刀插进了喉咙，结束了自己的生命，时年 49 岁，留下了 4 个孩子。对于为何选择这种死亡的方式，克莱武没有留下任何解释。

克莱武的传记作家之一迈克尔·爱德华兹提及，"维多利亚时代的众多说教者、现在的极端历史学家以及印度的民族主义者都谴责了克莱武的贪婪行为。这些特权不过是印度统治者和他们的支持者所公认的权利"。克莱武笃信，他获得了巨额的财富，并且在掠夺外国土地方面他并没有做错什么。克莱武获得财富不是靠诚信的贸易活动，而是贪污和腐败。我们很难指责他对其他有地位的、富有的英国家庭的冷嘲热讽有什么错，因为这些人的地位和财富无疑也是通过同样卑鄙的行为获得的。在普拉西战役之后，克莱武可能确实抑制了他的掠夺行为。他本可以得到更多财富，因为当时已经

罗伯特·克莱武，英国杰出的商人、军官，其突出贡献是在 18 世纪中叶莫卧儿帝国衰亡之际，为英国东印度公司夺取了大片领土。该肖像由那撒尼尔·丹斯绘制。

没有人能够阻止得了他。与此同时，他也能将财富据为己有，不和其他官员分享，或者贡献给公司。人们从来就没有控诉过克莱武残忍或者暴力，仅仅是谴责他傲慢自大以及从一个日薄西山的帝国攫取财富。

　　1772 年议会对英国东印度公司做的调查表明公司的权力日益削减的时代开始了。尽管公司的董事们及其支持者们在议会上进行了反驳，但是 1773 年议会颁布的《诺斯勋爵法案》（Lord North's

Act）改变了公司的运营方式及其在孟加拉的统治方式，由英国政府替代公司来管理印度事务。自此之后，英国东印度公司不再是一个完全独立的实体，其权力被严重削弱：它不再能对外宣战，也不能做出影响国家和国际事务的决策。加之，公司控制的印度部分如今由一个总督、一个理事会以及一个最高法庭共同管理。

1784 年，皮特的《印度法案》进一步对英国东印度公司的行为进行规范，赋予议会决定所有与印度政治、军事以及商业相关事务的权力。直至 18 世纪末，从工业革命（Industrial Revolution）中兴起的自由商人们认为英国东印度公司所坚持的垄断权力已经过时了。这些商人没有将印度看成进口丝绸、硝石以及香料的来源地，而是出售商品的目的地。尽管如此，英国东印度公司还在继续向外进行扩张，在新加坡（Singapore）、马来亚（Malaya）、缅甸（Burma）以及中国香港（Hong Kong）都有明显的军事优越性。与此同时，尽管印度的大部分地区已经处于英国的控制之下，但是值得强调的是，征服印度的并不是公司的军队，而是国王的军队。尤其是在亚瑟·韦尔斯利（Arthur Wellesley）的领导下，他是未来的惠灵顿公爵（Duke of Wellington），他征服了印度内陆的大片地区，并将数百万人置于公司的控制之下。

然而，这种控制在 1813 年被削弱了，接管的董事会开始掌管公司的商业职能并消除了它的垄断职能。20 年之后，该董事会再一次剥夺了公司与中国贸易的相关特权，公司的职能仅限于印度地区的行政管理以及对公务人员的培训与安置。随着公司影响力的日益衰落，英国政府的力量与管控能力与日俱增。就像荷兰东印度公司最终成为荷兰政府在印度尼西亚的一个分支一样，英国东印度公司这家存在了 200 多年的企业如今仅仅成为准政府机构的一部分。

1858 年 11 月 1 日，在英国军队镇压了一场印度人民起义之后，维多利亚女王获得了印度统治者的称号，之后被称为印度女皇。直到那时，这家由伦敦商人组成的公司还在与东印度群岛进行贸易，虽然其名义上的商业影响力仍超过世界五分之一的人口，但它早已忘记了自身原本的商业性质和起源。直至 1874 年 1 月 1 日，根据《东印度公司股份赎回法案》(East India Stock Redemption Act)，英国东印度公司就此解体，从而结束了其漫长且具有传奇色彩的历史。

如果我们仅仅把英国东印度公司在 18 世纪中期取得的巨大成功归于罗伯特·克莱武的军事胜利，这未免太过草率。但是克莱武杰出的能力以及善于谋略的本事肯定在他打败法国东印度公司时起到了重要作用。克莱武留下的并不是一个帝国，而是一个帝国的框架，这个框架在未来的几十年时间里由其他人填充。在世界商业和政治格局的调整中，克莱武有充分的理由利用这种动态变化。在克莱武抵达印度之前，英国东印度公司是一家成功的商贸企业，最开始也就是担忧法国东印度公司操纵印度君主之间的政治纷争。在克莱武死后，英国东印度公司逐渐成为世界另一端一个庞大帝国的控制者，坐拥世界最多的财富，以及控制世界最多的人口，从而成为历史上最大的公司之一。

罗伯特·克莱武在敏锐地察觉到莫卧儿帝国后期脆弱的政治现状后，他凭借自己的能力成为史上杰出的商业之王之一。他敢于直面眼前的巨大挑战和机遇。他的头脑不仅在政治混乱和令人畏惧的困难中预见了机会和可能性，而且他的傲慢可能促使他改变世界，这种改变可能是好的，也可能是坏的。

第四章

阿拉斯加之主

亚历山大·巴拉诺夫与俄美公司

由于我的生命始终处于危险之中，这种危险不仅来自野蛮部落，还源于那些不服从我管教的人；再者是我的精力大不如前，健康也出现了问题，我觉得和其他人比，我何时死亡更加充满不确定性，所以我立了这份遗嘱。

　　——亚历山大·安德烈耶维奇·巴拉诺夫，约 1809 年

　　从亚历山大·巴拉诺夫的一幅肖像画来看，他是一个身材匀称但秃头的男人。他穿着一件黑色外套，配以一条米色的丝质围巾，围巾上挂着一枚荣誉勋章。他的右手放在一张字迹潦草的羊皮纸上，紧握着一支羽毛笔。这种姿势和神态好像是画师突然打扰了正在写信的巴拉诺夫。他的眼神笔直而坚定，他的下巴和嘴唇紧绷着，但是姿态却很放松，尽显自信。

　　这幅画像给人的印象是，一个中等地位的人，乞求别人告诉他真相，也许他已经知道了真相，只是希望别人告诉他一些个人的事情。他似乎是一个和蔼可亲的父亲，值得他人信赖，有耐心且善解人意。他的嘴角轻轻上扬，仿佛是在思索一个私密的笑话，或是对这个世界的现状感到满意。巴拉诺夫统治了俄属阿拉斯加长达28年。在其72岁高龄的时候，也就是即将结束任期之时，他都不知道自己做了什么。

　　巴拉诺夫在统治俄美公司期间，赢得了行事果断与残忍的名号。他对不服从的人实行严厉的惩罚，同时也得到了追随者的尊重。他以身作则，对手下的人承诺，在必要的时候拿出自己的钱来支持有天赋的孩子们接受教育。在早些年前往俄属美洲之前，他遗

19 世纪早期亚历山大·安德烈耶维奇·巴拉诺夫的素描画，此画像绘于锡特卡。当时的巴拉诺夫已经快走到生命的终点。这是这位沙俄商业之王唯一已知的画像。

弃了第一任妻子和女儿，但是一直给她们提供资助。巴拉诺夫是一个努力工作的人，能够和手下的人共同面对危险。他提拔、奖赏下属是以品行和功绩为基础的，而不考虑出身和种族背景。他有时也会使用俄美公司的基金来资助鳏寡，或者在航行中迷失的本国人。这些行为似乎与他最初强迫士兵服役的举动大相径庭。在任期间，巴拉诺夫将俄美公司的势力范围沿着美洲西北海岸向南推进到如今美国的阿拉斯加州与加拿大的不列颠哥伦比亚省的边界线处。尽管巴拉诺夫一直处心积虑地阻止英美的海员以及毛皮商人北上，但是他却未能有效控制哥伦比亚河（Columbia River）地区。与此同时，他甚至都将俄美公司的一处据点建在了加利福尼亚，却也未能在夏威夷建立相同类型的据点，他曾经还真考虑过将夏威夷作为沙俄帝国的前哨加以吞并。

但是巴拉诺夫亲和且睿智的眼睛以及温和的表情掩盖了他阴暗的性格。为了达成既定的目标，巴拉诺夫并不反对使用残忍的手段。当他觉得有必要的时候，就会毫不留情地利用任何人，哪怕将他们置于危险境地也在所不惜。巴拉诺夫做事固执且专断，当自己的需求没有得到满足时，他时常会以辞职威胁下属。总之，巴拉诺夫能够做到让一些人爱慕、崇敬他，而让另一些人害怕、厌恶他。他曾经历下属的两次暗杀，但都幸存下来了。他对待柯迪亚克岛（Kodiak Island）的土著近乎无人性，按照沙俄的法律肯定也是违法的。在俄美公司没有取得官方政府授予的垄断特权之前，巴拉诺夫还长期与国内的同行竞争。

正是在巴拉诺夫任期，沙俄的美洲殖民地得以建成并不断向外进行扩张，从而开辟了一片相当于今天阿拉斯加州的广袤土地。在殖民地，他主动向当地土著宣战。例如1804年，他在一艘沙俄战舰上炮轰一处特林吉特人的村庄长达6天，从而迫使村民接受了俄美公司的管辖。此外，巴拉诺夫强迫数千名当地人离开故土，根据公司的需要与利益，将人们派往不同的地方。他为圣彼得堡的公司股东们攫取了大量的毛皮和其他天然产品，但是在这一过程中，他也为自己谋利，例如将一些人变成了自己田地里的农奴。但是当巴拉诺夫被迫让出俄美公司的领导职位时，随之而来的也是麻烦，因为他面临着一场具有政治动机的指控。人们对他展开了调查，这可能会让他在圣彼得堡接受审判。总之，从后世来看，巴拉诺夫的一生充满冒险。

1747 年，这位阿拉斯加之主出生于卡尔戈普（Kargopol）的一个小村庄（大致在这个时间，年轻的英国商人罗伯特·克莱武首次要求调往英国东印度公司在圣大卫堡的一个军队分支）。巴拉诺夫出生的这个地方人口稀疏，森林密布，道路泥泞不堪。他的父亲是一位商人，但处在商人阶层的最底层，仅仅比农民的地位稍高一点，如此之低的社会地位使得当地的商人行会都不承认其成员资格。尽管卡尔戈普没有学校，但是巴拉诺夫通过各种方式学了一些文字，并且能够记账。在 15 岁的时候，他偷偷离开家，向南跑到了莫斯科（Moscow）来看看这个世界。正如赫克托耳·切维尼（Hector Chevigny）在《阿拉斯加之主》（Lord of Alaska）一书中说的："他对眼前的一切感到震惊：这个世界居然有这么多人，居然有这么多的房子不是用圆木建成的，市场是那么的大，而且还有各种五颜六色的屋顶的教堂，整座城市每时每刻都有钟声响起。"

在莫斯科，这个精力充沛的小男孩在一个德国商人那里谋得了一份工作。在接下来的十多年时间里，他学到了很多从商的技能，比如记账。不仅如此，他还学会了多种语言，并且具备了良好的读写水平。年轻的巴拉诺夫热衷于研究文学与科学。在这一过程中，他也了解到俄国社会僵化的阶级结构。贵族和商人是截然分开的，他身处的低等级是绝对无法跃升到贵族的。但是在他回到卡尔戈普之前，上升到了职员的阶层。凭借着赚的钱，他试图让自己跻身高等级的商人之列。但是对巴拉诺夫来说，回家乡是一个错误的决定。尽管他在家乡结了婚并育有一女，但过得并不开心。几年后，也就是 1780 年，在他 33 岁的时候，怀着发家致富的梦想，他和弟弟波特（Pyoter）离家前往西伯利亚。自此之后，巴拉诺夫再也没有见到过妻子和女儿，不过他始终慷慨地供养着她们。

　　他们来到了伊尔库茨克（Irkutsk），这是一座有 6 000 多人的城镇。在这里，巴拉诺夫和弟弟做着行商与收税员的工作。经过几年的攒钱，巴拉诺夫、弟弟和另外两个同伴合开了一家玻璃工厂。开这家厂是巴拉诺夫从书中获得的想法。对于当时的西伯利亚乃至整个国家来说，玻璃都是昂贵的商品。因此，这个厂子自然取得了很大的成功。为此，巴拉诺夫还因改善西伯利亚的工业而得到了圣彼得堡的官方赞誉。但是在伊尔库茨克工作了八年之后，巴拉诺夫由于出身低下始终没有跻身当地的商人行会。尽管因这种歧视而感到不快（可能就是因为自己遭到过这种歧视，让他在对待下属的时候总是根据他们的能力而非等级），可这又激起了他那不安分的精神。他还对与合伙人共同做决定的规定感到恼火。换句话说，他想要自己做老板，哪怕这意味着低回报、高风险。因此，他再次逃离了，这次逃得更远，带着弟弟一起向鄂霍次克海北部人烟稀少的地方走。他计划在楚克其人（Chukchi）中做毛皮生意。当时，一个名叫格里戈里·伊凡诺维奇·舍利克诺夫（Grigorii Ivanovich Shelikhov）的人刚从阿拉斯加的柯迪亚克岛的一处殖民地回来，他邀请巴拉诺夫加入自己的冒险事业。巴拉诺夫拒绝了他的邀请，因为他不想屈从于他人。

　　巴拉诺夫的远征从一开始就充满着希望。由于早些年人们发现了阿拉斯加以及急于抢夺海獭和狐狸的毛皮，沙俄的商人基本上就放弃了楚克其地区。结果由于过度捕猎，市场上的毛皮数量剧增。巴拉诺夫兄弟二人用一个大筏子装满了货物，然后沿着勒拿河（Lena River）向北航行，航行了 2 000 多公里进入雅库茨克（Yakutsk）。

经过两年的贸易，直至 1790 年，兄弟二人靠着黑貂毛皮生意攒了一小笔钱。然而，在向南航行的途中，一大群楚克其人伏击了他们，劫掠走了他们的大批货物。对此，巴拉诺夫让弟弟留在鄂霍次克海上看护剩下的货物，而他则沿着海岸骑马南下向熟人约翰·科赫（Johann Koch）报告这伙盗贼的情况。当时的科赫是鄂霍次克村庄的军事指挥官。

从这以后，巴拉诺夫就没有好运相伴了。他面临着破产，并且丝毫没有办法去获取资金重新开始，所以他在玻璃公司赚的钱很快就都还给债权人了。当他收到一个意想不到的邀请时，他正在考虑下一步该怎么办。发出邀请的正是舍利克诺夫，当时他正在鄂霍次克监督他的商船做准备，即将前往阿拉斯加。正是在这里，他再次向巴拉诺夫发出邀请，让他负责柯迪亚克殖民地以及所有新殖民地的商业活动。舍利克诺夫这样做是因为巴拉诺夫符合他找人的标准：有野心且值得信赖，有能力且有兴趣从事于对外扩张的商业活动，以及能够应对日益动荡的局势以及外国商人（主要是英国商人）的侵犯。他们二人商定了一项无限期的任命，当时已经 43 岁的巴拉诺夫知道这份工作会持续很多年。前往阿拉斯加的商船在几周内就要出港了，巴拉诺夫必须尽快做出决策。考虑到自己的经济窘况，尽管巴拉诺夫很不情愿，但是他别无选择，只得同意。

舍利克诺夫提供的待遇让巴拉诺夫也很难拒绝：他担任总管（chief manager）一职，并且享有舍利克诺夫-戈利克夫公司（Shelikhov-Golikov Company）的 210 份股份。与此同时，他在舍利克诺夫在阿拉斯加的公司管理上有绝对的权力，正如条约的规定："如果当地的情况使我不能遵守政府的规定，或者为了公司和祖国的最大利益，不会有人阻止我（指巴拉诺夫）采取我认为应该采取的行动。"巴拉诺夫也有权充任沙俄政府在阿拉斯加的代表，审判犯罪活动，解决争端，并准确记录所有开拓活动。此外，他还可以视情况建立一些新殖民地。这份工作赚到的钱足以让他偿清所有债务，并保障一家人的生活。

1790 年秋，巴拉诺夫搭乘"三圣"号（Three Saints）船，同行的还有大约 50 名雇员，一起向东航行至阿拉斯加。后来的事实证明这是一次可怕的、与死亡毗邻的体验，可以说是巴拉诺夫一生中最危险、最狂热的冒险活动。

❖ ❖ ❖

自从维达斯·白令（Vitus Bering）前往堪察加半岛（Kamchatka）的第二次航行以来，俄国的商人和私人探险家在太平洋上向东航行到达遥远的北美海岸，已经有大约 50 年的时间了。白令的远征受到彼得大帝（Peter the Great）改革的支持，并由他的遗孀安娜·伊万诺夫娜女皇（Empress Anna Ivanovna）继续支持。

第二次堪察加远征是有史以来最具科学性的探索活动。这次远征是基于白令的审慎建议，即对十年前他首次寻找美洲的不确定结果继续跟进。远征的目的是向欧洲展示俄国的宏伟与精致。直至 1731 年白令看到他收到的最后一次命令，他率领着一支探险队，其成员主要有科学家、秘书、学生、翻译员、艺术家、勘查员、海军长官、海员、士兵以及工匠，多达几千人，他们随身携带着各种工具、帆布、食物、书籍以及科学仪器。所有这些人都必须穿越没有道路的森林、沼泽和苔原，来到俄罗斯东海岸，总路程长达8 000多公里。

　　白令在刚到堪察加半岛的时候就接到上级的命令，要求他建造两艘船，然后向东航行到美洲，以此绘制出北美大西洋向南至加利福尼亚地区的海岸线。白令已经绘制了堪察加半岛沿岸以及北冰洋的海图，并在西伯利亚的一些地方建立了天文观测站。与此同时，白令还按照要求建造了另外三艘船，用来勘测千岛群岛（Kuril Islands）、日本以及其他亚洲地区。他得到的命令还包括要求他把沙俄的公民迁移至鄂霍次克，在太平洋沿岸饲养牲畜，在偏远地区建立小学和海员学校，建造一个能制造深海船的造船厂，以及建立铁矿井和用于冶炼矿石的钢铁厂。白令为了完成这些任务做出了许多艰苦的努力，但是这些任务用了几代人的时间也没有完成。

　　1741年6月5日，白令负责建造的两艘船升起了船帆，从彼得罗巴甫洛夫斯克（Petropavlovsk）的临时造船厂驶进了波涛汹涌的大海，其中的一艘"圣保罗"号（St. Paul）穿过重重浓雾向东航行。这个时候，白令因病卧床不起已经很长时间了，所以人们是在没有向他征求意见的情况下开始航行的。在航行的过程中，船员们除了能看到天空和海水，其他什么也看不见。对于船上的所有人来说，这次航行很沉闷，而且未来会遇到什么，谁也不知道。直到7月16日，一切都发生了变化，船员们第一次看到了美洲大陆：一座巨大的、被白雪覆盖的山峰笼罩在薄雾之中。它高耸于群山之上，紧靠着海岸，人们离很远就能看到。在薄雾之间渐渐浮现出一望无际的森林。那一天是圣伊莱亚斯日（St. Elias Day），因此人们就用圣伊莱亚斯命名这座山峰。博物学家格奥尔格·斯特勒（Georg Steller）就曾说道，"这些山非常高，我们在海上与其相距

16 海里的时候就能很清楚地看到它们……我想不起来在西伯利亚和堪察加半岛见过比这还高的山"。

所有人都为发现了新大陆而欢呼雀跃。但是白令却丝毫没有表现出兴奋的样子，他从船舱里走出来，在甲板上来回踱步。他看了看眼前的场景，听了下远处海浪拍打海岸的声音，耸了耸肩就回到了船内，拿笔忧郁地写道："如今，我们的目的已经达到了，许多人都为之兴奋。但是他们都没想过我们到达的地方是哪里，离我们的家有多远，接下来会发生什么事。另外，谁知道会不会有信风来阻止我们返航呢？我们不了解这个国家，也没有准备过冬的物品。"

事实证明，白令的担忧很有预见性。他们探索了几座岛屿，在岛上遇到了不同种族的土著，他们的船在俄罗斯海岸附近的一个岛上失事了。与此同时，坏血病肆虐，许多船员由此丧生，白令本人也未能幸免。他们在一座岛上度过了一个悲惨的冬天，以维持悲惨的生活，现在这个岛被称为"白令岛"（Bering Island）。在那个漫长黑暗的冬天里，遭遇海难的船员观察到，岛上有好几种从来没有见过的动物，例如体型巨大的北方海牛（现已灭绝）、海狮以及海狗。"这些动物遍布岛上，人们从它们中间穿过可能会有生命危险。"

船员们发现，在这些动物之中，海獭的数量最多。这种动物在俄美公司的贸易史上占据了最重要的地位。海獭是一种很友善的群居性动物，它们常生活在海边。总之，正如斯特勒说的，"它是一种好看且人见人爱的动物。当它们跑的时候，光泽的毛皮超过了最黑的天鹅绒。它们喜欢一家人生活在一起，也就是雄性海獭和它的配偶、半成年的幼仔和还在哺乳的幼仔一起。雄性海獭爱抚雌性海獭，用前脚抚摸她的手，并把自己放在她身上。而雌性海獭经常把配偶从自己身边推开，假装害羞，并且就像最溺爱的母亲和孩子玩要一样。海獭对幼崽十分爱护，它们能为了孩子冒生命危险。当它们的孩子被夺去的时候，它们就像小孩子一样痛哭，悲痛万分。我多次了解到，在失去孩子 10 到 14 天以后，它们就瘦得像骷髅一样，变得虚弱无力，不肯离开海岸。"

海獭是一种顽皮的动物，水手们常常用它们逗乐，直到有人意识到它们的皮毛极其珍贵，一切都改变了。整个夏天，人们会猎杀许多海獭，然后将皮扒下来。人们在堪察加半岛度过了艰难的日子，以及严冬的折磨，这让他们变得更加坚强。所有人都把海獭看成过上舒适生活的通行证。于是许多人在动物中肆无忌惮地乱窜，用棍棒打它们，用水溺它们，用刀刺它们，直到大群的海獭几乎从白令岛的东岸消失。春天到来之时，人们用从失事的船上拿下的木板搭成了一艘临时的船，将一冬天积攒的海獭皮装上船，然后回到了亚洲大陆。不幸的是，白令和许多船员没有熬过冬天，都患上了坏血病而死去。幸存者们则带回了他们令人难以置信的航行故事。

❖　❖　❖

这些猎杀者将沙俄的边界延伸至太平洋彼岸。在探索新大陆有价值的资源方面，他们始终不遗余力。这些人之后都成为俄美公司的核心人物。当首批船员归来之后，他们讲述的阿留申群岛和阿拉斯加的海獭故事立即产生了效果。次年，满载一船货物的猎手前去捕杀动物，以获取它们的毛皮。这次航行，他们共带回来 1 600 张海獭皮、2 000 张海豹皮以及 2 000 张蓝狐皮。不久之后，每年都会有几千名猎手穿过白令海峡，捕杀动物获取毛皮。在莫斯科一些大商人的资助下，一些小商人通过毛皮生意可谓一夜暴富。这使得越来越多的人来到这片充满"财富"之地。也就 14 年的光景，白令岛上的海獭、海狮、海豹以及狐狸被捕杀殆尽。在这样的情况下，猎手们继续向东行进。他们偶尔会遇到当地的土著，双方会发生血腥的打斗，其结果几乎都是以土著失败告终，然后遭俄国人奴役。

不久，猎手们的探险活动就变成了一场狂野西部式的大屠杀，他们在各个岛屿之间穿梭，攻击当地的土著，并大规模屠杀海獭。就 1768 年的一次远征活动来说，人们共带回来 4 万张海豹皮、2 000 张海獭皮、1.5 万个海象牙以及大量的鲸须。这种探险活动沿着美洲海岸不断向南延伸，这使得航行本身就需要两年多的时间，船员们在所行之处建立了半永久的据点。在亚洲大陆，鄂霍次克据点作为美洲贸易的中转站日益繁忙，这使得该地汇集了水手和他们的家人，以及每半年从伊尔库茨克乘坐驮马列车满载物资的商人。在鄂霍次克，商人们在装满美洲的商品后，就向亚洲腹地行进，其中，中国商人会以商队的形式从俄蒙边境的恰克图（Kia-khta）出发进行毛皮贸易，这是一场跨越 2 100 公里的长途贸易旅行。

在数十年的劫掠后，在莫斯科资本的支持下，一些贸易公司合并起来，组成了一个更大的贸易组织。舍利克诺夫-戈利克夫公司无疑是其中最重要的贸易组织。该公司想要控制毛皮贸易以及整个阿拉斯加地区。1767 年，当时的格里戈里·舍利克诺夫 20 岁左右，他遇见了正在伊尔库茨克遭流放的金融家伊万·拉里奥诺维奇·戈利克夫（Ivan Larionovich Golikov）。在两人合作之后，舍利克诺夫干了所有和毛皮有关的工作，例如在恰克图卖毛皮以及在鄂霍次克生产毛皮等。在戈利克夫金融知识的支持下，他们两人合办了一家大型的贸易公司。舍利克诺夫的妻子娜塔莉亚（Natalia）因在做生意方面十分精明，于是也参与进来了。在听闻詹姆斯·库克船长（Captain James Cook）第三次沿着北美太平洋海岸航行之后，俄国的商人们也都积极扩张他们在阿拉斯加的势力，希望在这里建立一处永久的殖民地。1783 年，在筹备了两年之后，舍利克诺夫及妻子带领一些人来到了柯迪亚克岛。这次航行共用了 3 艘商船，船上承载了 200 人、一些牲畜、卷心菜和土豆的种子，还有一些必备的工具。他们制订了宏伟的计划，一些人可能会说他们的计划是妄想。舍利克诺夫想象着沿海城市的繁荣景象，音乐与艺术、商业与农业相融合，精美的房屋和教堂排列在街道与公共广场两侧。

尽管俄国商人对阿拉斯加原住民使用暴力是非法的，可以被判处死刑，但是舍利克诺夫从一开始就打算凭借武力在这片殖民地站稳脚跟。舍利克诺夫选择了柯迪亚克岛作为据点。当地的人与俄国人曾发生过暴力冲突，很多俄国的商船都会绕开这座岛屿航行。即便这样，舍利克诺夫还是决定在这里发展。1784 年，他的船队在三圣湾（以舍利克诺夫的一艘船命名）登陆，随即对当地一个堡垒展开了突袭。数月之后，舍利克诺夫及其随行人员杀了许多土著，在岛上建造堡垒和栅栏，并且利用当地部族间的竞争来获得额外的人力来征服整个柯迪亚克岛。

舍利克诺夫在对当地人进行残忍杀戮的同时，也会以怀柔的方式安抚他们。被俘的岛民对自身受到的尊重感到十分吃惊。舍利克诺夫鼓励当地的女人与殖民定居的人进行通婚，并且让许多岛民前往沙俄的其他据点生活。当公司在柯迪亚克站稳了脚跟，他就开始结交朋友。他建立了一所学校，教当地的儿童学习俄语以及其他基本技能，例如木工手艺。在习得这些知识之后，他们能够对公司在当地的发展发挥很大的作用。当 1786 年舍利克诺夫和妻子离开柯迪亚克的时候，这座殖民地按照预想有条不紊地运作着。

在接下来的几年里，舍利克诺夫、他的妻子以及戈利克夫努力说服伊尔库茨克以及圣彼得堡的政府官员，以便获得垄断权力以及国家金融的支持。为了实现目标，他们夸大取得的成就，并煽动爱国主义情绪。正如舍利克诺夫他们所说，一家强大的、有实力的贸易公司能够更好地防范英国、美国以及西班牙商人的侵犯。但是，舍利克诺夫在柯迪亚克岛的残忍行径渐渐传回沙俄腹地。毫无疑问，传播这些消息的正是在阿拉斯加的其他贸易公司，他们在事实基础上大肆夸大。

舍利克诺夫是一个喜欢吹嘘的人，他声称可以让整个阿留申群岛的岛民都皈依东正教（Orthodox），并且让五万多人置于帝国统治之下。与此同时，他还提出了一些明显错误的声明，这不仅对其事业毫无益处，还可能适得其反。

尽管当时欧洲盛行对新发现的土地进行垄断，但是俄国女皇叶卡捷琳娜大帝（Catherine the Great）对在她已经广袤而人口稀少的领土的遥远边缘获得新领土并不感兴趣。正如她所说的："在这些地方进行贸易是一回事，将其占有却是另一回事。"自然而然，她拒绝了舍利克诺夫的请求。对于舍利克诺夫-戈利克夫公司来说，近期的情况也不太顺利：尽管殖民地正平稳地运营，毛皮也按时从太平洋彼岸运回货栈，但是对中国的贸易却关闭了，这是由于中俄两国之间存在外交纠纷。从阿拉斯加运来的毛皮堆满了仓库，其结

果就是公司的很多竞争者削减成本，或者暂停这一领域的贸易。对
于这些小贸易公司来说，无论是削减成本还是直接暂停毛皮贸易都
比较容易，因为他们不需要维持一个殖民地的运营。但是舍利克诺
夫-戈利克夫公司却不行，舍利克诺夫的钱正一天天流出，他派去
阿拉斯加的经理们也没有眼界，做事不够积极，所以殖民地事业的
发展停滞不前。

　　舍利克诺夫已经换过一名经理了，而第二名经理埃夫斯特拉
特·德拉罗夫（Evstrat Delarov）也不尽如人意。早些年，舍利克
诺夫想要聘请巴拉诺夫担任这一职位。历史学家们也推测过，巴拉
诺夫会成为舍利克诺夫公司的投资人之一。舍利克诺夫当时已经不
知道怎么对待无能的现任经理，所以当巴拉诺夫到鄂霍次克的时
候，舍利克诺夫十分高兴。之后的事就像我们料想的那样，舍利克
诺夫立即向巴拉诺夫抛出了橄榄枝。

　　巴拉诺夫从未出过海，对远航也知之甚少。如果他是带着惶恐
的心情想象以后的事，他至少在思想上也会有所准备。1790 年 8
月，满怀希望与梦想的巴拉诺夫搭乘船前往阿拉斯加。然而，没过
多久，他就遇到了许多不同寻常的困难。小船的货舱里挤着牛羊，
它们四处乱转、排便，惊恐而混乱地哞哞叫着。货物被塞得到处都
是：一箱箱工具、衣服、燃料、钉子、烟草、茶砖、白糖、盐、面
粉等。所有东西都是日常必备的，能用很多年。负担过重的老船在
海浪的拍打下左右颠簸。老化的船板咯吱作响，不仅如此，船上还

有漏水的地方，船员需要不断地抽水。他们几乎无法从肮脏的床铺上爬起来，船的颠簸使他们感到恶心。

船上的水箱满的速度太快了，船长下令切断水配给，当时风暴使船来回摇摆不定。不久，可怕的坏血病重创船员，他们的牙齿脱落，呼出的口气散发着腐臭味，四肢也酸软无力。当瞭望员看到浓雾背后的乌纳拉斯卡岛（Unalaska）时，已为时太晚。人们抛下船锚，冲向岸边寻找新鲜的水，但是夜晚的一场暴风雨让船锚移动了位置，"三圣"号船被海浪拖向了岸边。本就破旧不堪的船撞向礁石后就破裂解体了，海水不断涌进船舱，愈加强烈，船上的人们都急忙在船上整理货物，然后用筏子或者小船将这些货物运上岸。52人在贫瘠的、狂风肆虐的岛上找到了一些被当地人遗弃的房屋，然后安顿了下来，度过了冬天。

在到达陆地之后，巴拉诺夫激动万分。时年44岁的他是队伍中年纪最大的，许多人都认为他岁数太大了，并不适合这种严酷的生活。但是，整个冬天，巴拉诺夫都在岛上四处探索，经常徒步旅行。不仅如此，他还学习阿留申人的语言，练习驾驶小船的方法以及猎杀海獭。幸运的是，巴拉诺夫带领的整支队伍都熬过了寒冷的冬天。春天的时候，除5人以外的其余人都乘坐用海狮皮做成的船继续向1 100公里以外的柯迪亚克岛前行，留下的5人负责看管物资。巴拉诺夫一点都不喜欢在海上航行，长期航行让他疲惫不堪。在抵达柯迪亚克岛之后，他因发烧而病倒了，身上虚弱无力。等到身体恢复之后，他却被亲眼所见的场景惊到了。展现在他面前的是浓密的森林，群山在大雪覆盖之下直插云霄。对巴拉诺夫来说，这真是一幅庄严、荒凉、严酷且令人心生敬畏的画卷。

次年春天，一些人乘船返回鄂霍次克据点，只有110人留下与巴拉诺夫共事。巴拉诺夫曾提及，大多数人没有斗志。可以肯定的是，这些人并不会制造麻烦，要不然舍利克诺夫也不会选择他们，但是他们需要指引和命令。因此，巴拉诺夫很快就制定了一套半军事的生活与工作的规则，包括严格服从命令，定期检查房屋和参加升降旗仪式，严令禁止赌博和奸淫，只允许喝低度数的酒（尽管巴拉诺夫自己一直偷着喝烈酒）。严格的规章约束了俄国殖民者与原住女性之间的关系，并实行一夫一妻制。此外，巴拉诺夫要求尊重当地的习俗，例如孩子归母亲所有，这一习俗与公司的利益相一致，因为公司只需要男性。按照公司规定，人们的服役期限是五年，但是很多人因在殖民地娶妻生子而永久定居下来了。

巴拉诺夫改善了殖民者与岛上原住民阿鲁提克人（Alutiiq）之间的关系。为此，他学习他们的语言，了解并尊重他们的习俗。不仅如此，他还走遍了整个柯迪亚克岛，与阿鲁提克人交谈协商，并从他们中招募几百人为次年春天猎杀海獭做准备。对于那些拒绝工作的人，巴拉诺夫要求他们从定居点中挑选出几名男女交给他。巴拉诺夫有权招募当地人为他工作，但是需要支付给他们公平的薪酬。尽管从法理上讲，巴拉诺夫没有权力惩罚俄国人或者阿拉斯加人，但是实际上他却经常以鞭刑来维持距离。这样的做法是违法的，但是他深信这些事情是不会传出去的。对巴拉诺夫来说，岛上的原住民可以是公司的雇员，可以是消费者，也可以是竞争者，在某些情况下甚至是"二等民"，类似俄国的农奴。然而，巴拉诺夫并不总表现出严厉的一面，也不总爱挥舞鞭子，他也有自己的爱好，例如音乐、舞蹈以及唱歌。在兵营式的圆木屋子里，巴拉诺夫这样精力充沛的人往往会使气氛十分活跃。巴拉诺夫本人也是十分积极地参加各种节日庆典活动。

　　巴拉诺夫将公司的定居点搬到了一个隐蔽性和交通都不错的地方，并决定将新定居的地方改变成一座宜居且美丽的城镇。与此同时，他也开始修建新的据点。巴拉诺夫让不同族群的人混居在一起，并让他们之间维持良好的关系。为了稳定与当地人之间的关系，他甚至娶了一个首领的女儿安娜（Anna）作为妻子。巴拉诺夫为自己和安娜建造了一座两层的房子，夫妇二人不久便生了一个儿子。在阿拉斯加，巴拉诺夫见过很多英国商人，包括著名的英国航海家乔治·温哥华（George Vancouver）——他后来为英国政府绘制了从加利福尼亚至阿拉斯加的海图。

　　但是巴拉诺夫也有一些烦恼。柯迪亚克地区的阿留申人以及阿鲁提克人时常会遇到南部地区好战的特林吉特人，从而引发争端。与此同时，巴拉诺夫管辖地区的人们总和其他沙俄商人有矛盾。为此，巴拉诺夫劝说许多当地人不要和他的竞争对手进行贸易活动，他偶尔还会让当地人去袭击对手的贸易据点。在整个18世纪90年代，巴拉诺夫在只有很少支持的情况下完成了很多事情，让每个人都有饭吃，并且设法安抚各族群的人。但是他始终害怕劳工们发动叛乱，或者舍利克诺夫雇用的海军军官们攻击他。有一次，当巴拉诺夫正在惩罚偷盗公司烈酒和烟草的人以及那些拒绝工作的人，一个喝得酩酊大醉的人突然蹿出来刺伤了他。另外，当地的牧师们也危及他的权威。这些牧师给俄国政府写信，谴责巴拉诺夫的行为不道德，并提倡喝酒以及其他活动。这些事情的发生让巴拉诺夫的忍耐到了极限。当舍利克诺夫要批评他的时候，他就以辞职相威胁："自从我为你工作以来，我始终害怕失去自己最珍视的事物，也就是我的好名声。这样吧，你最好赶紧找个代替我的人。我岁数越来越大了，反应也迟钝，精力更是一天不如一天了。下回运毛皮的时候，我也跟着回去。如果你不想让我走，那就改变下你对我的态度，并给我找些能干活的人而不是现在这些臭虫！"但是巴拉诺夫准备离开之前，他遭遇了一些事情，让他无法离开。

18世纪90年代，经过巴拉诺夫辛勤的劳作，殖民地已经建立了一个有序、高效、赢利的公司。他的老板舍利克诺夫一直努力为公司在阿拉斯加地区的商业活动争取垄断权。1792年，与中国的贸易再次恢复。舍利克诺夫立即抓住这次机会。他以优惠的价格很快就把库存的美洲毛皮都卖出去了，并还清了公司的债务。一切都向着好的方向发展：巴拉诺夫令殖民地始终保持活力，而他本人也获得了自己想要的一切。不仅如此，巴拉诺夫也逐渐意识到，他不仅在运营一家商业公司，而且也代表着俄国的文化。如今，如果将俄国人都统一起来，改变彼此之间相互竞争的局面，那么在对抗危险的原住民以及英美商人方面就十分有利了。

舍利克诺夫继续致力于获得政府对他事业的支持，至少也要限制在阿拉斯加进行贸易的公司。因为太多的商船前往阿拉斯加会让他在中国的毛皮生意方面获利减少。幸运的是，舍利克诺夫在叶卡捷琳娜大帝的宫廷中获得了一个人的支持，那就是叶卡捷琳娜近期的情人普拉登·索波夫（Platon Zubov）。叶卡捷琳娜允许她的情人为自己的利益而做一些事。舍利克诺夫凭借这层关系获得了俄属美洲商业活动的部分垄断权：任何人都不得在舍利克诺夫公司530公里的范围内建立商业据点，也不可以从事贸易。舍利克诺夫和妻子娜塔莉亚为这项权力的获得而开心不已，但是不久也因索波夫更多的"好消息"到来而忧心忡忡。索波夫一直不遗余力地为舍利克诺夫的需求而游说众人，这些需求包括向殖民地派遣10名传教士，提供一些在西伯利亚流放的人到阿拉斯加以改变劳动力短缺的现况，以及有权购买俄国农奴。舍利克诺夫曾说过殖民地需要传教士来满足当地人的精神需求，并将基督教传播给当地原住民。此外，他还谎称已经为人们建造了一座教堂，并承担维修的费用。虽然舍利克诺夫希望能够得到政府的财政支持，但是事实上却只有他一人承担所有开销。

对于殖民地的事情，舍利克诺夫和妻子还能应付。他们准备往阿拉斯加殖民地派遣 150 多人。为此，舍利克诺夫夫妇开始准备运输人的船，为人员派遣安排资金和组织。由于此时的舍利克诺夫公司具有一定的垄断权，殖民者和传教士与俄国腹地的通信都掌握在舍利克诺夫手中。舍利克诺夫派性格强悍的巴拉诺夫处理俄属美洲的所有事务。1794 年 5 月，当工人与传教士到达伊尔库茨克时，舍利克诺夫及其妻子热情欢迎他们的到来。与这些人同行的还有政府官员，他们从圣彼得堡前往阿拉斯加地区，其目的是监督牧师与农奴的福利，确保舍利克诺夫履行了他的诺言。

尼古拉·彼得洛维奇·雷扎诺夫（Nikolai Petrovich Rezanov）是一名家道中落的年轻贵族，出身于一个家境显赫的沙俄世家，早年受过良好的教育。他接受了舍利克诺夫的邀请，前往他的家中参加宴会。正是在这个时候，舍利克诺夫将雷扎诺夫介绍给了女儿安娜。他们二人都非常爱慕对方，这促使安娜加入了雷扎诺夫参加的400 多人的旅行团。他们骑马向东行进了数公里抵达了鄂霍次克。这段路程看似很近，但是却花费了数月的时间。当一队人在群山之间缓慢前行时，舍利克诺夫给雷扎诺夫讲了许多关于俄属美洲的事情，强调了这片土地对俄国的重要性，进而谈及俄国人有必要防止英国人势力在此地的渗透。这一切自然都是为了帝国的发展。

巴拉诺夫管辖的这片殖民地肮脏、混乱，仅有几家加工毛皮的工厂，在这里干活的人多是脾气暴躁、有暴力倾向的本地人。然而，在舍利克诺夫的口中，殖民地却成为一个古色古香的欧洲式村庄，这里的人们渴望牧师与教师，与俄国的联系十分密切。舍利克诺夫、雷扎诺夫等一行人从鄂霍次克出发，给巴拉诺夫送去了一些人之后，就返回了伊尔库茨克。在一队人等待冬雪到来之际，以此让向东的漫长旅行变得更加容易，雷扎诺夫和安娜陷入了爱河，并于1796年1月结婚。他们二人在圣彼得堡开启了一段新的生活。作为安娜嫁妆的一部分，舍利克诺夫和娜塔莉亚将舍利克诺夫-戈利克夫公司的一部分股份给了女儿。舍利克诺夫做出的这一举动十分明智，因为这确保了雷扎诺夫在回到首都后不会忘记他对俄属美洲的兴趣。6个月后，48岁的舍利克诺夫死于心脏病。

　　在柯迪亚克岛，巴拉诺夫因自己需要对牧师负责一事感到十分恼火，因此便责令公司在5年合约届满时换人，让他回俄国。对于巴拉诺夫的事情，娜塔莉亚以舍利克诺夫的死带来的混乱为由先是拖延，然后是恳请他留任，继而又拖延了好几年，才派人接替他。之后，娜塔莉亚开始负责整个公司的管理事务，并陷入与伊尔库茨克商人们的法律纠纷之中，这些法律问题最终传到了圣彼得堡。在首都，令娜塔莉亚感到幸运的是她有女婿作为助手。在俄属美洲进行贸易的伊尔库茨克商人们始终抵制娜塔莉亚想把他们都联合起来的行为。这些商人寻求的是独立，所以他们憎恨娜塔莉亚。雷扎诺夫在新沙皇保罗一世（Paul Ⅰ）继位后担任了顾问（adviser）。他劝说新沙皇效仿其他欧洲强国，在殖民地建立一家公司。正如雷扎诺夫所说，这是经过许多欧洲国家实践证实的成功模式。这种垄断能够增进这些边远野蛮人与俄国人之间的联系，从而改善他们的行为方式，让他们习得俄国人处事的方式。俄属美洲已经存在了半个世纪之多，一直缺乏官方政府的管理。所以，雷扎诺夫提议在殖民地建立一个兼顾政治与商业的实体组织，即俄美公司。

　　1799 年 7 月 8 日，沙皇保罗一世在雷扎诺夫的支持下决定成立俄美公司。所有与之竞争的公司在一年内要么被俄美公司合并，要么终止在殖民地的贸易活动。与此同时，保罗一世还废除了长期以来不准贵族从商的禁令，允许贵族投资商业活动，但是不得参与经营。娜塔莉亚和孩子在美洲蛮荒之地传播俄国文化方面发挥了重要的作用。雷扎诺夫被任命为参议院的检察长（procurator general of the senate），以及俄美公司董事会中唯一一位政府的代表。

　　许多贵族以及政府中的高级官员都纷纷投资这家新成立的俄美公司。1800 年，公司的总部从伊尔库茨克转到了圣彼得堡，这拉近了公司与政府以及投资者之间的距离。在公司运营的头一年，公司股票的价值几乎飙升了近 300%。巴拉诺夫在公司中拥有一定的股份，当他听闻这一消息之后，一定庆幸自己没有辞职。如今，巴拉诺夫不再想着离开殖民地的新家了，因为这里也是他两个孩子安提帕（Antipatr）和伊琳娜（Irina）的家，况且他和妻子也过得很好。在具备垄断的条件下，巴拉诺夫不再被那些讨厌的竞争对手弄得心烦意乱了，从而能够专心完成自己的使命：拓展俄美公司的贸易网络，传播俄国的文化以及推动俄国政治版图的扩张。巴拉诺夫被任命为经理或称总督，全权管理俄美公司。此时的公司在整个俄属美洲享有司法、政治以及商业上的垄断地位。

❖　❖　❖

　　俄美公司与同时代的其他垄断的贸易公司拥有广泛的权力：维

持常备军、与他国缔结条约以及以垄断的形式进行商业活动等。除了员工的私有财产，公司在其司法管辖权内享有一切财产的所有权，并管控着所有活动。与此同时，公司管辖的范围十分辽阔——从北极地区到北纬 55 度线，从西伯利亚东部到太平洋的美洲沿岸，内陆触及何处当时尚未可知。俄国政府赋予俄美公司的第一份特许状为期 20 年。凭借着特许状，这家公司实际上成了殖民地的政府，而巴拉诺夫是这个所谓政府中无可争议的掌权者。尽管殖民地的原住民对巴拉诺夫是他们的领主这一说法嗤之以鼻，但不可否认的是，此时的俄美公司拥有柯迪亚克以外的 9 个商业据点，以及 40 多座木制建筑（包括一座教堂）。

自从俄美公司建立以来，俄国人在美洲的势力与日俱增，因为各个族群的人此时已经无法阻碍俄国人进行商业活动。正如历史学家莉迪亚·布莱克（Lydia Black）所言，"在俄美公司直接控制的范围内，当地人没有任何耍手段的机会，也无法在对外事务上声明自己的政治独立"。换句话说，殖民地的权力天平已经向俄美公司倾斜，而公司继续向南扩张其势力范围，最终触及好战的特林吉特人的领地。当巴拉诺夫于 1797 年初次来到锡特卡湾（Sitka Sound）的时候，他发现这里是公司建立商业据点的理想地点。因为这个海湾面积较大，地理形势较为隐蔽，位于森林密布的峡湾之间，其周围还有数不清的岛屿。加之，这里雨水较多、植被茂密，粗大的铁杉、云杉以及雪松遍布群山各处。土壤非常适合农业耕种，水流又适合捕鱼。更重要的是，这个地区海獭群集。由于人们的过度猎杀，这种场景在偏北的地区已经很难见到了。但是，这里并不是一片空旷的荒野，而是特林吉特人的腹地。海滩边上都是他们用雪松盖的房子。赫克托耳·切维尼写道："他们的文明已经发展到了一定程度，他们的艺术达到了形式主义的水平。他们实行民主政治，但也维护贵族等级……像维京人一样，特林吉特人常年在海上，所以他们有各种精致的小船，每艘船都能搭乘 30 多名战士。说到他们的战士，每个人都配有头盔、铠甲和盾牌。特林吉特人从距离他们基地数百公里的地方游荡到普吉特湾（Puget's Sound）和哥伦比亚河（Columbia River），向北能够触及阿留申人的领地。他们在这么广阔的地域内穿梭，寻找战利品以及奴隶。特林吉特人需要有奴隶在他们村庄里劳作，或者在祭祀时作为牺牲品。"由此可见，入侵特林吉特人的势力范围势必会造成麻烦。在俄国各家公司处于相互竞争的情况下，想要征服此地是不可能的。

　　巴拉诺夫害怕的是，如果他不能成功向南推进公司的贸易地盘，英国人就会乘虚而入占领这个地区。巴拉诺夫收到的谍报表明，每年都会有许多外国商船来到此处交易贵重的毛皮。正如他本人说的，"可以肯定地说，在过去的十年时间里，英美两国商人每年都会派遣 10 艘船来贸易，每艘船都会带走 2 000 多张毛皮……根据当下的物价，每张毛皮价值 45 卢布，那么这些就是 90 万卢布……此等船运量对公司的市场产生了极为不利的影响……如果我们不想被英国人和美国人搞破产，那么就要采取一些措施了。总之，我们有必要接近他们，观察他们的行动"。英美两国商人还涉猎枪支的贸易。与此同时，特林吉特人向北入侵是一个非常危险的麻烦。而欧洲爆发的拿破仑战争削弱了英国和西班牙的实力，因此对于俄美公司来说，此时向南扩张并站稳脚跟是难得的时机。巴拉诺夫将目光锁定在了锡特卡湾，可能在这里建造一处新的公司据点。

　　1799 年冬天，巴拉诺夫全身心投入向外扩张的计划之中，企图建立一个新的市场。1800 年 5 月，巴拉诺夫率领 1 100 人，开始采取行动。这 1 100 人包括 100 名俄国人、700 名阿留申人以及 300 名当地人。由于暴风雨十分强烈，一些小船沉入了大海。在巴拉诺夫一行人还没到锡特卡湾的时候，一支特林吉特人在夜幕的掩盖下突袭了他们，造成 30 人的死亡。当巴拉诺夫抵达锡特卡湾时，立即与当地的首领（ranking chief）见面。他从首领那里得到了在一处地理位置不错的沙滩建立公司据点的许可。然而，这份许可并没有得到当地居民的同意。族群的其他首领纷纷谴责授予巴拉诺夫许可的这位首领，说他居然敢让俄国侵略者在这里安营扎寨。就在巴拉诺夫的工人们开始修建据点的堡垒时，当地主战派的人时刻在附近监视他们。经过几个月的修建，堡垒得以修成。这座堡垒长约 20 米、宽 15 米，墙体厚半米。俄美公司在锡特卡湾定居点的设施包括冶铁房、厨房、兵营房以及用于农耕和饲养牲畜的田地。巴拉诺夫将此地称为"大天使"（Archangel）。

由于长期的劳累以及严寒天气造成的疲惫不堪，52 岁的巴拉诺夫准备回到柯迪亚克。他在锡特卡湾据点留下了 30 名俄国人以及大约 400 名阿留申人负责守卫，直至他下次带增援队伍回来。在返程途中，将近 200 名阿留申猎手因食用腐坏的贝类食物而死去。回到柯迪亚克后，他面临着近乎叛乱的局面，这场叛乱是由牧师和一些趾高气扬的海军军官暗中发起的，因为他们已经两年没有从鄂霍次克获得补给了。巴拉诺夫制服了叛乱的人，这时他被任命为俄美公司总经理的消息传到了殖民地。巴拉诺夫逐渐意识道，由于股票价格的上涨，他已经身价不菲了。为此，他决定捐献出一笔钱用来建一所学校。与此同时，他为公司和国家所做的努力也得到了认可：新沙皇亚历山大授予他一枚勋章，上面刻着"在困难和匮乏中忠诚地服务以及坚持不懈的忠诚"。

然而，巴拉诺夫的胜利形象很快就因不幸的消息而损害了。接下来的那个夏天，他了解到，配备着美式枪支的特林吉特人袭击了锡特卡湾的公司据点以及堡垒，将建筑物夷为平地，人们也惨遭杀害。巴拉诺夫此前在锡特卡湾留下的人只有42人活了下来。之后，特林吉特人从仓库中掠走了4 000多张海獭皮。1800年夏天，特林吉特人又袭击了俄美公司的其他据点，杀害了将近600人，由此给公司带来的损失十分巨大。此外，该公司还失去了当时最好的海獭栖息地。

这些消息肯定令巴拉诺夫感到十分震惊。就在听闻公司遭遇不幸之后，巴拉诺夫得知自己被任命为"合议庭委员"（collegiate councillor），地位相当于陆军上校或者海军上校。如果他接受这一任命，那么人们就可以尊称他为"阁下"。对于一个出身卑微、受教育程度还不高的人来说，获此殊荣同样让他感到十分吃惊。在给公司董事会写的信中，巴拉诺夫写道："虽然我也跻身贵族之列，但是锡特卡湾的据点却被毁掉了。我无法在这样的情况下活下去，所以我要么夺回失去的一切，要么就战死。"巴拉诺夫发誓要报复特林吉特人，并承诺要夺回锡特卡，在这里建造一家有利可图的公司。为此，他与英国海军上校约瑟夫·奥卡因（Joseph O'Cain）协商，从他那里获得枪支弹药。与此同时，巴拉诺夫不遗余力地获取金钱，以支付工资与设备的费用。按照他和奥卡因制订的计划，派遣数百名阿留申人到加利福尼亚，而这项计划是不会得到圣彼得堡那些公司董事支持的。由于具备垄断的权力，俄美公司能够独自猎杀动物获取毛皮。然后，这些毛皮会由奥卡因负责运输，在美国国旗的掩盖下在广州（Canton）售卖。最后，奥卡因会将公司应得的利润以枪支弹药及其他必需品的形式交给巴拉诺夫，从而帮助巴拉诺夫实现征服特林吉特人腹地的目的。1804 年 9 月，巴拉诺夫召集军队，然后率领一支舰队向南驶去。这支舰队由两艘单桅船、两艘纵帆船以及 300 艘小船组成。更加幸运的是，当时一艘 450 吨的俄国巡防舰"涅瓦"号（Neva）在这片区域巡航。巴拉诺夫争得了其战舰海军上尉尤里·利希安斯基（Urey Lisianski）的同意，为他们进攻特林吉特人提供援助。

当巴拉诺夫一行人抵达锡特卡湾时，巴拉诺夫派遣一名信使前往特林吉特人的村庄向其转达：特林吉特人立即投降，并离开此地。俄美公司要从他们生活的地方建造一处堡垒和定居点，但是特林吉特人不为所动。因此，双方开始了一场血腥的战争。但是出人意料的是，这场战争却以俄国人遭驱逐而结束。在这之后，巴拉诺夫站在"涅瓦"号上下令炮轰特林吉特人的村庄，在这一过程中，巴拉诺夫的一只胳膊被炮弹击中。经过数日的连续轰炸，一些特林吉特人逃走了，而剩下的人则选择了投降。按照双方的协商，巴拉诺夫获得了一项权力，也就是在他中意的地方为公司建造一处定居点。与此同时，特林吉特人也维持自身的独立性，继续实行他们的法律与习俗，不必依附于公司。然而，随着时间的推移，特林吉特人还是逐渐被纳入俄美公司经济活动的洪流之中。

俄国人与原住民之间的通婚更加普遍，且俄国的东正教堂在殖民地的影响力也与日俱增。巴拉诺夫将公司的新基地称为"新大天使"（New Archangel）。他在这里给自己建造了一处办公室，还修建了一个船厂。按照巴拉诺夫的规划，这里将会成为一座国际港口。许多年以来，"新大天使"都是太平洋美洲沿岸唯一一处负责船的建造、维修以及补给的自由港口。久而久之，这里变成了一座城镇，以锡特卡命名，有上千人生活在这里，许多船只选在这里抛锚。直至 1867 年，锡特卡一直都是俄美公司总部的所在地。巴拉诺夫委托人在锡特卡修建了一座图书馆以及政府大厅，并在城镇里铺上了木板路。与此同时，巴拉诺夫将城镇周围的土地变成了农田，还特意选出了一个地方建造了一家轻工业工场以服务城镇。

　　但是，巴拉诺夫向南和向东扩张公司的范围越远，也就意味着他离鄂霍次克越远，从而使得后勤补给问题日益凸显。公司据点需要的所有补给品都需要用船从鄂霍次克运来，其间会经过阿拉斯加湾（Gulf of Alaska）内数千公里的阿留申群岛，其路途十分危险且存在很多不确定的因素。与此同时，巴拉诺夫在殖民地积累的数以千计的动物毛皮也需要按照相同的路线运回鄂霍次克，从这里用车运往亚洲腹地城市恰克图与中国商人进行贸易。在当时，恰克图是中国政府指定的唯一一处与俄国人贸易的地点。鄂霍次克和殖民地据点之间的这种往来不太高效，而且花费较大，从而损害了公司的利益。这让巴拉诺夫头疼不已。更重要的是，由于美国商人离本土市场较近，所以他们能够以较高价格从当地人手中收购毛皮，仍有利可图，这对公司的发展更加不利。

　　但是，巴拉诺夫是一个狡猾的人，不会轻易被眼前的困难打败。他想到的解决办法是与美国商人的首领进行协商，让俄国人能够与广州直接贸易，以此解决公司南方据点的供给问题，同时还能避免中国的禁运。这样做的结果是，19 世纪早期，波士顿—锡特卡—广州—波士顿贸易网建成，中间会经停夏威夷。巴拉诺夫将俄美公司的商业活动扩展到了太平洋商业网络。他想在夏威夷建造一处公司的据点，这肯定是一个好事，但是这份事业并不完全符合俄国的贸易垄断政策。因此，摆在巴拉诺夫面前的问题是，他的计划是否符合俄国政府的政策。

就在夺取锡特卡以及建造"新大天使"据点不久，巴拉诺夫了解到，他能够收到帝国侍从尼古拉·雷扎诺夫的一次官方邀请。雷扎诺夫当时是巴拉诺夫最早的赞助人舍利克诺夫的女婿，同时是他的上司。在此之前，并没有高于巴拉诺夫地位的公司官员穿越他的王国。当时，雷扎诺夫在日本，不久他就要跨越太平洋，去巡视他从未见过的公司领地。

✤　✤　✤

在走访期间，雷扎诺夫总是心烦意乱、脾气暴躁。因为就在前一年，他深爱的妻子安娜在生孩子的时候死去了。此后，他无法像往常一样思维清晰。也正因为如此，雷扎诺夫代表俄国政府以及俄美公司的利益访问阿拉斯加殖民地，想要通过这场访问之行让自己从抑郁中走出来。与雷扎诺夫同行的是两艘俄国海军军舰，由海军军官指挥，但是军舰的补给由俄美公司提供。雷扎诺夫的这场官方之行显著表明，当时的公司利益和国家利益在权力与责任上并没有明确的划分。但不管怎样，雷扎诺夫和俄国政府都对俄属美洲的兴趣越来越大，巴拉诺夫已经扩大了在俄属美洲活动的范围与规模。

雷扎诺夫一行人沿着阿留申群岛航行，并在公司的几处重要据点短暂停留，最终他们于 1805 年夏天抵达锡特卡。在这之前，雷扎诺夫对俄属美洲的印象完全来自岳父舍利克诺夫那些夸张的故事，还未亲眼见过这片土地。在盛大的迎接仪式下，雷扎诺夫从船上下来，然后走进锡特卡这座新城镇。一路负责陪同的正是巴拉诺夫，此时的他已经 58 岁了。虽然他年事已高，但是仍努力为公司辛勤工作。他想要为公司健全的金融和政治打下坚实的基础。一路走来，雷扎诺夫发现这座城镇肮脏不堪、道路狭窄，而且十分嘈杂。很多房子都在修建中，整座城镇都没有雷扎诺夫能用的奢侈品。然而，他也承认这里是防守的绝佳之地。城镇的山丘上建造了一座坚固的木制堡垒，配有 20 支枪，而其他的房屋、工人宿舍、铁匠铺以及饲养猪牛羊的畜棚也都用围桩包围了起来。在巴拉诺夫的指引下，雷扎诺夫来到了他的私人住处，他要在这里度过这个冬天。在一起生活的这段时间里，雷扎诺夫差点把巴拉诺夫以及其他人逼疯。雷扎诺夫对待巴拉诺夫的态度很冷酷，责备他酒喝得太多了，并且行事手段太过于仁慈。不仅如此，雷扎诺夫还亲自终止了巴拉诺夫与美国商人达成的贸易协议。

雷扎诺夫也和海军官员们发生争吵。他对眼前俄属美洲的一切都感到厌恶。此外，他常常插手自己一无所知的事情，羞辱他人，并蛮横地将他的权威强加于人们。雷扎诺夫在写给圣彼得堡的官方信函中提及了改善公司殖民地的建议，例如禁止俄国人与原住民通婚，赋予巴拉诺夫一个地方总督的权力以惩戒人们，将酒鬼、农奴、破产的人、罪犯以及道德沦丧的人运往殖民地，以此扩大俄属殖民地的定居点，这些人能够为殖民地提供廉价的劳动力。在信中，雷扎诺夫说道，"法律所产生的恐惧将使人们不让自己蒙羞，并将提升人们对贸易的信心"。言辞之中都能看出他本人对殖民地的态度。与此同时，雷扎诺夫还支持以俄属美洲为基地入侵日本以及攻占并毁灭所有美洲沿岸的美国商业据点。幸运的是，俄国政府和俄美公司的董事会都没有理睬他的这些建议。

在锡特卡待了三个星期之后，雷扎诺夫向巴拉诺夫提供了他制订的重组清单，以此改变他所认为的无政府状态和管理不善的问题。然而，在没有得到政府太多支持的情况下，巴拉诺夫已经让公司以及这片殖民地有条不紊地运营了13年，并且在不久前他还打赢了一场小仗，并建造了一处新的定居点。对于俄国人的定居点来说，特林吉特的战士们始终是一种威胁，他们时常袭击太平洋沿岸的公司据点。在这样的情况下，雷扎诺夫坚持让巴拉诺夫快速推进当地自给自足的产业以及农业的发展。巴拉诺夫凭借着多年的经验深知这些提议完全不适合公司的财政实际以及阿拉斯加的条件。因此，当雷扎诺夫提议安置日本定居者、从日本为公司提供补给以及避免与美国人交易时，巴拉诺夫一定认为他要么是被人迷惑了，要么就是精神有问题。然而，当巴拉诺夫递交辞呈的时候，雷扎诺夫却感到了害怕。在写给公司董事的信中，他的语气都有所改变："尊敬的先生们，我要告诉你们的是，他（巴拉诺夫）是一个异乎寻常的人，很有个性，他的名字在太平洋沿岸都非常出名。尽管外国都对他赞誉有加，但是他却依然失望。尊敬的先生们应该集体面见沙皇，为他争取新的荣誉。与此同时，我们必须采取措施使他免受进一步的侮辱。"雷扎诺夫提到了一个事实，那就是巴拉诺夫没有直接的权力惩罚海军官员以及领航者，这其中的许多人都藐视巴拉诺夫的权威。然而，雷扎诺夫似乎从来没有想过，巴拉诺夫受过的最大侮辱之一就是他本人瞎捣乱。最终，雷扎诺夫离开了锡特卡，但在此之前，他还声称要为巴拉诺夫向南扩张到西属加利福尼亚的计划负责。在返回欧洲的漫长旅途中，雷扎诺夫死于发烧。当时他骑在马上，下达了一些荒唐的命令，这些命令并未被执行。

尽管巴拉诺夫递交了辞呈，但是很快就又回到了原来的职位

上，继续工作。他与夏威夷国王卡美哈美哈（Kamehameha）正式
签订贸易协定，派遣猎手向南行进至西属加利福尼亚寻找海獭，
以及恢复与美国商人的贸易活动。然而，巴拉诺夫依然等待着公
司董事们接受自己的辞呈，并派遣新的负责人。与此同时，在俄
国本土的妻子去世之后，他娶了安娜。这么多年以来，安娜虽然
为巴拉诺夫生了两个孩子，但是两人却并未结婚。巴拉诺夫恳请
俄国政府能够承认安娜和孩子的合法性，从而使他能够带着他们
回到俄国享受应得的财富与地位。令巴拉诺夫感到欣慰的是，政
府宣布他的孩子为贵族。之所以会有这样好的结果，也是因为巴
拉诺夫宣称安娜是"基奈（Kenai）君主的女儿"。直到 1808 年，
巴拉诺夫才得到公司董事对他辞呈的回复：不准退休。当时欧洲
的局势是，拿破仑仍然在欧洲发动战争，一切都处于混乱之中。
发生在欧洲的战争使得其他国家无法集中精力在美洲太平洋沿岸
拓展势力。在这样的背景下，公司敦促巴拉诺夫只要有机会就继
续向南推进。

在得到董事的赞赏后，巴拉诺夫显得容光焕发，并因自身受到
重视而十分激动。巴拉诺夫再次焕发活力投入公司对外扩张的活动
中。如今的锡特卡已然是一座繁荣的国际港口城市，这个港口每年
能够接收 50 多艘商船。许多商人都直接来此地从公司手中购买货
物，这就避免了之前与特林吉特人交易时可能发生的危险。锡特卡
这座城镇的一个标志就是克里姆林堡，这是公司的行政中心，巴拉
诺夫也住在这里。整座建筑都采用了宏伟且粗犷的两层木制结构；
其周围是训练场，场地上挂着公司的旗帜。人们都称这座建筑物为
巴拉诺夫堡。

巴拉诺夫酷爱音乐和唱歌，并喜欢举办大型的庆祝活动。他为

这幅 19 世纪的版画展示了巴拉诺夫堡伫立于锡特卡的一处山丘之上，这里是巴拉诺夫在俄属美洲的居住之地，也是主要港口。

所有到访这座城市的人都举行了欢迎仪式。就对聚会的热爱而言，一位英国的船长抱怨道，"他们的酒量十分惊人，巴拉诺夫也毫不例外。对想要和他们做生意的人来说，这是一笔不小的健康税"。经过多年的艰苦奋斗，巴拉诺夫终于成为他管辖范围内的商业之王。在数千公里的范围内，他的话就是法律，他的命令需要被无条件服从，他的名字响彻整个太平洋美洲沿岸的贸易圈。许多人都十分爱戴他，尤其是与他一起奋斗多年的老部下，但是还有一些人视他为暴君，始终想要他死。

❖　❖　❖

　　巴拉诺夫起初否认了这些谣言，称其荒谬可笑：谁会想杀他和他的孩子呢？但是在 1809 年的秋天，一些人曾警告过他。加之，越来越多的证据迫使他在处理锡特卡卫戍队伍中的不满分子时采取更极端的态度。效忠巴拉诺夫的人突袭了一个由九名叛乱者举行的秘密会议，从正在燃烧的炉子里抢出了部分还未烧的文件。文件的内容依稀可见，读完这些内容之后，巴拉诺夫感到不寒而栗。这些叛乱的人受到欧洲革命运动的鼓舞，谋划刺杀巴拉诺夫及其家人。不仅如此，他们还计划夺取港口里的一艘船，绑架殖民地的妇女，然后前往太平洋南部的复活岛（Easter Island）建立一个所谓人间天堂。当计划败露的时候，他们还在笼络更多的人参与进来。

　　这件事情让巴拉诺夫感到十分震惊。他将家人送到了柯迪亚克岛的安全居所，然后给公司的董事们写了一封信，让公司赶紧派新的总督接替他并威胁，如果公司不立即做出决定，他就会自行离开。尽管在过去的 19 年时间里，巴拉诺夫曾多次提出辞职，但是这一次他态度十分坚决。与此同时，巴拉诺夫还写了一封遗嘱："由于我的生命始终处于危险之中，这种危险不仅来自野蛮部落，还源于那些不服从我管教的人；再者是我的精力大不如前，健康也出现了问题，我觉得和其他人比，我何时死亡更加充满不确定性，所以我立了这份遗嘱。"如果想想巴拉诺夫曾经经历过的困难险阻，我们可能会感觉巴拉诺夫被恐惧支配有点说不过去。也许这是一个 60 多岁的年迈老人该有的感觉。再或许，他害怕自己没有能力保护自己在阿拉斯加的孩子们，毕竟他们还没有长大成人。但要是没有这次密谋的影响，巴拉诺夫不会这么没有安全感，更不会感到力不从心。

又很多年过去了，公司仍然没有派人来殖民地，所以整个殖民地还是由巴拉诺夫统治。事实上，公司已经派人了，只不过出了一些意外。第一位接替巴拉诺夫的人死在了西伯利亚。公司总部几个月后才得知这一消息，于是又派出了第二名继任者。公司告诉巴拉诺夫，新的人选已经在路上了，预计 1813 年初就能抵达。在这段时间里，巴拉诺夫不再热衷于扩张的事业。他认为这事应该留给下一任来做。此时的巴拉诺夫已经 65 岁了，眼睛看东西都模糊了，重要的文件都需要由他身边的人读给他听。他的关节炎常常令他疼得受不了，只能靠着喝大量的朗姆酒来缓解疼痛。然而，尽管巴拉诺夫自己无法继续工作了，但他让手下一位叫伊凡·库斯科夫（Ivan Kuskov）的人带领一支由俄国人和阿留申人组成的探险队向南部的加利福尼亚行进。1812 年 6 月，库斯科夫在旧金山（San Francisco）建立了罗斯堡（Fort Ross）。人们在这里种水果和蔬菜，并饲养家畜，以此为公司提供补给。

1813 年初，就在准备迎接继任者的期间，巴拉诺夫得知这个人也死在了路上，这让他十分生气，尤其是死的地方离锡特卡并不远。在两位继任者都丧命途中之后，巴拉诺夫就不再要求公司派遣人来了。他或许也觉得命中注定自己要永远待在俄属美洲了。毕竟，尽管他一直想要离开，但是一系列荒唐的事让他裹足不前，这一定是天意。辞职不成，巴拉诺夫再次将家人接回了锡特卡，然后修建了一座教堂，命一名牧师监工。与此同时，他给女儿伊琳娜找了一位女家庭教师，并为儿子安提帕聘了一位家庭教师，以帮助他顺利进入圣彼得堡海军学院。在新的活力与热情的感召下，巴拉诺夫又为公司创造了可观的收益。他总能充分利用发现的机会，哪怕这常常涉及与美国海军上尉打交道，从而绕过中国对俄罗斯贸易的限制。

然而，当拿破仑战争结束时，一些事情的发生令巴拉诺夫无法再长久担任公司职务了。俄美公司在 1799 年刚成立之时，像其他国家的垄断贸易组织一样都获得了一份 20 年的特许状，而特许状的再次颁发也基本上是走个流程而已。然而，拿破仑战争结束之后，俄国海军官员们仍然想要像战时一样担任职务，并不打算卸甲归田，所以每个人都在为自己继续任职寻找合理的理由。自然而然地，官员们盯上了俄属美洲。他们中的许多人都在那里生活过，并且一致觉得偌大个殖民地仅仅由一家公司管理有失体面。尽管巴拉诺夫已经晋升为贵族，但是海军官员们却不认同，始终认为巴拉诺夫低他们一等。公司任命这些人为公司商船的上尉或者领航者，但是他们却一直不服从巴拉诺夫的管教，甚至嘲笑他的命令一点都不体面。如今，公司的特许状需要再次更换，这些海军官员们便群起号召"改革"。

这么多年来，俄美公司在殖民地赚取的收益不计其数，股东们都从中赚得盆满钵满。公司的总部位于圣彼得堡的一座华丽甚至有些奢华的大楼里。公司高薪雇用了很多职员，如会计、经纪人、秘书、翻译员等。相比之下，总经理一职地位较高，担任的人员也都身份出众，例如米哈伊尔·布尔达科夫（Mikhail Buldakov）。他本就出身较好，还娶了舍利克诺夫的长女。自俄美公司成立以来，他就担任董事会的主席。公司的董事们或者高管们从来没有踏足过俄属美洲。殖民地从来没有一所学校，如果非要说有，那就是巴拉诺夫提议建造但是因资金始终不到位而一直在建的学校；殖民地也没有正式的法律体系，如果非要说有，那就是巴拉诺夫说出的话；殖民地也没有医院，甚至医生都没有。当人们向公司的董事们提出疑问，在 20 多年的时间里为何没有向殖民地派过一名医生，巴拉诺夫就说，"我不知道董事们是否想过这件事。我们向来都是尽力自我医治。如果说有人受伤需要手术治疗，那么他就死定了"。

公司的董事们很难说清楚为什么一直允许公司继续掠夺这片宝贵的殖民地。此外，为什么傲慢自大的海军军官更适合管理这个本质上仍然是商业企业的工作呢？海军上尉瓦西里·戈洛夫宁（Vasilii Golovnin）在没有掌握任何证据的情况下就控告巴拉诺夫玩忽职守和贪污。有一次，巴拉诺夫在一名海军军官指挥的船上开枪，因为这名军官公然反抗他的命令并企图逃跑。还有最近发生的一件事，巴拉诺夫搞砸了在夏威夷建造一处公司据点的谈判。所以，他逐渐失去了一些人的支持，这也就成为他离开公司的契机了。但是公司的董事们尤其是布尔达科夫，认可巴拉诺夫的能力，毕竟他为公司带来了可观的利益。从一开始，尽管教会和海军的人都反对巴拉诺夫，但是这些董事却始终支持巴拉诺夫掌权。

最终，两股势力达成了妥协：海军同意让公司继续持有特许状，但是殖民地需要接受一位高级海军官员及其助手的管辖，如此行事也就意味着这些官员也会持有公司股份并领着高额工资。与此同时，巴拉诺夫必须离开公司。由于海军对巴拉诺夫恨之入骨，并执意认为他贪污，所以公司董事会也就没有给巴拉诺夫投选票，以此让他拥有一份退休金。巴拉诺夫的对手里昂·哈格迈斯（Leontii Hagemeister）受命秘密调查巴拉诺夫的活动，想让他下台。

按理说，巴拉诺夫在殖民地工作了这么多年，应该十分富有了。他可以从股份中拿到分红，还领着一份高额的薪水。然而，事实却并非如此。巴拉诺夫把钱都花在了他人身上：他出资将公司员工的子女送往俄国接受教育；他给阿留申人买了很多牲畜；他时常寄钱给俄国的第一任妻子和孩子；他给第二任妻子在柯迪亚克买了一份信托基金；他将自己持有的公司股份分给了那些尽职的经理，因为当时他们能够领取的薪水实在太微薄了。总之，巴拉诺夫将钱都花在了殖民地，因为他对这片殖民地以及生活在这里的人都充满了感情。当公司的利益与殖民地的利益发生冲突时，他一面尽职尽责地将公司在殖民地的收益全部运回圣彼得堡，一面还自掏腰包帮助殖民地的人们。可是这么做换来的却是晚年的生活没有任何保障，更不用提退休金。

哈格迈斯一到殖民地，就显露出蛮横的一面，责令巴拉诺夫在12 小时内交出公司的账簿。然而，就在巴拉诺夫喝酒度日，对未来感到迷茫，以及害怕无法供养孩子的时候，事情出现了转机。在一艘海军护卫舰的甲板上，一位名叫塞米昂·亚诺夫斯基（Semion Yanovskii）的年轻军官迷恋上了伊琳娜·巴拉诺夫的美貌和活力。在父亲的培育下，伊琳娜成为一名出色的钢琴家，她的性格也十分幽默，对生活充满了热情。他向她求爱了好几个月，最终，两人走入了婚姻殿堂——这是一件好事！

亚诺夫斯基的上司就是哈格迈斯。尽管哈格迈斯不喜欢巴拉诺夫，但是因为这桩婚事能够帮他解决一个大难题，所以最终也就同意了。这个难题要从殖民地的人们说起。长期以来，人们已经习惯了巴拉诺夫的管辖，所以大多数锡特卡市民仍然听从巴拉诺夫的话，好像他一直在任一样。相比之下，海军官员们在殖民地的声誉并不太好，与当地人的关系也不融洽，约有三分之一的公司员工都表示，如果海军继续掌权，那么他们就离开公司。在这样的情况下，哈格迈斯利用亚诺夫斯基的婚事制订了一个计划，那就是让亚诺夫斯基担任殖民地总督一职，凭借着巴拉诺夫女婿这一身份，殖民地的人们出于对巴拉诺夫的尊重也会使本来紧张的关系缓和下来。此时的巴拉诺夫待在锡特卡闷闷不乐，不知道应该做点什么事情。是去伊尔库茨克看望弟弟呢，还是去夏威夷，抑或回柯迪亚克岛？过去的几年，他的判断力一直在下降，而且十分明显，记忆力和视力也都在衰退。

哈格迈斯的会计在搜集并查阅了公司账簿之后发现，巴拉诺夫并没有贪污或者掠夺他人财物的行为。相反，巴拉诺夫是一名擅长经营的高手，他能够把货物的净利润赚到90%。但是哈格迈斯仍然想要巴拉诺夫离开俄属美洲殖民地，这样他的影响力就不再存在。就巴拉诺夫而言，他个人的钱财逐渐耗尽了，根本无法承担在俄国的生活开销。他原本计划去夏威夷，但是海军的人担心这么一个有名望却收入拮据的人会令人生疑，所以横加阻拦。戈洛夫宁为巴拉诺夫在圣彼得堡的一个小公司找了一份工作，并且同意在海军学院里资助他儿子。当时的情况确实如此，戈洛夫宁能让巴拉诺夫的儿子安提帕很快就登上他的战舰。考虑到孩子和妻子都能够得到妥善的照顾，巴拉诺夫同意了。然而，即将回到30多年来都未曾回去的故土，巴拉诺夫还是有些担忧，为此他要求先去柯迪亚克岛。但是哈格迈斯却表示没那个时间，他必须立即离开殖民地，不得拖延。

一个月后，在与多人告别之后，巴拉诺夫登上了前往圣彼得堡的船。在政府担任会计的基里尔·科勒伯尼科夫（Kiril Khlebnikov）审阅了巴拉诺夫的账簿，发现其内容记录得井然有序。他根据这些账簿以及其他资料，为巴拉诺夫写了一本传记。正如书中所写：
"那些白发苍苍的老人，他们是他在辉煌的航行和功绩中的战友。
在与他们敬爱的领袖告别时，巴拉诺夫哭得像孩子一样。他的许多
手下都是在他任职期间长大的，还有一些人是他成为总督之后才出
生的。殖民地的年轻人几乎都在他的治下经受过训练，甚至那些在
他面前瑟瑟发抖的特林吉特人也会敬佩他的勇敢和果断。"此时的
巴拉诺夫已然是一位年迈的老人，足有 72 岁高龄。在船上，巴拉
诺夫日渐衰弱，在巴达维亚的时候生病发烧，最终于 1819 年 4 月
12 日死去。人们将他的遗体沉入了印度洋。

　　尽管俄美公司仍然在阿拉斯加享有商业垄断权力，但是公司在
这里的统治实则随着亚历山大·巴拉诺夫的离去而结束了。莉迪
亚·布莱克在《阿拉斯加的俄国人：1732—1867》（*Russians in the
Alaska：1732—1867*）一书中写道，"直至 1867 年，殖民地交由
海军管辖，这就意味着殖民地要对政府负责，首先考虑国家的事
务"。

　　随着 19 世纪的发展，俄美公司赚取的财富越来越少。由于过
度猎杀，海獭皮的质量逐渐下降，圣彼得堡的董事们也对殖民地事
务缺乏兴趣，这一切都是公司衰落的关键原因。俄美公司也不再是
一家商人企业，而是政府的一个分支。加之，俄国关心的利益大多
在欧洲部分，这使得俄属美洲的发展停滞不前。在海军治下，殖民
地缺乏自由，也无法主动适应时代的变化。1867 年 10 月 18 日，所
有俄属美洲殖民地以 720 万美元的价格卖给了美国。自此，俄美公
司不复存在。

第五章

海狸帝国

乔治·辛普森与哈得孙湾公司

我觉得将订购酱汁和泡菜列入公共账单里真的没必要……我没有在这个国家吃过鱼酱，也没看别人吃过。从订购的芥末数量来看，我们可以认为它是和印第安人交易的重要商品。

　　　　　　　　　　　　　——乔治·辛普森爵士，约 1843 年

他乘坐一艘巨大的皮划艇在北美洲北部的荒野水域中游荡。坐在船中间的他戴着一顶略显滑稽的黑色海狸皮帽。他告诫身边的船夫们要更加卖力地划船，这样他才能创造速度纪录。这个人为了给他人留下深刻的印象，雇用了一个风笛手。只要他即将到达哈得孙湾公司的商业据点时，风笛手就要按照他的要求吹响乐器以示迎接。这位在蒙特利尔（Montreal）和伦敦（London）受人尊敬的人正是乔治·辛普森，他有着"小皇帝"（Little Emperor）的美名。对于他的手下和买他东西的人来说，辛普森抠门到了极点。在几十年的时间里，辛普森在他管辖的领地上至少有了 10 个孩子（还有的说法称他有 70 个孩子）。值得一提的是他管辖的领地十分辽阔，涵盖了北美洲北部和西部。在巅峰时期，他控制的土地接近全球陆地的 1/12。在他人眼里，辛普森是一个狂妄自大、不守规矩的人。但是性格上的缺陷无法掩盖他在管理上具有的天赋，更为重要的是，这个人有着钢铁般的意志。正是在他的管理下，哈得孙湾公司在 19 世纪中叶的金融和领土扩张方面都获得了极大的成功。在当时，公司的股东和投资人有多中意他，他的手下和消费者就有多恨他。

正如哈得孙湾公司 1923 年日历上的描述，乔治·辛普森爵士严肃地、稳稳地坐在独木舟中间，在他的私人风笛手科林·弗雷泽的乐声中抵达了这个荒野毛皮贸易据点。

在讲述乔治·辛普森爵士以及他缔造的海狸帝国时，加拿大的建国史也不得不提，两者是相互交织在一起的，有着密切的关系。如果我们不认可辛普森是一位民族英雄，那么至少也会认可他是一位对一个现代国家的出现具有奠基意义的人物。这么说是因为从我们现在的标准来看，辛普森这个人太复杂了，十分自私，而且不讲道德。关于辛普森的故事要从他出生前的几个世纪说起。所涉及的地方同时涵盖了北美洲和欧洲，而涉及的人群也是从伦敦某个时尚客厅中的市民到魁北克的法裔加拿大商人。现在，我们就开始讲这个故事。

1665 年秋天，两个身穿鹿皮的法国猎人沿着泰晤士河而上，他们在穿过瘟疫肆虐的伦敦时，目睹的一切令他们瞠目结舌，这和他们常年生活的森林、河流与湖泊的自然环境形成了鲜明的对比。二人放眼望去，河的两岸净是烧毁的房屋、荒芜的街道、被洗劫一空的房屋以及成群的难民。这场大瘟疫夺走了伦敦近 8 万人的生命。整座城市的空气中弥漫的都是尸体腐烂散发的恶臭，装着尸体的推车沿着碎石路向着尸坑处行进。两个猎人用浸着香水的头巾捂住口鼻，快速地划船通过伦敦。他们二人要前往牛津面见国王。为了躲避瘟疫，英国的王廷已经从伦敦暂时迁移至牛津。在抵达牛津之后，他们被人带去面见国王查理二世。当时，查理二世刚刚对荷兰宣战，第二次英荷战争爆发。而就在战争爆发的前一年，他授权兄弟约克公爵詹姆斯从荷兰西印度公司手中夺取新荷兰这块殖民地。但是令两个猎人面见国王不是因为战争，而是因为战争对商业造成的影响。恰好，查理二世对这些商业事务也十分感兴趣。

这两个猎人分别叫梅达特·舒瓦尔（Médard Chouart）和皮埃尔-埃斯普里·雷迪森（Pierre-Esprit Radisson），他们是长期定居在新法兰西的市民，与当地原住民从事毛皮生意。二人踏足了北美洲的大片土地，见到了许多当地的族群，例如休伦族（Huron）、苏族（Sioux）以及克里族（Cree）。这些族群大多生活在密西西比河和密苏里河的上游地区。历史学家道格拉斯·麦基（Douglas MacKay）在《荣耀的公司》（The Honourable Company）一书中写道："在商业史上，再也找不到比舒瓦尔和雷迪森更大胆的人了。他们能言善辩，富有野心，有着常人不具备的勇气。不仅如此，他们的装备也较为精良。"1659 年春天，舒瓦尔和雷迪森继续探险，但这次行进的路程要比以往都远，这是为了寻找到更大、更有光泽的海狸皮。在他们向北美内陆深入的两年里，他们听说了很多克里族人的故事。他们生活在北美洲遥远的西北地区，其栖息之地河流众多。

当舒瓦尔和雷迪森满载海狸皮返回魁北克的时候，人们把他们当作英雄看待。不久，他们二人就进行了第二次探险，但是这次归来时，新法兰西殖民地的总督扣下了一部分上好的毛皮，因为他们是在没有特许状的情况下进行贸易的，并且禁止他们之后向西部进行探险活动。总督此举是害怕他们的探险活动影响当地的毛皮贸易。不仅如此，总督还想要鼓励人们进行农耕和定居，而不是打猎。因为打猎会让人们为了寻找海狸而离开殖民地前往内地。这两位勇敢而富有冒险精神的人并没有被新法兰西的总督吓倒。他们四处寻找志同道合的伙伴，并在离新法兰西最近的新英格兰定居下来。几年后，他们决定跨海来到英国，将他们的情况说给英国国王听。

舒瓦尔和雷迪森的计划肯定能够让国王查理二世感兴趣，也就是让英国商船能够绕过新法兰西的领地进入哈得孙湾，然后在其海湾周围猎杀海狸，获取毛皮。他们的计划确实引起了英国的朝臣们的兴趣。为了进一步说服英国国王及其朝臣，善言的雷迪森讲述了他沿着一条北美洲大河航行的探险故事，并详细讲述了在哈得孙湾建立一系列商业据点的计划。然而，英国东印度公司凭借垄断市场已经获利颇丰。那么，哈得孙湾不是一个英国水手最先发现的吗？哈得孙湾不是通往中国的重要路线吗？雷迪森对听众说的这番话最终达到了预期的效果。他们二人想要找到能够给他们投资的人。

1668 年，由舒瓦尔和雷迪森带领的首个英国皇家航行计划启动。舒瓦尔和雷迪森分别指挥"无双"号（Nonsuch）和"小鹰"号（Eaglet）。在他们二人的带领下，两艘船穿过了哈得孙海峡（Hudson Strait）。在这里，他们遭遇了暴风雨。"无双"号被暴风雨带回了英国，而仅有 50 吨的"小鹰"号却继续向南航行至詹姆斯湾，并驻足此地度过了整个冬天。在停留期间，雷迪森与当地克里族建立了良好的关系，用各式各样的金属制成品和他们交换海狸皮。对于当地人来说，这些金属制品非常稀缺且十分实用。次年 10 月，雷迪森一行人满载而归，返回了伦敦。通过这次航行，雷迪森证实了他和舒瓦尔的论断——哈得孙湾的毛皮贸易利润可观。毛皮贸易的前景已然十分明朗，这使得英国国王于 1670 年 5 月 2 日授予舒瓦尔和雷迪森二人一份特许状，准许他们垄断哈得孙湾的贸易活动，除了毛皮生意，还包括捕鱼和采矿。

当时的人还并不知道哈得孙湾这个区域的重要性。事实上，整个哈得孙湾包括近 400 万平方公里的土地，占日后加拿大领土的40％之多，包括了安大略省（Ontario）和魁北克省（Quebec）北部地区、曼尼托巴省（Manitoba）全境、萨斯喀彻温省（Saskachewan）南部地区、亚伯达省（Alberta）南部地区以及美国北达科他州（North Dakota）和明尼苏达州（Minnesota）的部分地区。鲁伯特（Rupert）成为哈得孙湾英国冒险家公司的首位总督。这家新公司和同时代的其他公司一样，拥有贸易垄断权。鲁伯特认为，要想在这样的冒险中取得成功，需要很长时间的投资。公司的重要职责是凭借各种手段在哈得孙湾建立商业据点，从而使母国受益。值得一提的是，公司还有一项重要的任务：寻找通往中国的航路。英国国王肯定非常支持这一具有战略性意义的贸易活动，因为这有助于抑制新法兰西的扩张。

　　没过多久，成群的英国商船每年会穿过大西洋来到哈得孙湾，他们装着各种各样的货物如刀、锯、壶、镜子、步枪、斧子、缝纫针、火药、呢绒、烟草、白兰地等，这些东西在当地十分受欢迎，以此交换当地产的貂皮、狐狸皮、水獭皮、狼獾皮、猞猁皮以及最重要的海狸皮。在凛冬来临时，英国商人会在哈得孙湾提前找好的据点驻扎下来，与当地人进行贸易。上述的毛皮都是由当地的原住民在内陆打猎获得的，他们会将毛皮运往海湾处，所以英国商人只需在海湾地区等待他们的到来即可。哈得孙湾公司在汇入海湾的河流入口处都建立了据点，这样就能与当地原住民始终保持密切的往来。

　　就像舒瓦尔和雷迪森所说的那样，哈得孙湾地区生活着大量的海狸。海狸的毛皮十分具有光泽，质量极佳，在整个欧洲都是急需的紧俏货。许多17、18世纪的雕刻品都描绘了这些充满好奇心的海狸露出橙色大牙的搞笑场景。有时候，海狸也会表现出庄重的样子，它们张开嘴巴，在身后张开扁平的大尾巴，甚至直立行走，肩上扛着木头，好像在为公共建筑的修建做着巨大的努力。毛皮商人、探险家塞缪尔·赫恩（Samuel Hearne）在他的著作《北部海洋之旅》（*A Journey to the Northern Ocean*）一书中写道："每当我读到作家们提及这些海狸的经济活动时，我就忍不住笑了起来……除了它们的语言词汇、法律条文和宗教的概述，很少有可以增加的了。"如此温和无害的生物竟然受到如此赞扬，这似乎不太寻常。但海狸之所以受到人们关注是因为它们极具价值：它们的毛皮非常值钱，哪怕比不过黄金，也能值很多钱。

17 世纪的一幅假想画面：一支勤勉的海狸大军在共同劳作，出自赫尔曼·莫尔的《对世界的描述》。

　　动物的毛皮有着很好的保暖效果，但是令毛皮风靡欧洲的原因主要在于将其制成毡制品。在将毛皮加工成毡制品之后，会进一步做成帽子。在当时的欧洲，帽子是社会各阶层必不可少的穿着搭配物品。各个职业的人都会夸耀他们的帽子别具一格，从海军那醒目的三角帽到高礼帽，再到有点可笑的法国"花花公子帽"。人们用

戴帽子的方式展示自身的社会地位。一些绅士的帽子十分昂贵，这
使得他们加倍爱护自己的帽子，甚至传承给下一代。尽管在欧洲大
部分地区，海狸几近灭绝，但是哈得孙湾公司控制的地区至少有
1 000 万只海狸。此外，这个区域供应着全球近一半的淡水资源。
哈得孙湾地区遍布沼泽，并有大量的湖泊和池塘，白杨和桦树林茂
密，这些树是海狸的主要食物。总之，这里是世界上海狸最好的栖
息地之一。

❖ ❖ ❖

　　一艘三桅船在海水涨潮时于约克工厂海斯河河口（Hayes River）
附近停靠，这在一些全身泥污的围观者中引起了一场不小的混乱。
这艘船是哈得孙湾公司的，船上承载了各种各样的补给品以及新招
募来的人。公司要将这些人派往各个偏远的商业据点。这些据点往
往位于北部海湾荒凉的海岸边。这艘船属于一支小舰队，它们负责
保卫公司的商业据点，并将有光泽的海狸皮从各个据点带回伦敦。
这些海狸皮是跨大西洋贸易中最有价值的商品之一。

　　在 18 世纪的大部分时间里，哈得孙湾公司都在默默地发展，
在哈得孙湾这个区域站稳脚跟，然后逐步扩大利润空间。可是在西
班牙王位继承战争（War of the Spanish Succession）和美国独立战
争（War of American Independence）期间，公司有时会遭到法国
人的攻击。加之，公司的商业据点几经易手，贸易活动也时而中断
数年。即便如此，公司的收益也一直较为稳定。按照今日标准来
说，哈得孙湾公司是一家小企业。长期以来，这家公司都从事着小

规模的贸易活动，并没有打算扩大毛皮生意。就是这样一家公司，一直有条不紊地发展，每年的利润额也算稳定。

哈得孙湾公司的纹章。在近两个世纪的时间里，凭借着英国国王查理二世颁发的一份特许状，该公司名义上是北美大陆数百万公里土地的"真正的主人"。

　　哈得孙湾公司之所以选择保守的发展模式，是因为它能够充分利用河道沿岸的贸易与旅行关系网，这些关系网能够触及北美洲大陆深处。离公司商业据点最近的族群是克里族，克里族人自然而然也就成为公司与当地各族群之间贸易的中间人，他们垄断了与欧洲人之间的贸易活动。这使得他们能够将商品以虚高的价格卖给地处偏远的当地原住民。与此同时，为了维持自身的贸易优势，克里族人也始终抵制欧洲商人向北美腹地渗透。但是这两种截然不同的文化之间近一个世纪的接触，促使技术实现了双向转移：欧洲人的金属器具将北美洲的族群从石器时代（Stone Age）带到了铁器时代（Iron Age）。在这一过程中，刀具、斧子、壶以及枪是最为重要的商品。反之，北美的原住民也令欧洲商人掌握了在内陆进行冒险活动的方式，这体现在着装、乘船、滑雪橇等方面，更为重要的是教会了他们如何在野外求生。为了寻求更多的毛皮，公司不得不向哈得孙湾地区派遣更多的雇员，因为公司据点附近的海狸已经猎杀殆尽了。

18 世纪中叶，公司派遣了多名探险者前往北美腹地，去探索海湾以外的地方。亨利·凯尔西（Henry Kelsey）向北美大陆的南部和西部行进；詹姆斯·奈特（James Knight）则沿着海岸向北航行，搜寻黄金；安东尼·亨迪（Anthony Henday）向西部行进了数千公里，甚至可以看到落基山脉（Rocky Mountains）；塞缪尔·赫恩则在克里族向导马托纳比（Matonabbee）的带领下向北部和西部进行冒险，以期找到铜矿以及前往中国的北部海路。据统计，哈得孙湾公司资助了近 60 支内陆探险队，以此促进贸易的发展。当时欧洲市场对毛皮的需求量很大，公司害怕蒙特利尔的那些法国竞争对手会中途截断当地族群与他们之间的毛皮生意。

纵观整个 18 世纪，蒙特利尔的这些法国商人为了寻找新的市场以及"西部海域"（Great Western Sea），不断地向西部和北部推进。其中的一位漫游者皮埃尔·戈尔捷·瓦雷纳（Pierre Gaultier Varennes）向西行进到了南达科他的布莱克山（Black Hills of South Dakota）以及温尼伯湖（Lake Winnipeg）沿岸。直到 18 世纪晚期，蒙特利尔的这些商人在通往哈得孙湾的那些河流上游建立了商业据点，试图以此控制毛皮生意。但是克里族人并没有让蒙特利尔的商人如愿，他们一直劝说当地其他族群的人只与自己进行贸易，同时也不要自行前往哈得孙湾公司的据点与之交易。公司希望英国军队于 1759 年攻下魁北克，这将使得该地摆脱所有竞争对手们的干预，但是事实却恰恰相反。就在几年后，北美内陆的众多湖泊与河流地区遍布蒙特利尔的小船。此时蒙特利尔的商人成为哈得孙湾公司十分强劲的对手。

激烈的竞争迫使哈得孙湾公司于 1773 年在坎伯兰豪斯（Cumberland House）建立了第一处永久的内陆据点。6 年后，蒙特利尔的商人们正式组建了西北公司（North West Company）。但是这家公司在很多年里就是蒙特利尔商人们松散的联合，他们就是想打破哈得孙湾公司的垄断地位。直至 1783 年，西北公司变成了一家永久性的企业，其股东有本杰明（Benjamin）、约瑟夫·弗罗比舍（Joseph Frobisher）、西蒙·麦克泰维士（Simon McTavish）以及其他投资者。没过多久，他们逐渐在毛皮生意中占据了优势地位，并不断地向内陆探索，建立商业据点。西北公司能够根据实际情况快速做出决策，并放权给内陆的合作伙伴，这使得公司能够很快适应时局的变化，以及把握住各种机会。相比之下，哈得孙湾公司组织结构死板，员工的薪酬低，他们没有能力做出任何有价值的决策。如果将哈得孙湾公司的员工们比作能够代表股东的负责人，那么西北公司的合伙人则是个人之间的松散联合，他们仅仅是共享利益而已。前者有着强烈的等级束缚，后者则没有这样的束缚，在利益的带动下，人们的积极性更高。两家公司之间的竞争实则是两种截然不同的商业模式之间的斗争——一种是等级式的，另一种是殖民地式的。这两种不同的公司运营方式无法轻易地被融合在一起，甚至无法调和。

西北公司很快就将贸易活动深入那些未探索的地区，从而省去了当地的中间商，将越来越多的毛皮运往东部的蒙特利尔。可以说，西北公司的行动速度很快，获得的利润也颇丰，而此时它的竞争对手哈得孙湾公司还是一片死气沉沉。

此外，西北公司的船夫们向蒙特利尔附近的圣劳伦斯河行进，从而前往西部贸易的边界。但是摆在他们面前的是一段漫长、残酷的旅程。他们的船上装载了 4 吨多货物，如金属饰品和工具、壶、步枪、毯子、黑火药、茶、烟草等，缓慢地在渥太华河（Ottawa River）上航行，其间穿过乔治亚湾（Georgian Bay）和休伦湖（Lake Huron），然后抵达苏必利尔湖（Lake Superior）西端的大港口。在该港口，他们将货物转移到小船上，继续在湍急的河流中行进。众多河流在广阔的大草原上呈扇形分布，一直向西延伸到落基山脉，为在阿萨巴斯卡国家（Athabasca）的贸易站提供物资。每年秋天，公司的这些人都会在阿萨巴斯卡驻留，并度过整个冬天。

次年春天，商人们会用毛皮装满船，然后沿着来时的路线返回，也会花费数月时间。尽管商人们从中赚取了巨额的利润，并垄断了当地大部分毛皮生意，但是对于这些西北公司的人（Nor' Westers）来说，进行这么一项有利可图的贸易变得日益困难了，因为每一个新地区都出现了"海狸荒"（beavered out）的局面。因此，这些想要获得毛皮的人继续向西冒险行进。直至 19 世纪早期，人们将这条危险的西部线路延伸了近 5 000 公里。加之，随着毛皮生意向西扩展，其运输成本也水涨船高。

在贸易生意方面，西北公司与哈得孙湾公司都面临很大的困难，但是哈得孙湾公司面临更为严重的劳动力短缺问题，整个公司才有数百人。相比之下，西北公司能够从魁北克招募 6 000 多人，这些人都是当地人，这使得西北公司不必依赖那些背井离乡的外国人。总体来说，这两家公司有各自的优缺点。

在北美大地上，两家公司的竞争十分激烈，双方都建立了大量的堡垒和商业据点，并利用自身的优势吸引当地人前来交易：哈得孙湾公司能够给当地人提供质量好的羊毛毯子和铜壶，而西北公司则能够提供质量上等的法国白兰地和定制的大衣。这样的竞争无疑让当地的毛皮猎人十分开心，因为他们可以随意前往两家公司的据点去讨价还价，把自己的毛皮卖个好价钱。但是对于两家公司来说，这种商业的竞争就是一场消耗战，让双方都感到精疲力竭。

在某些方面，西北公司和哈得孙湾公司之间为争夺贸易权而进行的商业竞争逐渐演变成一场真实的战争。两家公司都肆意逮捕和残忍对待对方的人，在航路上伏击并射杀对方的人，袭击对方的商业据点，抢掠货物等。不仅如此，它们还会向当地人出售大量的劣质酒，这对当地造成了致命的影响。然而，尽管这两家相互竞争的公司使出各种手段制裁对方，但是它们对客户还是十分仁慈的，只不过要求他们抵制敌方公司。由于当地没有足够的警备力量来维持治安，以及任何一个族群都没有强大到将自身的法律以及习俗强加于他人之上，所以西北公司和哈得孙湾公司在当地成为流氓般的存在。没过多久，两家公司的所作所为就对当地的毛皮贸易构成了威胁。

经过几年的恶性竞争，两家公司都濒临破产。1816年，这种斗争的局面在红河谷（Red River Valley，位于今加拿大的曼尼托巴省）发展到了顶点，也正是由于在这里的斗争，年轻的乔治·辛普森作为一个强有力的领导者脱颖而出。

❖ ❖ ❖

乔治·辛普森于1792年出生在一个苏格兰的小镇丁沃尔

（Dingwall），他是一个私生子。辛普森从小是由父亲这边的亲戚抚养的，尤其是姑姑玛丽。1807 年，在姑姑结婚并生孩子之后，辛普森便离开家自己生活。他搭乘一艘船来到了伦敦，在叔叔的白糖公司中当学徒。凭借着努力工作、头脑精明以及英俊的外表，辛普森很快就得到了师傅们的赏识，尤其受到安德鲁·韦德博恩（Andrew Wedderburn）的喜欢。辛普森是一个个子不高但是却精力充沛的小伙子，穿着打扮也十分不错。年纪轻轻的他十分喜欢去咖啡店，因为他在那里能够学到很多在海外贸易中当职员的事。出于某些原因，辛普森十分迷恋拿破仑。当时的拿破仑执掌法国大权，并与英国开战。

辛普森长期参与白糖贸易，有几次还跟船前往西印度群岛。这样的经历使他接触到了奴隶贸易以及这种贸易残忍的一面。基于种族与文化的优越性，对其他人种的滥用与虐待无疑影响了辛普森对鲁伯特地区（Rupert's Land）第一民族的态度。辛普森的传记作者詹姆斯·拉凡（James Raffan）在《北方的君主》（*Emperor of the North*）一书中写道，"辛普森参与了毛皮贸易。在他余下的人生里，打破了根据肤色赋予相应权力和权威的观念"。加拿大历史学家彼得·纽曼（Peter C. Newman）打趣道，"无论从出身还是信仰来说，辛普森都是一个私生子"。

当韦德博恩的姐姐嫁给了希柯克第五代伯爵（The fifth Earl of Selkirk）托马斯·道格拉斯（Thomas Douglas）时，这就为辛普森开启一个全新的职业生涯开了一扇窗。希柯克伯爵有着雄厚的财力，为人善良仁慈。他十分在意那些无家可归的农夫，想要为他们在加拿大地区找到一处家园。在当时，由于拿破仑战争造成人们对毛皮的需求下降以及公司之间长期的无休止竞争，哈得孙湾公司的股票价格严重下跌。希柯克和韦德博恩决定尽可能买下这家公司的股份。最终，希柯克获得了哈得孙湾公司的控股权。结果，韦德博恩在公司董事会中获得了一席之位。1811 年 5 月，哈得孙湾公司给予希柯克 30 万平方公里的土地，其范围在红河和阿西尼博因河（Assiniboine River）的分叉处。这片土地覆盖了西北公司使用的主要交通路线，从中可见公司的此举并非偶然，而是有其目的。

1812 年，希柯克伯爵派遣了 100 多人来到公司授予的这片加拿大土地定居。西北公司的毛皮商人们和加拿大的梅蒂斯人（Métis）对这些新定居者充满敌意。他们驱逐新定居者，烧毁他们的庄稼，驱散他们的牲畜。为此，希柯克带着 100 多名雇佣兵从蒙特利尔一路向西保护他所派遣的农夫们。希柯克下令在其管辖的地区内人们禁止出口干肉饼（pemmican），这是法国人和梅蒂斯人重要的食物来源之一。由此可见，希柯克的这一举措一旦执行，就会对法国西北公司的日常运营以及对梅蒂斯人带来致命的打击。

梅蒂斯人选出卡斯伯特·格兰特（Cuthbert Grant）作为军事首领对希柯克的举措进行反击，因为他们还要继续与法国的西北公司进行贸易。1816 年 6 月 19 日在七橡树（今温尼伯格），敌对的双方狭路相逢。在随后的冲突中，梅蒂斯人杀害了希柯克殖民地的总督和 19 名农夫。出于愤怒，希柯克即刻带领私人雇佣军突袭西北公司的威廉堡（Fort William），逮捕了他们的很多贸易伙伴。之后的时间里，哈得孙湾公司和西北公司都随便捏造罪名逮捕对方的人。就在这种斗争和指责即将陷入混乱之时，哈得孙湾公司的管理者们在韦德博恩的提议下做出了一个不寻常的决定：他们会雇用一个新的管理者，而这个人就是乔治·辛普森。辛普森接到这项任命，给他五天时间来准备。在给同事的一封信中，他提及自己要参与一项重要的事务，这件事和希柯克伯爵有关系。换句话说，他要成为鲁伯特地区的代理总督。如果现任总督被敌人逮捕或者杀害，辛普森就会接管实权。

辛普森先是航行至纽约，然后从陆路前行到蒙特利尔，继续向内地走。比较有意思的是，辛普森选择的路线并不是哈得孙湾公司的传统商路，而是敌对的西北公司的路线。最后，辛普森乘舟沿着圣劳伦斯河向西溯流而上，穿过五大湖（Great Lakes）抵达威廉堡。在这里，他收到巴瑟斯特爵士（Lord Bathurst）写的信，要求他呼吁两家公司立即停止敌对。在料理完这些事之后，辛普森继续向希柯克的领地行进，最后抵达韦德博恩的堡垒。在这片寒风凛冽的土地上，他度过了在北美大地上的第一个冬天。辛普森此前从没有离开过英国，但令人意外的是他能够很好地适应北美荒野的生活。这里原始的生存条件、严酷的气候以及与世隔绝的生活方式并没有让辛普森心绪不宁。相反，没有文明社会的种种限制，他可以肆意行事，以此满足自己的欲望和野心。

事实证明，辛普森是一个意志坚定的人，他能够很快了解自己要负责的地区的任何情况。经过一段时间的调查，他充分了解了这片地区的地理条件、气候状况以及不同族群的位置与习俗，还知道如何在蚊子横行的低地区域睡觉。不仅如此，在给朋友的一封信中他声称自己的斗篷可以用来睡觉。辛普森是一个头脑精明的观察者，能够迅速感知当地的形势。他有着坚强的、钢铁般的意志，能够在纷争之中游刃有余。在几十年的商业战争中，即便公司陷入混乱，他也能从混乱中恢复秩序。

与此同时，西北公司和哈得孙湾公司的资金状况都不客观，尤其是西北公司随时有破产的可能。哈得孙湾公司的情况还能稍微好

此画像绘于 19 世纪，描绘了有"小皇帝"之称的乔治·辛普森爵士紧握拳头，有着坚定的神志。

一点，股东们能暂时放弃股息，这得益于伦敦政治与金融精英阶层的支持。相比之下，西北公司没有能力长期得到资本的支持，公司的合伙人十分依赖年终的分红，无法经受住长期的贸易战争。在英国政府的压力下，西北公司选择了与它的劲敌哈得孙湾公司联合。至少在表面上，1821 年春天，哈得孙湾公司合并了西北公司，这家新合并的公司对鲁伯特地区的垄断被官方承认，而且其势力范围扩展至太平洋沿岸。该公司之所以能做到这点，很大程度归功于英国政府在资金上的支持，以此抵制美国的扩张。新公司仍保留哈得孙湾公司的名头，但是其内部的组织结构和行事风格都保留了原本两家公司的特征，所以会比较复杂。换句话说，哈得孙湾公司严格的中央控制和资金支持（所有人都是员工）被保留下来，而西北公司花哨的、以利润为导向的伙伴关系也同样被保留了下来。正如人们所期望的那样，当两家公司合并的消息传开之后，其股价一路飙升。

尽管辛普森初次来到北美，但是他好像很有能力管理公司的一部分事情，这主要是因为他与此前十多年来发生的暴力冲突没有任何瓜葛，这使得他成为原本两家公司都中意的人选。无疑，辛普森在公司董事会中有韦德博恩的支持也能使其站稳脚跟。他在公司立马得到了一个职位，负责新公司中两个新部门（南北两个部门）之一。其中，南方部门比较稳定，但是能捕获到的海狸数量却比较少。相较而言，北方部门则更具向外扩张、为公司增加盈利的潜力。因此，辛普森最终选择了更具潜力的北方部门。在这里，他可以着手为公司带来更多的利润。

❖　❖　❖

1821 年夏天，公司的高级官员们乘船沿着内陆的河流航行，来到约克工厂的一个广场，这里有许多木制和石制的建筑，都是老哈得孙湾公司建立之时就已经存在的。这是两家公司自合并以来所有高级官员的首次会面，或者说是第一次没荷枪实弹地见面。邀请他们的人正是时任公司北方部门总督的辛普森。当一行人走近堡垒

的时候，他们看见了克里族人和易洛魁人（之后梅蒂斯人也来到了
这里）。人们走进了一处大厅，辛普森在这里为大家准备了一些丰
盛的美食，如野鸭、北极鲑鱼、野兔等，还配着雪利酒和波尔特
酒，整个宴会的气氛始终很欢快。可以说，辛普森将纷争不断的各
种利益群体聚在了一起，人们忘记了彼此之间的旧怨，并在他们心
中逐渐形成了一种新的群体认同。这是辛普森想要看到的。在安抚
好人心之后，他开始着手准备为公司追求更大的利益。

两家商业公司的合并带来了一个大问题，那就是许多商业据点
的重合，且员工众多。据统计，西北公司原有 97 处据点，而哈得
孙湾公司在其中的 76 个地方也都设有据点。从目前来看，许多堡
垒彼此相距很近，也就变得无用了。为此，辛普森开始解决这一问
题。他关闭了无用的商业据点，重新给员工分配职务，并直接辞退
懒散之人或者难以驯从的人，年长者也是他治理的对象。"我认为，
让老朽的人参加到我们行列之中对公司的利益是非常有害的，因为
他们胆小、懒惰、无助，在困难、危险或紧急情况下毫无用处。疲
惫不堪的印第安商人是我见过的最没用、最无助的人，公司越早摆
脱他们越好。"总体来说，辛普森在刚上任的几年时间里就让公司
摆脱了数千名这样的商人。

辛普森行事当机立断，能够清楚地知道留下哪些人、提拔哪些
人以及给予哪些人降职处分。詹姆斯·拉凡曾提及："辛普森知道
在当地存在大规模毛皮贸易的可能，但是在每一个商业据点，贸易
规模都很小，因此也就限制了整体的贸易规模。出现这种情况的原
因主要在于各地独特的自然环境以及当地特殊的政治形势，如原住
民的情绪、公司官员的出身以及每个地方的地理与气候因素等等。"

辛普森专注于一些小事，例如改变人们日常吃的食物，省去其

中所有"奢侈的"部分。与此同时，他增加每次船运的货物规模，减少负责运输的人员。在做这些事情的时候，辛普森并不在意别人对自己的看法。在公司任职的前几年时间里，辛普森关注涉及公司运营的每一个方面，寻找缩减成本与开支的途径。在他看来，公司存在超额支付和机构臃肿的问题。辛普森采取的很多措施都招致那些级别低的、技能差的工人的不满。对于那些不爱工作以及质疑他权威的人，辛普森削减了他们工资的四分之一。

他对每件事都锱铢必较：从一个代理人能够消费的茶叶数量到下属的饮酒比例；从举行宗教仪式到晚餐应使用哪些餐具、餐桌如何布置等。他对人们家庭安排的细枝末节都过于关注，表明了一种非正常的控制欲。他把这一行事准则牢记于心。从 1843 年 3 月以"调味汁"为标题的备忘录中就可以看出这一点："我觉得将订购酱汁和泡菜（sauces & pickles）列入公共账单里真的没必要……我没有在这个国家吃过鱼酱，也没看别人吃过。从订购的芥末数量来看，我们可以认为它是和印第安人交易的重要商品。"辛普森相信，赚钱的第一步就是节流，避免不必要的浪费。

辛普森对北美原住民的态度不是很友好，他将这些人视为"蛮族"，并认为只要把他们灌醉，就能得到任何想要的东西。他曾经写道："朗姆酒对印第安人很有魔力，他们抵挡不住这个诱惑。如果我们利用这种酒的方法得当，那么我们就能将他们的毛皮都据为己有。"在两家公司合并之后，辛普森试图让当地人适应他定下的新秩序。"我认为必须对他们严加管制，始终让他们处于被驯服的状态，而做到这一点最有效的方式就是让他们始终依赖我们。"后来，辛普森切断了给原住民的酒品供应，这倒不是因为这项交易无利可图了，而是因为他觉得这么做会让当地人变得懒散和无所事事。

在辛普森任职期间，公司的贸易据点遍及重要的路线，而这些据点日后都慢慢变成了永久性的城市所在地。与此同时，辛普森编写了一份公司的人力资源目录，其中列出了他对下属的详细评价，这份目录被称为"人员评价书"。早在两家公司还没成立的时候，他就已经在做这件事了。他甚至写出了对约翰·富兰克林爵士1819年远征的评价："富兰克林缺乏在这片土地上旅行所必需的体力。他必须要有一日三餐，喝茶是必不可少的。此外，他无法保证一天走大约 13 公里，所以如果像他这样的先生们都失败了，并不意味着他们面临的这些困难不可克服。"

辛普森的这份人员评价书记录了他管理的 150 多名公司高级官员。他并不写出每个人的名字，而是采用编号的方式，这就确保了隐私性。他对法裔的苏格兰官员约翰·麦克洛林（John McLough-lin）的描述是这样的："我不愿在一个漆黑的夜晚在伦敦街区的小巷里和他碰见。他以前总是穿着各种过气的衣服，现在穿的衣服变成了五颜六色的，他的胡子也就比灰熊的下巴好看点。从他的脸和手就能看出来，他没怎么花时间在梳妆打扮上。他出门都带着武器，那魁梧的身材，能让人想起过去拦路抢劫的强盗形象……这个人的脾气很暴躁，不好驾驭。"

对于埃德蒙顿（Edmonton）据点的传奇总督约翰·罗安德（John Rowand），辛普森也给出了评价："这个人性子烈，胆子大得像狮子。他有本事能将最凶狠的印第安人纳入自己的麾下，又能对他们严加管教。"相比之下，辛普森将另一个商人说成是"一个自吹自擂、卑鄙无耻之徒，是毛皮生意圈的耻辱"。还有一个人是"我所认识的人中最坏、最危险的人。只有我在场的时候，他才能保持清醒。一旦我不在，他就会变成一个不折不扣的大酒鬼"。除此之外，"有的人头脑不健全"，"有的人则浮躁、肤浅、轻浮，说假话的次数要比说的真话多得多"。一些人认为辛普森的评价有失公允，但却展现了他手下那些骚动不安的员工，一些人就是暴徒，还有一些人是聪明的商人和善于交际的人——这些人的忠诚是成问题的。但是无论员工什么样，辛普森以个人的气质、魅力以及远见卓识让这群人都走上了正轨，成为公司在北美大地毛皮垄断贸易的领军人物。如果辛普森能够转变对下属的态度，做到理性评价，他或许能够显得更加宽容。他没有做到这点，或许恰恰是因为他相信自己能够凌驾于他制定的规则之上。他是那种有着自己的行为标准的人，人们能够用不同的标准来评价他。

辛普森在公司的前几年里，就已经开始了传奇般的探险之旅，足以让他留名青史。他带领着下属乘船穿过公司管辖的广袤区域，每天走上 18 个小时的路程很常见，风雨无阻。在他 1824 年著名的太平洋之旅中，辛普森一行人乘船在河中航行，穿过广袤无际的大草原。有时船会被湍急的河水推着向前走，有时人们要拖着船爬斜坡，然后穿过蜿蜒的羊肠小道，继而穿过遍地是响尾蛇的山丘，最终抵达太平洋沿岸。辛普森及其随从仅仅用了 84 天就横穿了北美大陆，这要比之前有过的纪录短 20 天。

辛普森呼吸着太平洋新鲜的空气，看着远处的景色。他知道自己已经抵达商业帝国的西部边界，这个帝国从红河一直延伸到哥伦比亚河口，从贫瘠的哈得孙湾海滩一直延伸到西属加利福尼亚的北部边界。哈得孙湾公司是北美洲最大的商业公司，是当今加拿大西部和美国蒙大拿州（Montana）、爱达荷州（Idaho）、俄勒冈州（Oregon）以及华盛顿州（Washington）这片区域的非本土政府。

按照辛普森的命令，温哥华据点建立在了哥伦比亚河的北岸。就像英国政府在 1818 年提出的那样，希望沿着这条河建立一条国际边界。辛普森也许对世界事件有着敏锐的洞察力，他赞成把公司的中心仓库搬到"这个地方以北，大约二至三纬度，也就是弗雷泽（Fraser）河口的地方"。对辛普森而言，弗雷泽河附近是公司西部库房的绝佳选择。因为这里最初就是由一名英国探险者发现的，位于北纬 49 度，是美国人于 1818 年提出的边境线。如果美国人的政治声明得到了认可，那么弗雷泽河区域就归属于英国。在 1824 年的探险之旅后，辛普森与其追随者麦克洛林就如何使哥伦比亚地区（他称之为落基山脉以西的地区）免受美国捕兽者侵犯制定了策略。然后，他返回了红河区域，继而向北到达约克工厂。在这里，他乘船回伦敦，去公司总部述职。

辛普森在北美感到有一种无形的力量存在。这片土地上发生的事情瞬息万变，只要他抓住了机遇，成功便唾手可得。对于辛普森而言，如果他像此前一样在伦敦努力工作，可能会取得一定的成功，但是这种成功绝不会很大，尤其是像他这样出身卑微的人。但是在鲁伯特地区就不一样，他可能会跨越社会阶梯中的下等与中等阶层，一跃成为最上层的人。然而，这种荒野生活也有不好的地方，例如这里没有一个与他地位相当的同伴，也没有伦敦城里的那些娱乐活动。他可能会永远远离英国本土。但是有失必有得，他能够得到前所未有的自由、权力以及卓越的地位。这些诱人的因素足以让他放弃伦敦，把自己的事业赌在毛皮贸易上。在伦敦述职期间，公司董事们对辛普森在北美做出的成绩十分满意。为此，董事们让他负责整个哈得孙湾公司的管理。1826 年以后，辛普森成为公司的真正掌舵人，管理着广袤的北美商业帝国。在管理员工生活细节方面，他具备杰出的能力。他十分喜欢对别人发号施令。后来，他为自己赢得了"小皇帝"的非官方称号。

　　哈得孙湾公司管辖的土地十分广泛，大约有 800 万平方公里，几乎相当于整个欧洲的面积，或者地球陆地面积的 1/12。直至 19 世纪中叶，公司发展势头十分强盛，统治着成千上万的北美原住民以及公司员工。对于辛普森而言，他并没有把这些本地人看成独立的群体，而是将他们与公司关联在一起，成为公司利益的重要一环。在辛普森任职期间，第一民族逐渐沦为被公司控制、提高公司效率的工具。

　　公司的商业据点十分多，最远可达夏威夷。公司位于伦敦的仓库是欧洲大部分毛皮交易的交易场地。但是公司的董事们从来没有跨越大西洋参观约克工厂，更不用说向北美内陆冒险去看看公司广袤的地域。就像其他垄断商业公司的董事一样，哈得孙湾公司的董事们也对他们掌握的商业帝国知之甚少。我们可以称这些人是幕后人员，从来没有看过他们从中赢利的土地。这使得像辛普森这样手段残忍的人有机会以铁腕的方式对殖民地进行统治。只要利润稳定，这些董事们就会撒手不管殖民地的事情。辛普森就是那种能够保证董事们的收益持续高涨的人，所以他在公司的权力无人可动摇。一名心怀不满的公司员工约翰·麦克莱恩（John McLean）在其《哈得孙湾公司服役 25 年记录》（*Notes of a Twenty-Five Years's Service in the Hudson's Bay Territory*）一书中写道："在任何一个隶属于英国国王的殖民地，都找不到像鲁伯特地区商业殖民地这样行使专制权力的例子。这里的掌权者充分将军事专制与贪婪贸易的严格监视和吝啬结合起来。从拉布拉多（Labrador）到努特卡海湾（Nootka），一个人不受约束、不受控制，他以个人意志

为这片土地赋予了法律……拥有无限的权力，所以一个出身卑微的
人，到最后竟忘记自己的身份，扮演暴君的角色，这就不足为
奇了。"

　　辛普森懂得，为了改善利润，要么开源，要么节流，或者两者
兼顾。在毛皮贸易存在之前，他就已经清楚地看到了毛皮贸易的黄
金时代何时终结。因为那些距离公司据点近的地区很早就面临着海
狸捕杀殆尽的问题，那些体格大的、容易猎杀的海狸基本都被当地
猎人捕获得差不多了。为了保证公司利益最大化，打猎的区域已经
向西扩张长达几十年了，最后一定会面临无处猎杀的境况。因此，
自19世纪20年代中期以来，辛普森就看中了北美这块大陆上最大
的未被掠夺的海狸保护区，也就是落基山脉以西的地区。

❖　❖　❖

　　1826年，辛普森在蒙特利尔附近的拉钦（Lachine）又建立了
公司的一处管理中心。在这里，他稳稳地让自己处于蒙特利尔社会
和英裔商界的最顶端。无论何时回到拉钦，他都会在家中举办晚宴
和聚会，宴请政界和商界精英。辛普森肯定不怕以这种私人的方式
将工作和娱乐混在一起，他也许看不出两者有什么区别，因为这些
社交活动既是为了保障和巩固公司的地位，也是为了娱乐。同时，
在这里，他能够游说人们一起反对可能对毛皮贸易产生负面影响的
决定，例如高额的关税，乃至殖民地的政府渴望在第一民族的生活
中扩大自己的权力等等。

　　但是尽管辛普森在拉钦建立了公司的一处中心，但是他自己很

少待在那里。他将热情都放在了不断向外探险上，穿梭于幅员辽阔的大地上。他总是不断地进行冒险，以此显示自己的存在。在冒险的沿途，他始终会发号施令，对公司各大商业据点实行严密的控制。1828 年，辛普森搭乘一艘大型船，开启了另一次横跨大陆的航行，也就是从约克工厂到温哥华据点，其间经由阿萨巴斯卡湖（Lake Athabasca），穿过落基山脉，沿着弗雷泽河向下航行至海岸边，然后向南进入普吉特海湾，最终经由陆路到哥伦比亚河，然后抵达目的地，全程 1.1 万公里。在航行期间，他发布了数百个命令，惩罚了一些商人，逮捕了一些疏于防卫的代理人。要想讨好辛普森并获得晋升，最可靠的方法之一就是表现出谦卑和顺从，近乎卑躬屈膝，还有就是不断地和他聊天。春天，他踏上了返程的路，并于 1829 年秋天到达了拉钦。在这次行程之后，辛普森乘船返回了伦敦，表面上看是为了休养身体："要说以前，这样的行程对我来说只是一种锻炼，现在却让我感到疲劳。但是不可否认的是，走过高山和从萨斯喀彻温省的陆路旅行使我自己受益匪浅。"

次年春天，辛普森并没有疗养身体，而是在给自己找新娘。他看中了自己的堂妹弗朗西斯·辛普森，也就是他叔叔的女儿。当时的弗朗西斯 18 岁，年龄要比乔治·辛普森小一半。在物色妻子期间，辛普森抛弃了他在北美的一个情人，这个人之后给他生了一个私生子。当时辛普森已经有很多孩子了，包括苏格兰的两个，鲁伯特地区至少有五个。他生孩子的频率如此之高，一些加拿大的作家戏称他是"毛皮贸易之父"。辛普森的情人大多是手下代理人和当地女性生的孩子。他的习惯是，只要他厌倦了情妇时，就会把这些女人抛弃。研究毛皮贸易的历史学家艾琳·斯普莱（Irene Spry）发现辛普森的风流韵事一点都不好笑，并说道"他对女人的性冷淡态度是婚姻破裂的主要原因。他在一个完全正常的社会中制造了一种完全的混乱"。欧洲人与当地人之间的通婚是数十年时间里北美毛皮贸易得以顺利进行的社会原因之一。当辛普森拒绝为婚外情承担责任的时候，也利用了这种通婚带来的好处。

辛普森认为，这些当地的以及混血的情人不能够作为婚姻伴侣。为了提高自身的社会地位，他想要一个白皮肤的英国妻子，而不是一个来自毛皮贸易地区的女性。在他和弗朗西斯结婚之后，辛普森开始阻碍手下官员和北美当地女性通婚，并拒绝宴请手下官员的那些本地妻子来家中做客。1830 年，弗朗西斯在丈夫的陪伴下第一次穿过大西洋，他们一同前往北美大地。在此之前，弗朗西斯从未离开过英国，所以并没有准备好在加拿大的荒野生活。由于弗朗西斯的体质并不是很好，所以在新的环境中并没有活得多自在。尽管辛普森为妻子在红河边建造了一处石制的堡垒，但是三年后，弗朗西斯还是选择回英国，表面上看是为了调理身体，但是直至1838 年，她都没有返回北美。妻子走后，辛普森继续了无休止的探险生活。与此同时，辛普森无法控制的政治事件正在危及他这来之不易的领地。

在辛普森任职期间，太平洋沿岸的哥伦比亚地区尽管依据 1818年协定归美国和英国共有，但是实际上这片区域一直由哈得孙湾公司单独占有，这使得落基山脉以西的地方不存在任何竞争。辛普森和麦克洛林在这片地区采取的策略就是为了让公司能独自狩猎海狸，因此防止美国猎人闯入，并限制当地农业的发展。这么做是因为辛普森意识到定居和农业是与公司的商业目标背道而驰的，因为猎取毛皮只需要使用当地的劳动力、梅蒂斯人等就可以，并不需要像发展农业那样投入大量的人力物力。

纵观 19 世纪 20—30 年代，麦克洛林有一项艰巨的任务，那就是确保美国的狩猎者和定居者在斯内克河（Snake River）以东不越界。如此一来，整个哥伦比亚地区都归他所管，这使得他在当地人和欧洲人眼中都非常传奇。由此，对于当地人来说，麦克洛林是名副其实的"白头鹰"（White-Headed Eagle），而对于 500 名公司的员工和定居者而言，他则是"俄勒冈之王"（King of Oregon）。他将温哥华据点变成了一个小型的社区，配有学校、图书馆、铁匠铺、磨坊、锯木厂以及一处 12 平方公里的农场。

在近 20 年的时间里，麦克洛林对温哥华地区的统治就像过去的强盗大亨一样，精明能干、诡计多端、行事专断，有时候还略显残忍。他在温哥华据点一处木制大厅里主持法庭，根据自己的意愿主持整个地区的正义，有时是复仇的愤怒，有时是出乎意料的宽宏大量，完全随他的心情。一般来说，麦克洛林审判案件用时很短。有一次，他在审理案件时勃然大怒，当众杖责了赫伯特·比弗（Herbert Beaver），这个人是一位英国的传教士，他告诉麦克洛林他在当地娶的妻子玛格丽特（Marguerite）是一个性格放荡的女人。极度惊恐、浑身是血的比弗在旁观者的斡旋下才捡了一条命。麦克洛林对那些他认为违反了他的严格规定的当地人也一视同仁。虽然常见的惩罚是将受刑人绑在铜炮上鞭打，但是曾经有一次，麦克洛林命令公司的武装荡平了海边科勒姆族群（Clallam）的两个营地，杀了 23 人，以此为他手下 5 名商人的死报仇。麦克洛林在当地家喻户晓并不是因为他仁慈，而是在于他一视同仁的态度，这使他赢得了当地许多族群的尊重。

麦克洛林开放温哥华据点，只要不触犯他的权威或者危及毛皮贸易，他欢迎所有人前来。为公司官员和来访的达官贵人举办的宴会比较传奇。在这些场合中，这位白头发的暴君身边会有风笛手，吹着他父亲在苏格兰故乡的古老歌曲，同时他也会滔滔不绝地谈论政治、宗教和毛皮生意。

在麦克洛林长达 20 年的任职期间，他能在公司利益与自己的慷慨、奢华生活、虔诚信仰，以及对缓慢抵达殖民地的移民的同情等众多方面之间求得平衡。他也尝试抵制辛普森的一些做法。每隔几年，辛普森就会视察一次温哥华据点，双方就会因公司的政策意见不合而发生争吵，尤其是关于如何对待退休船工的问题。辛普森想要尽可能不让公司的职员在退休后仍留在温哥华地区，而是将他们送回蒙特利尔。说得再远一点，辛普森还曾取消过麦克洛林建立的商业据点。他认为，尽可能长时间地保持这片领土的荒野特性，这是最符合公司短期利益的。在国家利益与公司利益发生冲突时，辛普森将他自己置于国家的非官方代表、政府的商业帮手的位置上。

麦克洛林和辛普森实则是公司管辖的广袤区域的实际领导者。在对公司进行管理时，他们依据的并非英国或者当地的法律，而是公司的利益。一方面，辛普森是哈得孙湾公司唯一合法的责任人。另一方面，他是英国政府委派的公民权威的唯一代表，麦克洛林需要向他直接汇报。他们二人负责维持公司管辖区域内的治安。辛普森也努力阻止定居者随意进入公司管辖的其他地区。彼得·纽曼在《荒野中的恺撒》（*Caesars of the Wilderness*）一书中写道："除了红河区域指定的定居点，在辛普森漫长的任期里，几乎没有什么人能够得到走访其管辖区的许可。大多数能够获准进入的人，要么是那些能够对公司总督行为进行赞美的艺术家，要么就是喜欢狩猎水牛的英国贵族，再就是英国皇家学会派去的植物学家以及其他自然科学家，除此之外就是土地测量员了。"

　　然而，辛普森和麦克洛林并没有控制住美国的定居者，他们在19世纪30年代就开始进入公司的领地，并沿着哥伦比亚河和威拉米特河谷（Willamette Valley）定居了下来。在1837年大恐慌之后，前来定居的人群更是源源不断地涌入。当时，美国东部的农产品价格和土地价格猛跌，这使许多农民和土地投机者变得无家可归。大量的美国定居者来到温哥华地区，他们中的许多人在英美两国多年不和之后都怀有一种恐英的情绪。这些美国人的到来开始对哈得孙湾公司的权威构成了挑战。麦克洛林面临着一个进退两难的境地：定居者的到来预示着他在老俄勒冈的统治和毛皮贸易的结束，但是麦克洛林还无法将这些人驱逐殆尽，尽管这么做是最符合公司利益的。和平的不干涉政策也不适合年迈的麦克洛林，但他开始把威拉米特定居点视为一个新社会的开端，而不是破坏毛皮贸易的害虫，他也是其中的一员。

　　直到19世纪40年代，每年都会有1 000多名定居者来到温哥华地区。这些人往往都是一贫如洗，处于饿死的边缘。所以，对于麦克洛林来说，这真是进退两难。公司的政策是不准向某些群体提供贷款，尤其是那些破坏公司生计的定居者，但麦克洛林却对那些满怀希望、衣衫褴褛的定居者越来越同情。经过一段时间，他解决了内心的矛盾，慷慨地援助所有前来的拓荒者，并制止当地人和定居者之间发生冲突。麦克洛林不顾公司的规定，1845年从公司账户里赊了三万多美元，这在很大程度上确保了许多定居者和他们的新兴社区得以生存下来。麦克洛林的这一举动激怒了辛普森。因为麦克洛林对外国殖民者的支持预示着该公司在老俄勒冈的垄断地位的终结，对此，辛普森的看法越来越悲观。

　　面对这些源源不断的定居者，哈得孙湾公司也无能为力。从政治意义上说，整片温哥华地区是由英美两国共管，对两国商业发展都应该开放。毫无疑问的是，老俄勒冈迟早会被瓜分，但是从哪里划分界限，这是一个不容易解决的问题。麦克洛林一直希望把哥伦比亚河作为边界，而辛普森则看中弗雷泽河，也就是北纬49度正北。1841年，辛普森最后一次到访温哥华据点，此行的目的是将公司在这里的中央库房迁移到一个偏北的地方。辛普森顺带也造访了俄美公司位于锡特卡和阿拉斯加的总部，但并没有给他留下什么深刻印象："我目及之处，肮脏不堪，其中锡特卡环境最恶劣、最脏。"

　　辛普森和麦克洛林彼此掩盖心中的敌意，一致同意派遣詹姆斯·道格拉斯（James Douglas）——一个苏格兰裔的混血儿，在麦克洛林身边待了近15年，是他的得力助手——向北探险至温哥华岛，其目的是选择一个便利的地点当作公司新的总部之一，这个地方要具备农耕所需的条件，能饲养牲畜，此外还要有一处良好的港口以及有充足的木材。1843年，道格拉斯出发，不久就发现了卡莫森据点（Camosun），人们之后将这一地方重新命名为维多利亚据点。这处新总部能够眺望整个胡德安海峡（Juan de Fuca Strait），此处恰好有一处地理位置安全的深港，其周围适合农牧业，从而能够有效地供给这处新的公司据点。

　　如今，人们不再忽视老俄勒冈的政治危机。1841年，一名最初来此定居的美国人的死亡加剧了对某种形式的政治权威的需要。这名男子死的时候没有立遗嘱，但是他在威拉米特河谷留下了一处宅邸以及600头牲畜。对这些财产的分配需要依靠明确的法律。当麦克洛林告知辛普森和伦敦的其他官员这件事，并表示自己没有能力去管理这几千名美国人时，他却没有收到任何明确的指示。然而，他知道哈得孙湾公司不再是老俄勒冈这片地区唯一的官方机构。不久，一些不守规矩的人——大部分都是美国人——要求建立一个负责的政府。对于此，麦克洛林深知，要是得不到伦敦或者公司的军事协助，想要保住老俄勒冈几乎不可能了。

1843 年，威拉米特河谷的定居者们联合起来组建了一个临时政府，以此重新声明他们的土地权力以及建立一个稳定的社团。没过多久，临时政府就通过了一些法律，从而进行征税，并格外高调地表明自己与美国的关系。最初，加拿大的定居者们——其中大多数都是退休的毛皮商人和公司以前的雇员——都保持旁观的态度，但是随着美国定居者的与日俱增，1844 年抵达了 1 400 人，1845年又抵达了 3 000 人，他们逐渐被这些人潮淹没。1845 年，美国定居者们选择乔治·艾伯奈斯（George Abernethy）作为新临时政府的领导人，并派遣代表前往华盛顿，请求加入美国。1845 年 8 月15 日，麦克洛林自行支持"临时政府的基本法"，并与新成立的临时政府表示合作。他这样做的目的就像之后向公司解释的那样，是为了"防止混乱、维持秩序，将这个边界问题交给英美两国政府解决"。

英国与美国之间的共同占有协议从来没有令这一问题得到完美解决。1826 年，英国提议占有整个老俄勒冈地区，但是允许美国人占有普吉特海湾的一处港口，而美国人提出了与之抗衡的提议：免费为英国提供在哥伦比亚河上的领航，但是两国的边界要定在北纬 49 度。1828 年，就老俄勒冈的归属问题，英美两国将此前签订的共同占有协议无限期延长，但是直至 19 世纪 40 年代中期，这份协议似乎变得毫无意义了。因为美国居民已经是除本地人之外人数最多的群体，而他们的欲求已经众所周知。此时，支持英国的人数要远远少于支持美国的，并且通过俄勒冈小道（Oregon Trail），越来越多的美国人迁移至此。英国人在老俄勒冈地区的人数少，部分是由于辛普森制定的公司政策，该政策使得老俄勒冈地区的英国人数量不超过几百人。其实，他们的人数早在 1843 年就被超过了。

1844 年，热衷于领土扩张的詹姆斯·诺克斯·波尔克（James Knox Polk）当选美国总统，这使得美国人在俄勒冈的政治利益达到了巅峰。波尔克使用民主党竞选的口号"要么北纬 54 度 40 分，要么战斗"（Fifty-four Forty or Fight）以及"重组得克萨斯以及收复俄勒冈"。这些口号意味着哈得孙湾公司和英国政府在俄勒冈地区的统治危在旦夕。相较于美国政治家们明确的目标，英国外交官们则显得很迷茫。他们提出的建议都显得十分荒谬可笑。但是波尔克真的要将整个太平洋海岸纳入美国的版图吗？1845年，波尔克劝说国会终止英美两国签订的共同占有协议，着手备战。

英国官员深知，围绕俄勒冈进行的战争不会仅局限于遥远的太平洋，而且很有可能成为对加拿大的入侵，并且这一地区的毛皮生意也每况愈下。因此，他们认为为了捍卫俄勒冈地区而战不值得。对于美国而言，当时因为得克萨斯地区很可能与墨西哥开战，所以波尔克及其顾问们也不想与英国的矛盾继续深入。所以双方将两国的边界线放在北纬 49 度，以南归美国，但温哥华岛除外，它归属于英国。最后双方达成的协议是美国政府承认哈得孙湾公司的所有资产，并且将哥伦比亚河向来此进行毛皮贸易的商船开放。

✛ ✛ ✛

　　然而，辛普森对国际政治的干涉并不仅限于他对老俄勒冈的兴趣，他也强烈支持夏威夷独立。为此，他拿出了大量的公司基金来支持这一事业，尤其是致力于反对将夏威夷岛变为英国的保护国，他认为这样做最符合公司的利益。比较讽刺的是，尽管辛普森长期贯彻的非殖民政策令俄勒冈地区归于美国，但是他却支持建立一个独立的夏威夷王国，这违背了自己国家的利益。1846年，维多利亚女王因辛普森在北极地区做的贡献封其为爵士。

　　在英国获得荣誉之后，年迈的辛普森开始了一场为期两年的环球冒险之旅。他穿过北美洲，向西伯利亚前行，继而经由陆路返回伦敦。在回到伦敦后，辛普森委托了一位作家来撰写自己传奇的旅行经历。没过多久，辛普森回到了拉钦，此时的他已经跻身当地的上流阶层。他避而不谈自己卑微的出身。在他人眼中，他现在是一个有权力、有影响力的人物。当60岁的时候，辛普森已经没有多少精力去游览他管辖的毛皮王国了。正如他自己所说，"前往内陆的冒险旅程和我在那里已经履行了30多年的职责，正变得越来越令人讨厌，除非一些特殊情况，否则我将不会再去那些地方"。1853年，他的妻子去世，而他自己日益衰老，行动不便。他的一个老同事写道，"我们的老上司，乔治先生……如今年老体弱，但他已度过了一生中最美好的时光"。在失去老俄勒冈地区之后，辛普森不再是公司无可争议的掌舵人了。无论是公司的垄断权力还是辛普森个人的权力，都很难再维持如初了。

　　垄断的观念在很多人看来已经不再受欢迎了。在辛普森管辖的地方，越来越多自由贸易的商人出现。1849 年，公司在红河殖民地逮捕了一名叫皮埃尔-吉约姆·塞耶（Pierre-Guillaume Sayer）的自由商人，并判他有罪。但是出人意料的是，地方法官并没有判他监禁或者流放，而是将他放了。这一举动在某种程度上意味着公司垄断地位的终结。梅蒂斯社群也不再容忍辛普森或者公司发出的专断独裁命令。19 世纪以来，越来越多的人来到公司的领地，很多人从事着与毛皮无关的生意。这些人并没有认为哈得孙湾公司是他们贸易的唯一对象。此外，当时人们普遍抱怨公司奉行的高压手段，包括搜查和毁坏财产，以及威胁和各种常见的骚扰。一份报道称"公司的职员在持有武器的警察的陪同下，是如何闯入定居者的家中搜寻毛皮并没收的。一名穷困的定居者在货物被没收后，房子也被烧毁了，之后还被当作囚犯送进了约克工厂……在我们每年到明尼苏达州的商业旅行中，我们像罪犯一样被警察追捕，他们搜查我们的财产，甚至砸坏我们的箱子，所有发现的皮草都被他们没收了"。这片土地不再是一片未知的荒野，哈得孙湾公司也不能是其唯一的"政府"。的确，如今的公司已然成为一个尴尬的存在，不符合时代的潮流。

　　1849 年，随着温哥华岛皇家殖民地的建立及总督的任命，哈得孙湾公司丧失了对当地管辖的部分权力。两年后，辛普森辞去了公司的职务，他的工作由詹姆斯·道格拉斯接手。在一段时期内，道格拉斯既是公司的管理者，又是殖民地的总督。1858 年，在淘金热的影响下，大批美国投机者从加利福尼亚涌入太平洋沿岸各地，加上英属哥伦比亚皇家直属殖民地（Crown Colony of British Columbia）的建立，这意味着公司对这片土地控制的终结。辛普森缔造的商业帝国也就逐渐分崩离析。

1856 年，辛普森给伦敦委员会（London Committee）写了一封信，预见性地指出"他们处于危机的关头，殖民当局惊恐于日益增多的混血人（Halfbreed race），这意味着无论什么时候，公司施行一种不受欢迎的措施都可能导致反对公司的普遍斗争活动，并将他们建立的企业夷为平地。与此同时，凭借着忍耐，我们设法维持各方的和平，并获得了显著的回报，这种和平的局面可能持续一年、两年，也可能是更多年"。抛开辛普森作为种族主义者的身份不说，这些话表明即便他的身体日益衰颓，但对事物的判断力仍十分敏锐。公司在成立之初，对其雇员享有绝对的专断权力。之后，公司的实力逐渐增强，从而能够对其庞大的消费群体——第一民族——加以控制。但是当公司的领地上吸引了越来越多有着欧洲血统的人来此定居，即便辛普森全力阻止这一移民浪潮，也未见成效，这昭示着公司垄断权力的终结。此外，交通和通信设施的改善也意味着公司无法控制人们在其领地内的活动传播。

哈得孙湾公司为了公司董事的利益在殖民地施行的种种强硬手段的消息传回了伦敦，并慢慢扩散开来。辛普森可能暂时阻止了消息的传播，但是仍不可避免。乔治·布朗（George Brown）在《全球》（Globe）上发表的一篇社论写道，"毫无疑问，哈得孙湾公司在四百万平方公里范围的土地上的暴行很快就要结束了，这片幅员辽阔的土地的命运将与我们的命运紧密相连。仅仅为了 232 名股东的利益，就把这半个大陆排除在文明之外是不可原谅的"。殖民地和伦敦的很多人都赞成这种观点。

19 世纪 50 年代，辛普森仍然对公司的据点进行年度检查，但他的个人商业兴趣已转移到蒙特利尔，而不是红河或阿萨巴斯卡地区。与此同时，他在为了公司的利益而游说政府官员时，还参与到了其他商业冒险活动中，尤其是铁路、矿业、轮船行业。为了实现自己的目标，他不惜操纵政界和金融界的高层。有一次，他向一名官员提出了"10 000 条黄金理由"，以获得一份蒸汽轮船航线的政府合同。

1859 年，哈得孙湾公司的许可证到期。与此同时，公众对公司的垄断做法日益感到反感。在 1857 年，辛普森就受众议院特别委员会的召唤，前去调查公司的垄断活动。65 岁的辛普森在众人反复询问下不断地咳嗽、停顿，并且略显迟疑地看着他人。时至今日，他依然坚持并不适合向鲁伯特地区移民，哪怕是该地区的农村群体在农业方面获得了很大的成功。事实上，辛普森的想法在移民问题上是矛盾的。在他 1843 年写的书中，他曾赞美鲁伯特地区土地的农耕优势，如今却说这地方只适合捕猎海狸。他的想法曾经几乎没有受到人们的质疑，现在却被认为是不可信的。最终，特别委员会提议将鲁伯特地区合并到加拿大省，公司及其股东不再对这片地区享有控制权乃至特权。

1870 年，哈得孙湾公司控制的领地成为一个新国家的一部分，也就是加拿大自治领土（Dominion of Canada）。公司专横统治的岁月已经结束，现如今，公司只能作为一家常规的企业自生自灭。尽管对于公司来说，这一结果有些悲剧色彩，但是并不让人感到吃惊。成千上万的本地人并没有在公司与殖民政府的交易中受到重视。但是辛普森并没有活着看到后来发生的一切，1860 年，他死于拉钦。在他死的时候，公司还没有丧失所有特权。

虽然公司丧失了垄断权力，但是仍通过一些方式获得了利润。公司开始把公司的地产卖给西进的殖民者。由此可见，当公司无法捍卫其垄断权时，这种垄断的价值也就不再如初。公司从仓库中拿出各种物资提供给殖民者。几座公司的毛皮贸易据点后来都成为加拿大的省会城市：加里据点成为曼尼托巴省的温尼伯格；埃德蒙顿据点成为亚伯达省的埃德蒙顿；维多利亚据点成为不列颠哥伦比亚省的维多利亚。

辛普森为哈得孙湾公司的发展指明了方向。由于他追求的政策是为他的雇主带来短期利益，因此可以说他对他的国家在老俄勒冈州的领土损失负有责任。像同时代的许多商业之王一样，辛普森是一个性别歧视者、种族主义者，他擅长操纵政治家和商人同行来得到自己想要的：为他自己和哈得孙湾公司攫取更多的权力与金钱。此外，他喜欢利用他人，以及压制本土文化与自治，这些都没有让我们现代人值得钦佩的地方。辛普森巨额的财产并没有留下，全部都分给了孩子，大约 10 万英镑。他告诉遗嘱执行人，如果他的女儿们选择嫁给一个不合适的追求者，就不要给她们太多的钱。

抛去那些个人的缺点不说，乔治·辛普森的确是那个时代最成功的全球商人之一。凭借着与生俱来的商业智慧、坚定的决心以及过于傲慢的自信，他直接改变了北美大地的历史发展进程。与此同时，为了公司能够赚取更多的钱，他做出了不可磨灭的贡献，哪怕是为此牺牲了他生活的其他方面。就在去世前的一年，他写信给伦敦委员会的上级们，为他的一生写了一篇恰如其分的墓志铭，警告他们他即将在服役 40 年后辞职："在过往的漫长岁月里，我从来没有休息过一周，也从来没有让家庭关系和个人事务与公司对我的要求相抵触。"

在生命终结之时，几乎所有与辛普森生活有关的人都先于他而去，从他的妻子到他的生意伙伴和无数敌人，但是他并不是那个时代活得最久的人之一。在过去的 40 年时间里，辛普森始终是一个强势的人物，是一个统治半个大陆的独裁者。他的时代只是随着他的去世和他 40 年前牢牢掌握的权力解体而终结。

第六章

钻石与欺骗

塞西尔·约翰·罗德兹与英国南非公司

英国是地处小岛上的一个国家，其地位很大程度上依赖于贸易活动。如果我们不为国家夺取殖民地，那么贸易活动就无法再进行下去了。因此，必须牢记你的贸易活动是世界性的，你的生命也属于世界，而不仅仅局限于英格兰。正因如此，你必须对外进行扩张。

——塞西尔·约翰·罗德兹，约 1895 年对于一些评论家来说，1871 年，年轻的塞西尔·约翰·罗德兹拥有的露天钻石矿堪称现代工业技术奇迹的典范，但是对于其他人群而言，这里简直是恐怖的存在，是大自然中的一个瑕疵。这个矿地的大小有 3.5 万平方米，深度有 70 米，呈不规则形状。地表土壤的颜色是浅棕色，越往地下土壤颜色越深，渐变成深蓝色。与此同时，开采难度也是越往下越大。日后的事情表明这种蓝色的土壤与罗德兹的命运息息相关。数以千计的非洲人拿着锄头和铲子不断在地下挖掘，然后用马车将暗藏价值的土壤拖到地面上。当太阳落山后，地面的余热渐渐散去，这些矿工才会从矿坑里出来，其样子就像同时代的旅行家安东尼·特罗普（Anthony Trollope）所说的那样，"像极了苍蝇落在墙上"。19 世纪 70 年代，这种私人开采的矿坑在南非有好几百个，几乎都是白人所有，他们都是名副其实的采金者。直至 1871 年末，矿区有超过 5 万名采金者和工人。开采的地方乍一看并不起眼，也不会给人留下什么深刻印象，但是这里却能在短期内就产出巨额的财富。

罗德兹初次来南非是在他 16 岁的时候，前去投奔哥哥赫伯特（Herbert）。当时，赫伯特是开普殖民地（Cape Colony）的一个棉农。罗德兹的父亲想让他从事神职工作，但是他却想做律师。对于律师这个职业，罗德兹的父母都极为反对。因此，投奔哥哥也就成为全家妥协的一个结果。在当时，没人知道罗德兹会在南非度过余生，更不会有人想到他会对南非的未来产生巨大影响，最后还死在了这里。

罗德兹从小也不可能预料到在自己身上会发生这么多事情。1853年7月5日，他出生于赫福德郡的斯托福德主教区（Bishop's Stortford），是家中的第五子。他的父母都是虔诚的宗教信徒。父亲是英国圣公会的一名牧师，年轻的罗德兹对历史与古典学十分感兴趣，他曾在一所主日学校（Sunday school）担任教师。由于罗德兹是一个体弱多病、患有哮喘的男孩，他的父母希望他的非洲之行——那里的气候炎热干燥——能对他虚弱的体质有益。

在当时，南非是一个由不同族群和政治管辖区域组成的联合体，由英国人主导，但也并非牢牢控制。葡萄牙的海员们在15世纪末期就开辟了经由好望角的一条航线，但英国东印度公司和荷兰东印度公司的海员们才是经常利用这条航线的人，他们经由该航线频繁穿梭于塔布尔湾（Table Bay），这个海湾是17世纪早期欧洲人往返于亚洲香料群岛的重要地点。1650年，荷兰东印度公司派遣让·凡·里贝克（Jan van Riebeeck）在开普建立一处据点，以备商船的补给。与此同时，里贝克还有一项任务，那就是找到当地的科伊人（Khoikhoi）并与之交好，然后雇用他们作为猎人，前去猎杀动物。起初，荷兰人能够在开普这里种植蔬菜和水果，不仅够当地殖民者吃，还能补给往返于东印度群岛的船们。这些船员长期因吃不上蔬菜和水果而饱受坏血病之苦。

然而，殖民者们逐渐厌烦了荷兰东印度公司的垄断行径，从而逐渐向非洲内陆迁移，这迫使当地的牧民们逃离自己的家园。公司为了对这些殖民地实行有效的管理，只能不断地扩张其领地的边界，但是这换来的却是定居者们进一步向内陆迁徙。1714年，荷兰东印度公司禁止再向开普殖民地移民，其目的就是防止那些欲求独立的殖民者不受控制。许多的科伊人带着牲畜向更内陆的人烟稀少的地区迁徙，而那些选择留在原地的科伊人大多都被殖民者们带来的天花感染而死。由于大批牧民的死亡，公司决定进口西非的奴隶以补充劳动力。

1815年，拿破仑战争结束，英国作为战胜方获得了开普殖民地的控制权。在当时，这片殖民地大约有1.6万名欧洲人，以布尔人（荷兰人后裔）居多，进口的西非奴隶数量居于次位，再就是几千名科伊人和桑人。英国在接管殖民地资源的同时，也相应接手了当地的社会问题，尤其是布尔人和班图牧民之间的土地矛盾。随着时间的推移，当地的问题越来越严重，祖鲁人作为入侵者将班图人驱逐到南方。祖鲁人的介入使土地竞争变得更加激烈，并逐渐演变成不同族群之间的斗争。而这种竞争的后果就是英属开普殖民地的边界不断外扩，以求得各方势力之间的和平与稳定。1837年的大迁徙是布尔牧民迁移的鼎盛时期，数以千计的布尔人逃离英属殖民区，他们之所以逃离是因为殖民当局禁止进口西非奴隶以及将当地的科伊人奴隶化。1807年，所有英属地区内都实行了禁止奴隶贸易的举措，大约在25年以后，就连拥有奴隶都不被政府允许。布尔人对英国当局政策反应如此强烈，其主要缘由在于要是没有（奴隶）这些便宜的劳动力，布尔人就会面临着劳动力短缺的问题，其内部工人之间的纪律也会跟着出问题。1837年的大迁徙进一步催化了暴力事件，例如布尔人与不同族群之间就土地问题发生了严重的冲突。在英国人、布尔人、祖鲁人和班图人之间的大规模冲突和流血事件之后，南非的土地上出现了三个独立的共和国，分别是英属开普殖民地、奥兰治自由邦（Orange Free State）以及德兰士瓦。除这三股势力之外，就是强大的祖鲁王国，其人口大约为 25 万人，统治者是沙卡（Shaka）。

1852—1853 年，英国承认布尔共和国的存在，并在此基础上对开普殖民地实行有限的自治。在这样的情况下，不同利益群体之间维持着一种脆弱的和平关系。直至 19 世纪 60 年代，也就是南非矿藏被发现之前，各个共和国的经济主要是游牧业，其经济作物有羊毛、葡萄酒、谷物、牛和羊。在西部的开普和纳塔尔之间有几条短程的铁路，即便如此，所有来自非洲腹地以及从腹地来的人还是需要徒步走很长的路，或者是骑马、搭乘牛车。

1867 年，钻石矿藏的发现使南非各势力之间的政治局势变得更加复杂。突然之间，刚果的比利时人、西南非和东非的德国人都对南非地区产生了极大的兴趣。在当时，钻石已经是一种极具价值的物品。为了寻找钻石而带来的土地纷争也随之而来。钻石矿藏的主要发现区域位于司法管辖权并不明确的地方，换句话说，英属开普殖民地及两个布尔共和国都对钻石发现地有一些话语权。因此，各方政府也就很快都声明该地区归自己所有。帝国主义性质的"角逐非洲"由此展开，这将是一段充满暴力、变化多端的时期，所有投机者都想从中获利。幸运、令人兴奋的成功和令人陶醉的帝国主义信条点燃了寻求钻石的狂热，并为在其他时代受质疑的商业活动提供了合法性。

✛　✛　✛

　　1870 年，也就是哈得孙湾公司将其领地交给加拿大这个新国家的那一年，塞西尔·罗德兹在船上度过了 72 天。他从英格兰出发，穿过赤道，最终抵达开普殖民地。这个年轻人从德班（Durban）下船就发现他那不靠谱的哥哥赫伯特并没有来接他，而是与一伙寻找钻石的人一起前往非洲腹地冒险去了。罗德兹只好独自一人前往哥哥在乌姆科斯玛河谷（Umkomaas Valley）的棉花农场，并在哥哥回来之前学习耕作的知识。当赫伯特回农场之后，兄弟二人一起工作了几个月，然后赫伯特于次年春天再次离开农场，留下罗德兹照看庄稼，等待农收。

　　年仅 17 岁的罗德兹有着敏锐的眼光，他很快就意识到"棉花热"已经快到头了，因此也就决定加入哥哥他们的行列。罗德兹满怀希望地从 10 月开始长达 650 公里的长途旅行，但不久这希望就受到了打击。他的小矮马在途中死了，这使得他需要步行完剩余的路，每天从黎明走到日落大约能走 20 公里。11 月，罗德兹到达了目的地，对于一个习惯英国中等阶层舒适生活的年轻人来说，南非的经历绝对是开眼界了。

　　最近抵达南非的数千人生活在酷热的环境中，没有自来水，也没有什么卫生设施。一名旅行者曾描述道，"四周的灰尘很厚，病人们害怕清除掉这些灰尘，唯恐将其扬起，加重灾祸。与此同时，苍蝇也随处可见，人们没法用常规的方法将其消灭殆尽，并害怕它们携带病毒"。热浪般的风将灰尘卷入云中，这使得天空中都布满灰尘，"好像地上的这些灰尘都被稀释到了空气中。在金伯利及其周边地区，没有什么称得上美的东西"。金伯利这地方的居民以黑皮肤的非洲人为主，他们在恶劣的条件下辛苦劳作，住在波纹状的铁皮棚子或肮脏的帆布帐篷里，临时挤成一排。工人们靠腐臭的肉、黄油和枯萎的蔬菜维持生计。罗德兹在给母亲的信中写道："这个地方就像一个巨大的蚂蚁堆，上面覆盖着黑色的蚂蚁，要多厚就有多厚，这些蚂蚁指的就是人类。你能想象得到一个小山丘上有 600 多个矿坑，每一个矿坑又被分成了四部分，其中每一部分大约有六名黑人和白人在挖掘吗？所以这里每天工作的人数能有一万多。"

不同国家的采矿者汇集于此。许多人都是来自世界各地矿业的老手，有商人、流浪者、小商贩、窃贼、娼妓和赌徒。矿区中大多数的体力劳动是由成千上万的班图人来做的，他们挣钱买牛、老婆或枪，然后返回自己的家乡。酗酒和赌博是这个闹哄哄的社区主要的消遣方式，罗德兹很喜欢这种环境。不久，罗德兹就在金伯利安顿了下来，负责他哥哥的三个矿坑中的一个。然而，他那没出息的哥哥不久又离开了矿区，返回了棉花农场，很明显他哥哥对矿区枯燥无味的生活不感兴趣，所以就把这里的所有活都交给了年仅 18岁的罗德兹。而年轻的罗德兹却从中大发横财，他越挖越深，每星期都能从泥土中筛出大约 100 磅的钻石。当赫伯特于数月后返回矿坑时，他告诉罗德兹棉花农场已经被他卖掉了，他对弟弟的进步和意志力感到十分惊讶。即使当他和一个年纪大得多的勘探者发生激烈的争执时，罗德兹也没有表现出让步的迹象。经过一段时间，罗德兹已经学会了如何雇用和辞退工人、给钻石划分等级、捍卫地盘以及与钻石中间人周旋。赫伯特和家里人说"在钻石生意方面，他（罗德兹）似乎做得非常好"。大约也就是在这个时候，罗德兹第一次犯心脏病，花费了数周才康复。

在罗德兹登上名利场的顶峰之前，关于他一生的许多传奇故事之一，就是年轻的罗德兹凝视着金伯利钻石矿的洞穴。他的同伴问他："你在这里看什么？"罗德兹目不转睛地盯着洞穴，轻轻地挥挥手，说了一个词："权力。"

关于罗德兹这位非洲最伟大的商业之王，人们在为其绘制肖像时展现的并不是他年少时体弱多病的模样，而是专注于他那严肃、庄重、可敬的神态。在他最著名的肖像画中，他看起来很疲惫，有些厌世。他那松弛的脸下垂着，加上眼袋，一点也不像那些雕像所表现出来的那种坚强而又令人恐惧的冒险家。总之，这幅肖像给人的印象是一位慈祥的叔叔：胖乎乎、平淡无奇、不引人注目，就像那个时代许多不知名的中层管理人员、公务员或代理人一样。但是，平凡的外表下隐藏着政治和社会正统思想的重要信念：坚信盎格鲁-撒克逊种族至上主义，并热切希望建立一个基于这种至上主义的全球政府。在我们今人看来，这些观念让人感到十分厌恶。他的一位老战友利安德·詹姆森（Leander Jameson）回忆说，他对盎格鲁-撒克逊人的最终命运的信念给他留下了深刻的印象。他反复强调这样一个事实，即它们自身巨大的需求适合这片新领土上过剩的人口永久定居，并由此为旧国家的商品提供市场，也就是世界作坊。正如罗德兹宣称的那样，"我们必须找到能够轻易获取原材料的地方，并将当地的人变为廉价的劳动力"。

塞西尔·约翰·罗德兹，戴比尔斯钻石公司以及英国南非公司的创始人。他利用一支私人军队入侵了东非中部地区，并同意将公司占领的新领土命名为罗德西亚。

　　罗德兹身上体现出了大英帝国向外扩张过程中许多不那么吸引人的特点：傲慢、种族主义和令人难以忍受的自鸣得意。19 世纪中期，在打败拿破仑后，英国在军事霸权和商业上的成功促使其真正成为海洋的主人。这一时期，以特许状方式赋予公司垄断权的做法已经过时了。商业公司不需要与国家的政治和外交利益直接挂钩。事实上，大多数这样的垄断公司在 19 世纪晚期已经消失或失去了优越的地位。但罗德兹生活的这个时代见证了帝国主义和民族主义的出现，这再次为特许公司的重建创造了有利环境，此时这类公司往往成为私人资本实现外交、政治和战略目标的工具。但是现在，从社会达尔文主义哲学中衍生出来的种族等级概念，第一次为欧洲征服非欧洲民族提供了理论依据。

罗德兹从小就受到民族主义、种族主义和帝国主义思想的熏陶。由此，他坚定地相信，大英帝国在全球范围内的扩张是"全人类的福祉"。当罗德兹于 1872 年在金伯利休养身体的时候，他读到了温伍德·里德（Winwood Reade）的《人类殉难记》（*The Martyrdom of Man*），这本书是对达尔文自然选择理论的曲解和武断解读，里德借此理论拥护种族优越的观念，也就是说某些种族天生就要优于其他种族，适者生存，优等民族将占据统治地位。尽管这些观念现在看来令人厌恶、不合时宜，还非常愚蠢，但在罗德兹所处的那个时代，这种思想却十分盛行。尽管这些观念不会为每个人所接受，但是在当时肯定是主流思想的一部分。

英国的贸易和经济是与其世界各地的殖民地联系在一起的。这种联系的维系需要英国和殖民地之间有着共同的目标。在当时，非常流行的一种观念是加强宗主国和英属殖民地之间的关系。与此同时，民族主义、种族主义以及帝国主义三者相互联系，为对非英语民族的不断扩张和实行统治提供合法性。约翰·马洛（John Marlowe）在《塞西尔·罗德兹：解析帝国》（*Cecil Rhodes：The Anatomy of Empire*）一书中写道："意识形态领域的种族观念为'白人'殖民地和宗主国之间的关联提供了理论上的基础，这种观念很容易就会被提升为种族优越的观念，从而为盎格鲁-撒克逊人统治落后民族提供理由。""把地图涂成红色"——在地图上表示出大英帝国统治下的领土颜色——以及在臣民方面承受"白人的负

担"的政治观念在英国人中广泛流行。罗德兹的职业生涯或多或少
与这种民族主义和帝国主义学说盛行的 30 年相重合，所以他本人
也就成为这种思想运动中最受欢迎的人之一。

❖ ❖ ❖

　　到 1872 年中期，塞西尔·罗德兹已经非常富有了。他始终不
停地工作，除了每周与金伯利一些受过良好教育的市民共进晚餐和
聚会之外，他几乎没有别的兴趣爱好。他敏锐地觉察到自己缺乏正
规教育，并将其视为一种短板，亟待弥补。他离开了钻石矿区一
次，搭乘牛车在周围地区进行了一次广泛的游览。但是这次旅行并
不纯粹为了娱乐，罗德兹总是在寻求新的商业机会。他在德兰士瓦
共和国附近购买了一处农场，雇用一些黑人劳作。在这时，罗德兹
遇到了查尔斯·鲁德（Charles Rudd），两人很快就成为好朋友，
并结成了商业上的伙伴关系。二人集资买下了罗德兹哥哥赫伯特的
股份，从而获得了其钻石矿区的所有权。赫伯特缺乏钻石开采所必
需的艰苦精神，以及长期从事单调工作的耐心。然而，罗德兹和他
的新伙伴却具备这些条件，他们继续从事这份工作。他们购买金伯
利矿区的所有权，对其进行改造，然后出售获得利润，再将所得利
润全部投资到附近的戴比尔斯矿区。罗德兹和鲁德都很精明，工作
也很努力，他们开始做很多生意，当生意赢利时就把它们卖掉。
　　1873 年年中，罗德兹把自己的生意交给了鲁德，然后回到英
国，进入牛津大学奥里尔学院（Oriel College）学习，接受梦寐以
求的正规教育，从而具备一名绅士应有的资质。在学习期间，他希

望能了解矿区发展的最新情况，但在第一学期的时候，他的母亲意外去世了，罗德兹深受打击，与此同时他还患上了另一种肺病。直至 1874 年春，他才回到金伯利，逐渐恢复健康，并继续赚钱。对他来说，教育这件事情还可以再等等，毕竟当时他也就是个 20 岁的青年。但是对于事业来说，他已经梦想着通过购买、合并的方式，尽可能多地拥有钻石矿区。

1876 年，罗德兹返回了牛津，这一待就是两年，其间偶尔会前往金伯利休假。1878—1881 年，他大部分时间都在金伯利，直到需要完成学业才返回牛津，这时他已经 28 岁了。尽管罗德兹称不上是一名学者，但他确实是一个非常务实的人。在牛津，他学会了要有远大的梦想，把生活看成一张巨大的画布，其中暗藏着任何可能创造历史的机会。此外，他还接触到了民粹主义和帝国主义热潮的萌芽，这股热潮当时正席卷英国上下，尤其是梦想着构建一条从开普到开罗的贸易走廊。这一梦想激励着罗德兹努力赚更多的钱，以此实现心中的目标。在牛津接受到的教育也让罗德兹在做决定时更加自信，并让他能充分地认识到自己作为一名绅士的身份，罗德兹也感受到了金钱给他带来的力量。除此之外，罗德兹对牛津大学的热爱，以及他认为从这所大学获得的人生目标，将伴随他一生。正如他写的，"最完善的牛津体系看起来非常不实用，然而，无论你把目光投向何处，除了科学领域，牛津人都是名列前茅的"。

大约在这个时候，罗德兹写了一篇论文，表达了他尚处于萌芽状态的想法，这些想法与在英国越来越受欢迎的想法类似。正如他在文中写的："我认为我们是世界上排名第一的种族，我们占据的领土越多，人类也就会因我们而过得越好。我也认为我们领土上每增加一英亩（约 40.47 公亩）土地，就会出现更多的英国人。此外，把世界上的大部分地区纳入我们的统治之下，就意味着所有战争的结束。"直到罗德兹毕业的时候，他的许多关于世界及其与大英帝国关系的哲学思想已经具体化了："一个人应该为大英帝国的发展而努力，把整个未开化的世界置于英国的统治之下，从而为将盎格鲁-撒克逊民族统一成一个帝国而努力。"历史学家约翰·马洛（John Marlowe）称罗德兹是智力上的不成熟和实践上的天才的奇怪混合体。罗德兹相信财富的不断积累是践行他哲学理念和梦想的手段。

在这些年里，金伯利发生了很大的变化，人们铺设了一条条街道，原本破旧不堪的帐篷等居所变成了更加适合居住的房屋。法律与秩序也逐渐改变了曾经的混乱局面。一些矿工和市民甚至在这里安了家。多年以来，罗德兹和鲁德把赚取的所有钱都花在购买戴比尔斯矿的所有权上。起初，戴比尔斯矿产出的利润似乎不如金伯利矿，然而这种情况逐渐发生了变化。松软的表层土壤下面是更坚硬的蓝色土壤，这使得以人力手动挖矿的日子逐渐结束了，从而需要大量的资金来购买昂贵的机械，以便能够挖掘更坚硬的地层。在这样的情况下，罗德兹和鲁德决定寻找其他的商业伙伴，然后继续购买其他钻石矿的所有权。为此，他们组建了一家小公司，然后计划收购整个戴比尔斯矿区。1879 年，罗德兹遇见了阿尔弗雷德·拜特（Alfred Beit），这是一位德裔犹太人，专做钻石生意，他手里有着全球范围内的金融关系，人脉很广。据说，有一天晚上，罗德兹发现他在办公室工作到很晚，就走过去看看他在干什么，最后问他为何如此努力工作。拜特回复道，他想要掌握整个金伯利的钻石生产。罗德兹对此说道："非常有意思，我也有这个打算。我们如果能够联手干那就太好了。"1880 年，罗德兹等三人共同创办了戴比尔斯公司，也是在同年，罗德兹进入了开普殖民地的议会。尽管政治生涯刚刚起步，但他在戴比尔斯钻石公司取得了显著成功。1883 年，该公司的初始资本已经达到 20 万英镑。

　　罗德兹平时十分忙，以至于没有时间正式搬到开普敦，也就是议会所在的城市。所以，在接下来的七年里，他常常往返于开普敦和金伯利之间。罗德兹能够兼顾商业和政治上的事务，事实上，他感兴趣于将商业与政治相结合。他在金伯利修建铁路的努力充分说明了他如何通过政治努力来改善自己的商业前景。稳定性和不断有人来金伯利定居就证明修建铁路是合理的，这反过来也会增加整个地区企业的利润。为此，这位在政治上精明的年轻人着手改善开普殖民地英国人和荷兰人之间的关系，以此促使英属南部非洲被置于单一政府管理之下。作为将英国文化扩张到全球计划的一部分，罗德兹设想将整个南非都纳入开普殖民地政府的管理之下，并在此基础上向北扩展至中非，继而向其他欧洲势力的地盘渗透。

　　但其他大国——比利时、法国、葡萄牙以及德国——也怀有向中非扩张的野心。罗德兹非常清楚这一点，他发誓要为英国赢得这片领土，这也符合他自己的商业利益。正如他本人所言："把中心地带给我，那些沿海的地区让别人分去吧！"他把目光投向了金伯利以北、德兰士瓦以西、卡拉哈里沙漠（Kalahari Desert）以东的那片狭长的地带。这条陆地走廊被称为"传教士之路"，因为大卫·利文斯通（David Livingstone）和其他数十名传教士曾沿着这条路向北进入内陆地区。这条走廊为通往中非高原提供了便利。然而，德兰士瓦共和国和开普殖民地为争夺通往北方道路的控制权而发生的冲突持续了数年。罗德兹将这条走廊视为控制该地区的关键，并希望确保该地区由英国控制，尤其归他所管。由于担心德兰士瓦可能会阻碍英国沿着走廊向外扩张并夺取资源，罗德兹谋划在德兰士瓦共和国周围夺取殖民地，从而切断德兰士瓦的交通和补给线，迫使它加入英国统治下的开普殖民地。

当时，罗德兹还只有 35 岁左右，但他对地缘政治形势有着敏锐的观察力。他预见了许多人未来可能的动向，这些人也想要扩大他们在南非的领土。对他来说，这就像一个巨大的棋盘：他已经知道该做什么，但他仍然缺乏被他人重视的力量。约翰·加尔布雷斯（John S. Galbraith）在《王冠与特许状：英国南非公司的早年岁月》（*Crown and Charter：The Early Years of the British South Africa Company*）一书中写道，"他既不是一个传统的政治家，也不是一个传统的商人。政府的限制与他的存在显得有点格格不入。在他看来，对议会负责的政府本质上是软弱的。盎格鲁-撒克逊人的命运不能由政府的代理人来实现，必要的武力和火力必须由那些渴望将他们的生命、精力和金钱奉献给这项使命的人提供"。罗德兹知道要实现大英帝国在南非的梦想，只靠政治权力永远都不够，还需要依靠大笔的金钱。

❖　❖　❖

到 19 世纪 80 年代中期，罗德兹已经是一个十分富有的人了，是金伯利当地十分显赫的一个人物，在开普敦赢得了"有前途的政治家"这个名号。他对戴比尔斯的梦想和他对英国统治南非的愿景一样雄心勃勃，但戴比尔斯的梦想进展得更快。在罗德兹、拜特和鲁德的带领下，戴比尔斯公司蒸蒸日上，利润赚取得越来越多，几个合伙人都因此大赚一笔。然而，尽管罗德兹已经十分富有，他也不是全能的。在戴比尔斯矿区还有其他七位矿主。多年以来，戴比尔斯公司的战略是在赢利的情况下稳步发展，在资金充足的情况下购买更多的矿产，逐步扩大公司的规模。1887 年，罗德兹最终买下了戴比尔斯矿区所有的矿产，并立即整合了公司的业务，通过将非洲劳工的生活区搬到一个孤立的、由公司经营的区域来削减开支。非洲劳工构成了公司的大部分劳动力。凭借着这些经济措施，公司的利润开始飙升。哪怕是在全球钻石价格下跌的情况下，支付给股东的股息也从 1887 年前的 3％上升到 1888 年的 25％。罗德兹凭直觉知道，全球对钻石的需求将保持不变，因此产量的增加最终会伴随价格的下降。因此，为了帮戴比尔斯公司榨取更多利润，罗德兹想要控制几乎整个世界的钻石供应，或者以某种垄断的形式来限制供应，从而保持钻石高昂的价格。尽管罗德兹还没有对戴比尔斯的股东们明确表达自己的爱国梦想，但是统治南非的钻石产业将允许他资助自己的帝国梦想。

直到 1887 年，非洲绝大多数的钻石生意是由两家公司掌控的，也就是戴比尔斯矿区的戴比尔斯公司以及金伯利矿区的金伯利中心公司（Kimberley Central Company）。巴尼・艾萨克斯（Barney Isaacs），又名巴尼・巴纳托（Barney Barnato），用罗德兹和他的合伙人发展戴比尔斯的方式发展了金伯利中心公司。这些年来，他们也慢慢地买下了金伯利矿区的所有权，据说巴纳托和罗德兹一样富有。如果市场没有饱和，两家公司就面临着要么竞争，要么就生产问题达成某种协议。很显然，罗德兹选择了前者。首先，他通过欧洲代理人购买了拥有金伯利矿区剩余所有权的股票。同时，罗德兹专门到伦敦去，通过拜特安排的联络人会见了罗斯柴尔德勋爵

(Lord Rothschild)，从他那里借了 75 万英镑。然后他又从一个汉
堡的金融家手中借了 75 万英镑，并联系了出售金伯利公司股票的
法国公司的负责人，出价 140 万英镑买下整个项目，这在当时看来
是一个公道的价格。但是罗德兹做的不止于此。他还安排用戴比尔
斯公司的股票来支付上述两笔巨额贷款的利息，但是其背后暗藏玄
机：如果戴比尔斯的股价上涨，并在规定的期限结束时上涨，那么
从上涨中获得的利润将由戴比尔斯和债权人平分。罗德兹觉得股价
会在近期上涨，他想确保他和他的公司能从上涨中获益。

拍摄于 19 世纪 70 年代早期，如图所示，南非的矿工们在金伯利一个
钻石矿上如同蚂蚁一般行进。

　　在罗德兹的出价被法国公司的股东接受之前，巴纳托得知了这笔交易，并迅速还价，提议为他们的股份支付更高的价格。罗德兹泰然自若地走近巴纳托，劝他收回向法国公司提出的条件。作为补偿，罗德兹承诺以戴比尔斯支付的相同价格将法国公司卖给巴纳托和金伯利中心公司：也就是说，他同意将股份无偿转让。但是，罗德兹的一个要求是，巴纳托付给他的不是现金，而是金伯利中心公司的股票。巴纳托接受了罗德兹的提议。当这笔交易达成时，戴比尔斯公司拥有了金伯利中心公司20％的股份，而金伯利中心公司掌握着整个金伯利钻石矿区。如此一来，这两家公司现在坐拥世界上最重要的两个钻石矿区。在这之后，罗德兹下了一个更大的赌注。在拜特的帮助下，他筹集了更多的资本，并开始尽可能多地买下金伯利中心公司。巴纳托劝股东们不要出售公司的股份，并以更高价作为诱饵。由此，两家公司的股价都大幅上涨。随着市场水涨船高，许多投资者都纷纷出售这两家公司的股份，从而套现。然而，罗德兹的支持者们相信他的策略，因此立场坚定。经过一段时间的抢购，罗德兹和戴比尔斯控股了金伯利中心公司。

　　罗德兹说服了两家公司的股东进行合并，投资者将他们的股份更换为一家名为戴比尔斯联合矿山的新控股公司（De Beers Consolidated Mines）。然而，在合并的过程中，唯一的绊脚石是戴比尔斯新公司的信托契约，这将决定新公司运营的基本方式。巴纳托等人希望在信托契约中写明，公司的活动将仅限于钻石行业。但罗德兹不希望有这样的限制，他最终说服了众人，确保新公司可以从事其他业务。这家新公司所拥有的权力之多异乎寻常，其中包括在必要时吞并欧洲列强尚未合法拥有的领土的权利，有权组建一支私人军队来实现既定目标等。罗德兹和他的亲信包括巴纳托，被任命为戴比尔斯公司的终身董事。只要公司保持赢利，他们就能获得巨额收入，每人多达数亿美元。

罗德兹现在控制着戴比尔斯公司，几乎垄断了全球90％的钻石销售。但是，这仅仅是开始。在对合并后的新公司股东的讲话中，他阐明了他的近期目标："我们的目标是打造世界上最富有、最伟大、最强大的公司。"在公司繁荣的背后是贫困的工人生活在极其恶劣的条件下，他们大多是非洲黑人，在炎热的环境中辛苦劳作，从地下开采钻石。他们实际上是被公司关起来的囚犯，被迫在公司商店里花掉辛苦挣来的工资。当两家公司完成合并时，大约一半的黑人劳工被裁，白人劳工也被裁去了四分之一。随着竞争的减少，该公司股价上涨，利润飙升，而工人们的工作条件却不断恶化。

罗德兹的赚钱计划并不局限于钻石和戴比尔斯公司。1886年，人们在比勒陀利亚（Pretoria）的南部地区发现了黄金。这个地方日后以兰特闻名天下，是世界上最富有的金矿所在地，其附近有一座城市叫约翰内斯堡（Johannesburg）。罗德兹也参与到了黄金的生意之中。尽管罗德兹从来就没有主导过或者熟知金矿这个行业，但是他从最初的黄金投机中赚了一大笔钱，后来又从购买所有权与担任南非金矿合股公司（Consolidated Gold Fields of South Africa）的总经理和董事获得了巨额的年收入。

罗德兹这些年在专注于商业活动的同时，也在不断构建自己的大英帝国的政治理念。1890年，罗德兹担任开普殖民地政府的首脑，这意味着他的观点开始有分量了。此时的罗德兹是南非最富有、最有权势的人。罗德兹预料到"被占领的土地"——原住民所栖息的土地——将成为商业发展的障碍，因此他公开反对非洲人的投票权。加之，由于罗德兹相信不受限制和不受管制的工业发展模式会使世界变得更好，所以他不希望非洲土著固守他们的土地，以阻碍公司的"进步"。罗德兹还提出了有利于采矿和工业利益的法律，并将目光投向了中南部非洲。对于那片"空旷"的土地，罗德兹有自己的一个计划。

❖　❖　❖

自从在兰特发现黄金之后，勘探矿的人们就将目光投向了欧洲风格的开普殖民地以及布尔共和国（the Boer Republics）的边缘地带，也就是说钻石和黄金的获取来源并没有被局限在已发掘的地方。19 世纪 80 年代，许多探索者逐渐进入马塔贝莱兰（Matabeleland），这一地区属于马塔贝列（Matabele）国王洛本古拉（Lobengula）。这里所说的马塔贝列人是祖鲁部落（Zulu）的一个分支，他们常年居住在中非地区大湖西南方向林波波河（Limpopo River）沿岸，这里是放牧的绝佳之地。马塔贝列人是南非最可怕的部落，人口大概有 6 万人。他们作为入侵者和贩奴者经常从他们位于古布拉瓦约（Gubulawayo）的中心聚居点出发，突袭周围的地区。《罗德兹：角逐非洲》（Rhode：The Race for Africa）一书的作者安东尼·托马斯（Antony Thomas）将马塔贝列人比作古代斯巴达的战士，并将古布拉瓦约看成一个"巨大的军事营地"。该营地大概呈圆形，直径有半英里（约 0.8 公里），营地的周围用坚固的栅栏以及荆棘丛包围着，营地的外围是六排布局紧凑的草屋，这些草屋是按照传统的蜂房样式建造的。国王的侍从和战士们会居住在这些草屋里，而国王本人的内室由另外两间大砖房围绕的栅栏包围着。旅行家 A. T. 布莱恩特（A. T. Bryant）写道，"这里没什么私密的事，他们的灵魂并不属于自己。人们都生活在国王及巫医的权威带来的恐惧之中。每个人都像木偶一样受他们的意志所支配"。

这是绘制于 **19 世纪 80 年代**的一幅画，其中展示了非洲的一位国王洛本古拉端坐在一处房屋前，侍从们围绕他而坐。

洛本古拉是一个体格健壮的男性，外表仪态显得高贵。他非常在意外表以及必要的礼仪。一位拜访者曾写道："和所有看不起弯腰驼背的马塔贝列战士一样，洛本古拉走路时挺直腰板，头向后仰，并挺起宽阔的胸膛。当他右手拿着权杖慢悠悠地向前走时，周围的人都会大声称赞他，此时的他看上去就像一个完美的人。"洛本古拉有很多名头，包括"食人者"和"天刺"。当他以一种傲慢的方式上下打量你时，他那鼓鼓的、充血的大眼睛会让你感到恐惧。少数几个获准在古布拉瓦约附近定居的欧洲商人，住在城外的栅栏周围。洛本古拉称他们为"白狗"，任何人都不得在他的领地上采矿。如果在洛本古拉的王国范围内发现了任何有价值的矿藏，罗德兹相信他们还是会选择进驻该地。在罗德兹看来，"马塔贝列的国王是他们进驻中非唯一的障碍。一旦我们占领了他的地盘，剩下的就容易了"。

角逐非洲逐渐拉开帷幕，欧洲各强国都在寻找可以征服和掠夺的领地，并相互倾轧。大多数英国人或者说欧洲人，越来越相信他们有权占领和开拓非洲任何尚未被本地人占领或充分利用的土地。当时的一名作家约瑟·张伯伦（Joseph Chamberlain）对此评论道："就我们目前已经占有的殖民地和赞比西河之间未被占领的领土而言，它们几乎不属于任何一个国家。在这些地方行使统治权的部落和首领不可能占领这片土地并对其进行开发。所以，这些地方迟早会被欧洲的公司占领，成为欧洲的殖民地。"

尽管洛本古拉保持着独立，对矿业公司和欧洲政府的提议不屑一顾，但他的王室里充斥着劝其向欧洲人让步的群体。葡萄牙人声称对洛本古拉的部分领土拥有主权，德国政府则派遣了一名特使，英国传教士也试图在他的土地上组织活动。欧洲人认为对非洲领土的承认是由有效占领决定的。罗德兹担心如果英国不立即向北进行扩张，他梦想的从开普到开罗的"英国走廊"将会因其他欧洲国家的占领而破灭。他最担心的是德兰士瓦的布尔人会试图夺取土地的控制权。1887 年，这些布尔人就曾诱骗洛本古拉在一份文件上留下他的签名，这份文件的内容大致是授予他们独家贸易权，并禁止任何人进入该领土。

在这份假文件出来时，罗德兹正忙于其他事情。即便这份假文件最终被洛本古拉否决了，但是这件事还是彻底激怒了罗德兹。在这样的情况下，他开始谋划向洛本古拉的领土扩张。1888 年 8 月，他从金伯利派了六名使者，带着满载黄金和礼物的牛车准备进献给洛本古拉。他们在平原上走了几个星期，到达古布拉瓦约，寻求觐见国王。使者们说服国王在一份名为"鲁德特许权"（Rudd Concession）的文件上盖章。根据这份文件，洛本古拉将收到许多礼物，包括 100 支步枪和子弹以及一艘武装汽船，这些东西将由船沿赞比西河逆流而上运送到王国。洛本古拉反过来授予罗德兹及其亲信在位于和包含在王国内的所有金属和矿物拥有独家垄断权，以及为获得这些权力而必须做的一切事情的权力。即便洛本古拉十分精明且精于算计，并善于操纵和恐吓他人来维持自己的显赫地位，但是他也不太可能得到该文件的准确翻译。当这份文件成功签署后，罗德兹的使臣们立马赶赴非洲南部将此事公之于众，而罗德兹本人也迅速登上一艘船前往伦敦执行一项相关任务。

罗德兹想确保英国政府能授予他的公司以垄断地位，从而让他能顺利开发洛本古拉王国的矿产资源。罗德兹还创立了一家新公司，名为"鲁德特许公司"（Rudd Concession Syndicate），该公司的唯一价值就在于其特许权。因为他与英国殖民署取得了一项特许状用来在洛本古拉的领土上铺设电报线路和铁路、建立银行和开矿。凭借着自身充足的资金，鲁德特许公司在推动自身在该地区商业发展的同时，也阻碍了其他欧洲国家在这一地区的活动。之后，罗德兹开始着手创建英国南非公司（British South Africa Company），这家公司有权拥有自己的警备力量，能够统治领土内的所有人，并与来自林波波河和五大湖地区的邻国订立条约。为了实现这一目的，罗德兹四处游说，用他相当大的魅力、政治智慧、金钱和关系网来克服外交障碍。

关于他是如何说服这么多政府高官支持他的计划，如今并没有准确的记载，但是罗德兹不止一次讥讽地指出，"每个人都有一个价码"。他向官员们表明，他的事业就是他们的事业，这一切都是为了国家，乃至大英帝国的利益。罗德兹还使用了其他更巧妙的手段，如任命董事会成员、以折扣价向有影响力的人出售股票等。如果官员们听从罗德兹的想法，政府将不会花费一分钱，还会从中受益。没过多久，很多有权有势的人纷纷接受了他的计划。随着罗德兹将公司由垄断而来的红利分给更多的人，反对的声音也逐渐消失了。伦敦的《时代》（*Times*）杂志宣称南非"盛产贵金属，此外还有其他六种资源"。在英国南非公司向公众开放投资之前，罗德兹和他的主要支持者通过转移不同公司的股份也获得了丰厚的利润。该公司的特许状赋予了它管理所需的一切权力：开设银行以及其他公司；铺设铁路、电报线路；进行采矿作业和颁发采矿公司许可证；定居以及耕种土地；保证和平与秩序；为实现既定目标可以拥有一支警备力量，并有自己的旗帜。赋予公司上述权力的首个期限是25年。南非公司董事会由17名董事组成，罗德兹从一开始就是名副其实的独裁者，董事们在他的决定上加盖橡皮图章，而这些决定往往是在没有征求他们意见的情况下就做出的。

然而，只有在洛本古拉放弃维护自己权威的时候，罗德兹创建的新特许公司才能发挥其全部价值。需要注意的是，公司的特许状是基于其以欺诈手段获得的特许权的合法性，以及罗德兹承诺从事所谓高尚活动，比如把非洲人民从洛本古拉和其他国王的残酷专制统治中解放出来。由此可见，特许状所基于的脆弱的妥协将永远经不起仔细审查。罗德兹认为，既然与马塔贝列的战争不可避免，那么就越快越好。1889 年 12 月，他下达命令，要瓦解马塔贝列的势力，废黜洛本古拉。为此，他雇用了一名年轻的军官弗兰克·约翰逊（Frank Johnson）来领导秘密突袭。然而，这次阴谋很快就败露了。当有人向殖民当局报告这件事时，罗德兹矢口否认知道这件事，并称不对此事负责。他很快又酝酿出一个计划，还是由约翰逊领导。他挑选出了数百名"素质极佳的战士"，这些人以"罗德兹的天使"而著称，他们都是从开普殖民地各个偏僻的地区挑选出来的。罗德兹的后备计划是，如果他的人遇到麻烦，被包围或与外界隔绝，他们的家人会前去救援。罗德兹曾问约翰逊："你认为谁来救你呢？我来告诉你——帝国的代理人……你认为谁会对他们施加压力，让他们来救你？是这些年轻人的父亲们！"

1890 年夏天，一支由近 200 人组成的全副武装的先遣部队出发前往北部，紧随其后的是罗德兹率领的 500 名英国南非警察和 1 000 多名其他部队成员，其中大部分是非洲黑人。与此同时，罗德兹忙于作为开普殖民地首席长官的职责。安东尼·托马斯在《罗德兹：角逐非洲》一书中评论道，"一些人肯定想过质疑首席长官罗德兹先生怎么可能会处理那些影响钻石垄断者罗德兹先生的事情，或者与金矿区主席罗德兹先生或者铁路承包商罗德兹先生，抑或特许公司的罗德兹先生订立契约"。然而在当时，对于这些巨大的、明显的且赤裸裸的利益纷争，人们并没有任何异议。这支队伍沿洛本古拉的领土边缘行进，希望激怒他。英国南非公司的武装力量，连同矿工和移民者，缓慢地进入洛本古拉的领地，他们沿途修建堡垒，并为未来的殖民地点做标记。贸易和采矿的事或许可以谈判，但洛本古拉从未同意殖民。这支部队不能直接攻击洛本古拉，因为这是非法的。因此，他们将洛本古拉放在王国边缘一块被称为马绍纳兰（Mashonaland）的领土上，该领土由洛本古拉统治，但不受他直接控制，随后该部队开始在这块土地上搜寻矿产或农业财富。经过一年的搜寻，他们没有发现任何备受赞誉的矿产资源。一位英国矿业专家的报告对此不置可否："不可否认的是，对马绍纳兰的巨大矿产或农业财富寄予的厚望并没有得到证实或几乎没有证实……就目前所知，马绍纳兰既不是阿卡迪亚（Arcadia），也不是埃尔多拉多（El Dorado）。"

　　由于不满，矿工和探矿者转向土地投机与农业。罗德兹的移民向马绍纳兰的村庄进发，他们持枪威胁当地人为他们的农场无偿提供劳动。当地的土著惨遭杀害，他们的牛群被窃走，村庄遭焚毁。1891 年 10 月，罗德兹向北旅行，这是他第一次进入"他的"国家——移民者现在称之为罗德里亚的一块领土。他已经开通了一条通往该地区的电报线路，到 1891 年底，该线路基本完工。罗德兹参观了他的新首都索尔兹伯里（Salisbury），在大津巴布韦的废墟附近有一堆摇摇欲坠的简陋房屋和商店，这是一个古老帝国的证据，该帝国由巨大的花岗岩墙保护，并由传说中的金矿支撑。罗德兹将这些古代遗迹归功于古代腓尼基人，而不是当地的绍纳人（Shona）。毫无疑问，承认这座建筑是当地人建造的，会削弱他认为他们需要文明的信念。

　　然而，古代大津巴布韦的黄金被证明是难以捉摸的，很快，这个破旧的小前哨的定居者就在寻找离洛本古拉更近的领土，也许黄金和钻石就在那里。但是，罗德兹面临的问题与早些时候阻碍他前进的问题是一样的：进行战争和入侵马塔贝列是非法的，还会危及公司的特许状。该公司花费了大量资金，包括从戴比尔斯公司借入的资金，但尚未发现任何有价值的东西来证明其初始投资或维持远征军的持续费用。由于洛本古拉对绍纳人的突袭，罗德兹移民者的劳工问题持续存在。绍纳人害怕遭到马塔贝列人的报复，即使他们的村庄受到威胁，他们也不敢工作。如果没有廉价和充足的劳动力，公司移民者如何改善土地？他们之间的关系越来越紧张，暴力也越来越普遍。虽然必须要做点什么，但只要洛本古拉联合马塔贝列人，英国南非公司的发展就会停滞不前。

也许是知道了罗德兹的意图，洛本古拉始终保持自己不被激怒，从而主动发起进攻。即使在受到公开侮辱的时候，他也不让战士们报复。这一次，罗德兹的一位代理人在给他的一封信中提出了一个解决问题的方案："罗德兹可能会考虑完成这件事的明智性……我们现在有理由就被谋杀的妇女和儿童展开争论，而马塔贝列的开放会给我们的股份和其他方面带来巨大的提升。"公司将使用一个也许是虚构的借口，即以洛本古拉的一群战士袭击妇女和儿童为由入侵他的领土。因此，公司的军队前进了，这是一支由非正规军、探矿者和未来的定居者组成的流氓队伍，他们将以洗劫洛本古拉据点的战利品的形式获得报酬。掠夺物的一半将归公司所有，而剩下的一半将根据军官和士兵的级别分给他们。据说洛本古拉拥有大量黄金、枪支和钻石，还有 30 多万头牛。罗德兹还向公司的军队承诺了土地。

罗德兹为这一重大攻势开展的宣传活动包括利用他在开普殖民地的报纸，特别是《开普敦报》(*Cape Argus*)，散布关于马塔贝列战士正在不顾鲁德特许状而集结，以攻击英国移民者的虚假谣言。

罗德兹的长期副手之一，利安德·詹姆森在 10 月准备了 1 400 人，并以马塔贝列人袭击白人定居者的谣言为由，向古布拉瓦约进军。当两支部队会合时，5 000 名马塔贝列战士被现代大炮和机枪轻松摧毁了。在这场短暂的战斗中，超过 3 000 名马塔贝列人丧生，而公司只有少数人死亡。詹姆森随后向洛本古拉仍在燃烧着的首都进军，并将公司的旗帜插在了燃烧的废墟上。战斗结束后，一直待命的罗德兹很快进入古布拉瓦约来庆祝他的胜利。作为开普殖民地的领导者，罗德兹远在他正式管辖的领土的北部，但作为英国南非公司的负责人，他正处在这个新的、非法获得的区域的中心。他开始在洛本古拉王室的废墟上建造自己的房子，然后花了几天时间监督新首都商业区的选址工作，这个商业区将被称为"布拉瓦约新镇"。

面对公众的批评和一小批英国军队试图阻止移民者对洛本古拉王国进行掠夺和抢劫行动，罗德兹立即发起了另一场镇压运动。这一次是警告英国的一些人不要干涉公司的活动，否则它将不得不面对"一个新的共和国，这将造成比整个马塔贝列民族流更多的鲜血……"。1894 年 7 月 18 日，英国政府承认英国南非公司对新征服领土的管辖权。罗德里亚的建立已经完成，公司的股价飙升到战前的水平。现在对于野蛮的罗德里亚"先驱者"以及公司的股东来说，罗德兹都是一个英雄，他高兴地说，公司"拥有了世界上很大的一块土地……除了空气之外，世界上的一切都在这里"。他和公司将马塔贝列人从他们的土地上赶走，并成功地将他们变成了一批工农无产阶级。罗德兹他们共同统治着一块超过 100 万平方公里的土地，而他们自己也相信，他们的侵略是以进步的名义进行的，所以是合理的。

❖ ❖ ❖

　　作为开普殖民地的总理和罗德里亚的主席，塞西尔·罗德兹已经到达了权力、权威和受人尊敬的顶峰。在开普殖民地，他继续管理他的商业事务，并努力弥合开普的布尔人和英国殖民者之间不断扩大的裂隙。保持稳定不仅对商业发展有利，而且对公司充分开发罗德里亚地区也是绝对必要的。为了推进这一议程，罗德兹需要布尔人和英国议员的支持，他还做出了一些艰难的让步来确保这种支持。在议会中，他与布尔人做了许多交易，以确保他的商业利益，这些交易诸如在罗德兹希望的地方修建铁路，特别是向北进入罗德里亚的铁路。罗德兹还反对戴比尔斯公司虐待工人的行为，并推迟了对钻石征税的计划。作为交换，他支持歧视非洲黑人的法律和法规，而这些法律和法规是由布尔人倡导的。安东尼·托马斯写道："促使罗德兹倾向于种族主义的重要因素主要有二——政治家需要选票，以及实业家需要控制劳动力。"

　　第三个因素就是罗德兹的想法：需要在所有的共和国中建立一套通行的"本土"政策。在德兰士瓦的布尔共和国和奥兰治自由邦，黑色皮肤的非洲人没有选举权。罗德兹支持限制黑人在开普殖民地的选举权。他执行的政策是拒绝给予那些共同拥有土地的人选举权，这一举动令他获得许多布尔选民的政治支持。他宣称："我们必须将当地人视为一个被统治的民族。根据上次人口普查（大约1890年），开普殖民地有125万当地人、25万欧洲人。在目前的情况下，如果不这么做，当地人将有主导性的选举权。只要他们继续生活在一种蛮族的状态，我们就要把当地人作为被统治的民族。"

　　罗德兹一直致力于建立南非共和国联盟，他知道开普殖民地对黑人的相对自由政策将永远是与布尔共和国统一的主要障碍。因此，他开始着手修改开普殖民地的法律，支持立法使黑奴贩卖的行为合法化，再次提高投票的财产要求，引入旨在剥夺数千名黑人选民选举权的教育测试，通过武力吞并更多的领土，并将数千名非洲黑人转移到保护区。罗德兹宣称："我的建议是，土著应该被留在这些土著保护区，而不是与白人混杂在一起"。他还通过了不可分割农场的法律，这意味着农民年幼的儿子和未婚的女儿将被迫离开这片土地，同时也为廉价劳动力的供应提供了便利。罗德兹还不满意，他取消了传教士学校，这样非洲黑人就无法接受教育。罗德兹谈道："当我看到美国发生的劳工纠纷，以及英国人在他们自己的国家将要面临麻烦时……我感到相当高兴，这里的劳工问题与当地土著相关……如果白人继续保持他们作为最高种族的地位，那么有一天，我们会感谢这里有土著待在他们适合的位置上。"他对非洲黑人实行宵禁，并在公共机构实行种族隔离，所有这些措施都得到了罗德兹名下报刊的支持，特别是《开普敦报》。到1895年，他基本上建立了种族隔离制度，该制度在半个世纪后全面生效。而且在罗德里亚，罗德兹的土地委员会（Land Commission）将土著从他们的土地上赶走，将他们安置在位置不佳的保护区，以便他们的领土可以开放给白人定居者。

　　尽管如此，塞西尔·罗德兹并不是坚不可摧的，他的失败也是极为迅速的，而且多半是出于他自身的原因，他的身体一直在恶化。罗德兹患有心脏病，吸烟、酗酒和体重的大幅增加使他的病情得不到好转。虽然才四十出头，但他的外表和行为都显得衰老和迟缓很多。他开始觉得自己没有时间去实现其最伟大的雄心壮志之一：把南部非洲所有独立的共和国统一在一面旗帜下。到目前为止，罗德里亚的矿产勘探也没有取得他所预期的成功。在对该地区进行了广泛的考察之后，他的一位采矿工程师在其报告中敦促投资人进行适当的鉴别。正如许多人所猜测的那样，约翰内斯堡周围的德兰士瓦大金矿似乎并不像许多人认为的那样向北延伸。不仅罗德里亚和英国南非公司未能达到早先对难以置信的矿产财富的乐观预测，而且德兰士瓦的大金矿正助力布尔共和国成为南部非洲最富有的国家，后者将永远阻止布尔共和国与开普殖民地的统一。此外，罗德兹对德兰士瓦的总统保罗·克鲁格（Paul Kruger）怀有个人仇恨，并参与了一项入侵布尔共和国、推翻其总统并强行将其并入开普殖民地的计划。

　　罗德兹的计划类似于他成功夺取洛本古拉王国的计划：上演一场要求干预的起义。在这次事件中，他的主要追随者是在罗德里亚带领人冲锋陷阵的利安德·詹姆森，此人再次带领一支私人部队前往德兰士瓦进行营救，这一切都将干净利落地完成。英国政府曾考虑过类似的计划，但出于各种原因都放弃了。所以，罗德兹有理由相信，一旦行动成功，英国便不会反对。然而，这场涉及记者、工业家和政府官员的精心策划的袭击是一场彻底的灾难。詹姆森和八百名袭击者冲进德兰士瓦，期望得到他们的支持，但起义并未实现，德兰士瓦的军队将这些侵略者包围起来，将其捕获并关押起来进行审问。尽管罗德兹声称自己是无辜的，但他还是被迫辞去了现有的职务。罗德兹公司的特许状几乎被吊销，他被处以巨额罚款，但他从未与入侵有直接联系；他手下的所有人也都保持沉默，甚至进了监狱也没有透露他直接参与的消息。两年后，罗德兹试图在政治上卷土重来，尽管他耗费巨资，并掌握着开普敦新镇上的大部分自由媒体（"free" press），但最终以一席之差落败。之后，他把目光投向了罗德里亚——他称之为"他的"北方，罗德兹花了很多时间在此地修建铁路和电报设施，并寻找和开发矿山及其他资源。

考虑到布尔共和国和开普殖民地之间日益明显的差异，以及它们为获得卓越地位而进行的斗争，1899 年开始的布尔战争或多或少是可以避免的。在席卷整个地区的冲突中，罗德兹积极参与了金伯利及其钻石矿的防御工作。在经历了成千上万人的死亡之后，英国军队打败了布尔共和国，最终奥兰治自由邦、德兰士瓦与开普殖民地合并为南非联邦（Union of South Africa）。

塞西尔·罗德兹在他生命的最后几年里一直忙于平定罗德里亚的叛乱和改善自身不断恶化的健康情况。他被一个名叫凯瑟琳·拉齐威尔（Catherine Radziwill）的波兰公主纠缠，并可能被她勒索，她以他的名义伪造了本票（promissory notes），散布谣言说他们已经订婚，还多次从伦敦跟踪到开普敦来骚扰他。最后，当这位公主所有的求婚都被拒绝后，她指控罗德兹犯有刑事欺诈罪。显然她拥有后者不希望向公众公开的文件，并以此从他那里索取了大笔钱财。拉齐威尔一直骚扰着他，直到他于 1902 年 3 月 2 日去世，当时罗德兹 49 岁。他死在了开普敦，被埋葬在罗德里亚。

然而，英国南非公司继续存在。征服当地人的战争和向定居者支付的财产损失赔偿金损耗了公司大量的财富。而且，尽管罗德里亚确实有矿产资源，但它从来不具有罗德兹和公司初始股东所想象的巨大财富。事实证明，土地依然是公司最宝贵的资产，而控制土地就意味着要把非洲人永久地留在那里。多年来该公司持续亏损，对股东们来说，了解到入侵和管理一个国家本身并不是一项有利可图的商业活动一定极为痛苦。此外，还有一个道德上的缺点，那就是牵涉到对一个被征服的民族进行最大规模的人权侵犯。

尽管如此，该公司还是组织了一些活动来鼓励居住和出售其土地，到第一次世界大战时，在罗德里亚拥有土地的白人已达到31 000人。农业生产大幅增加，采矿生产也是如此。但在这段时间里，股东们几乎看不到利润；管理罗德里亚的成本太高，维持一支强大的军队力量以阻止非洲土著收回他们的领土也是一项代价高昂的任务。公司在罗德里亚的统治于1923年结束，当时定居者要求成立一个责任制政府，并得到英国政府的批准。英国还决定，所有无人认领的土地的所有权不归公司所有，因为公司不再是王室的代理人。不过，公司的股东们得到了几百万英镑的土地损失赔偿。

❖ ❖ ❖

到罗德兹去世时，英国人对他取得的成就是敬佩与厌恶交加，《时代》杂志记载道，"他比任何一个同时代的人都更清楚地向他的同胞展示了我们种族的帝国命运，但我们希望能够忘记与他名字相关的其他事情"。报刊总结道，"他和像他这样的帝国主义者会引起一定程度的反感，有时甚至是仇恨，但这与他们的成就大小成正比"。对于一些崇拜者而言，他是一位极具远见卓识的人，是帝国扩张和命运的预言家，他孜孜不倦地致力于扩大大英帝国的版图，为文明程度较低的人民谋福利，实现其建立一个以大不列颠为中心的全球帝国、为世界带来和平与繁荣的崇高梦想。他是"伟大的白人"。另一些人则不那么着迷，他们从不同的角度看待他的行为：

这个人利用他非凡的财富和影响力，从一家特许公司获得合法的外衣，以便对南部和东部非洲的领土进行私人入侵，他通过对报刊的所有权和对官员的贿赂控制媒体，而公司雇佣兵则推翻政府，为从当地人民手中非法夺取土地铺平道路，以便扩大他的采矿利益及实现其扭曲的新殖民主义梦想。

在 1892 年《笨拙》杂志上的这幅画像中，塞西尔·罗德兹像一个巨人一样在非洲大陆上昂首阔步，勇敢地举着一条从开普延伸到开罗的电报线。

罗德兹的密谋和行为更像一位政客而非商人，他表现得像一个中世纪军阀一样冷酷无情。他是一个聪明的操盘者，有些人会说他是个骗子，他的行为因他的胆大妄为而引人注目。关于罗德兹的传说和神话极多。他隐秘又公开地收购报刊公司，因为他坚信"新闻操控着人们的思想"。医生们指控罗德兹有意压制其矿山中的非洲劳动力感染天花的有关信息，恰恰因为后者认为这些信息会扰乱生产，进而导致工人离开该地；当然，这也需要为接种者花费他并不想负担的费用。结果，751 人在疾病最终得到控制之前死亡。罗德兹利用他在政府中的权力和威望支持加强矿主权利、削弱非洲原住民投票权和土地权的立法。他在开普敦的众议院（the House of Assembly）发表了一次演讲，声称"土著应当被视作孩童对待，并应剥夺其公民选举权，在与南非野蛮人的关系中，我们必须采取专制统治"。

安东尼·托马斯将罗德兹的一生描述为一个理想主义青年因追求权力而堕落的悲剧，这一点很难反驳。没有家人，没有妻子，而且几乎没有亲密的朋友，罗德兹致力于不间断的工作和计划，尽管他已经积累了足够的财富来维持几十年的放纵生活。他活着似乎是为了有机会行使权力，于是他不厌其烦地工作，并将自己巨额财富的很大一部分用于推动他认为最伟大的事业——大英帝国的进步。他的生活，像其他超凡脱俗的人一样，充满了神话般的和荒诞的色彩，关于他的许多早期传记涵盖了各种各样他从白手起家，到凭借辛勤工作和聪明才智成为世界上最富有的人之一的故事，其中有数十篇是由塞西尔·罗德兹创作的。对于罗德兹来说，金钱就是力量，他可以通过这种方式指使他人为其做事，以此来实现自己的梦想和抱负。但他不是一位耽于思考的哲学家，比起思想家或根据他人想法来决定自己处境的演员，他更像是一位实干家、计划者或领导者。

　　罗德兹令人反感的信仰和行为与两个世纪前简·科恩近乎变态的精神遗产不同，这是他所处时代的产物，他的成长经历和他突如其来的早期财富共同塑造了这一切。当然，他相信自己的伟大，相信自己的命运，相信自己在种族中的优越感，相信自己在人类大家庭中的优越感——财富和权力的迅速增长可以给年轻人留下这样的印象，但他也相信自己在世界上做了好事，也为与他发生冲突的人民带来了好处。尽管他做了一些骇人听闻的事情，用肆无忌惮、有时甚至是暴力的手段掠夺了人们的土地，但他相信他的事业最终将改善当地人的生活。虽然有所欺骗，但他并不是一个特别深刻的思想家，他不相信自己在作恶。不过，科恩知道自己在挑拨离间、伤害他人，但只要对自己有利他就不会在意，他的公司和国家就是如此。罗德兹是一个傲慢自大且自命不凡的人，他深信目的就是手段。他早年赌博赢了一大笔钱，然后凭借良好的时机和他令人印象深刻的第一次冒险所带来的好运，取得了更大的成功。罗德兹在做决定时总是赢，他逐渐相信，如果其他人的决定也是由他来做，他们会过得更好。对于那些被罗德兹和科恩等商业之王的公司的政策杀害或导致流离失所的人来说，他们的动机无关紧要，但他们的动机说明了他们的性格。罗德兹就像一个传教士，他坚信自己担负着神圣使命；科恩则像一个强盗和暴徒，无论他的衣服和装扮多么高贵。

　　罗德兹被许多人称赞为英雄，这其中既有他公司在罗德里亚的殖民者，也包括整个大英帝国的人群，牛津大学授予他荣誉博士学位。当他回到开普敦时，街道两旁都挂着横幅，上面写着"欢迎帝国缔造者回家",而罗德兹自己掌控的一些报刊更是大肆宣扬他的成就。罗德兹通过他的英国南非公司为大英帝国增加了大量的领土,他为不少人赚取了钱财。在与维多利亚女王的一次会面中,他以骄傲得意却又假装谦卑的态度回复了女王自从上次他们会面之后他做的所有事情:"尊敬的女王,自从我们上次见面以来,我已为您的国土新增加了两个省的版图。"如果不是在 49 岁去世的话,毫无疑问,罗德兹会继续在非洲进行血腥扩张,巩固自己的战果并进一步向北推进。持续的扩张是他一直关注的问题。他说,"想想你抬头看到的这些星星,这是我们永远无法企及的广阔世界。我经常想如果可以的话,我会吞并其他行星。看到它们如此明亮却又如此遥远,我感到不可抑制的难过"。

但罗德兹的一生也遭到许多人的鄙视。马克·吐温(Mark Twain)认为他应该被绞死。他打趣道:"我很佩服他,但我也坦率地承认,到了他生命的倒计时,我肯定会买一根绳子当作纪念品。"曾有人公开指控罗德兹行贿、腐败、玩忽职守,"对当地人极为苛刻",并且"毫无道德原则"。他的一些种族思想在他生前广受欢迎,并在他担任领导者期间获得了政治上的支持,这些思想在后来纳粹和南非种族隔离政权的意识形态中得到进一步发展。罗德兹对南非、津巴布韦和赞比亚(前罗德里亚的国家)产生了深远且持久的负面影响,这源于他早期对种族主义政策的支持,这些政策致使这些国家四分五裂。

罗德兹最持久的积极遗产,也许是他唯一的积极遗产,是他捐赠给牛津大学用作奖学金的一笔巨额资金,即罗德兹奖学金。几十年来,罗德兹一直在精心规划他的遗产。"没有目标的生命有什么价值呢?"19 世纪 70 年代,当他还是牛津大学的一位学生时他就一直在思考这个问题。19 世纪的另一位工业巨头阿尔弗雷德·诺贝尔（Alfred Nobel）将发明炸药后获得的巨额财产用于在物理、化学、医学及和平领域享有盛誉的奖项资助。与他一样，罗德兹多年来也一直在考虑奖学金的事。他在生前写了七份不同的遗嘱，每一份都完善了他庞大且不断增加的财产的分配细节。他每年向来自英国殖民地罗德里亚、开普殖民地、纳塔尔、新南威尔士（New South Wales）、塔斯马尼亚（Tasmania）、新西兰（New Zealand）、纽芬兰（Newfoundland）、百慕大（Bermuda）、牙买加（Jamaica），以及加拿大昆塔里奥（Ontario）和魁北克省的一些学生提供为期三年的资助。他还将来自美国的学生纳入受益者之列，也许是为了进一步实现他所宣称的希望，即美国最终将与英国重新合并。在遗嘱附录中他还补充说，每年有 5 名德国学生受资助："这一做法旨在令三个大国之间的谅解使战争成为不可能，教育关系将成为最牢固的纽带。"

罗德兹制定了获得奖学金资格的具体标准，学术成就并不重要。他不希望受益者仅仅是"书呆子"。相反，他强调了运动员的能力以及诸如"喜爱并勇于从事板球、足球等男子户外运动；具有男子气概，相信真理、忠于职守，具有勇气、同理心，保护弱者、善良、无私和关心同伴的优良品质，在学校期间表现出引领、关心同学的道德力量和天性。因为后一种属性可能会在之后的人生中引导他本人将履行公共职责视为最高目标"。罗德兹认为获得奖学金所必需的许多利他主义甚至骑士精神，都是他自己所不具备的。对于一个职业生涯可以用"肆无忌惮"一词来概括的人而言，他的标准似乎不合时宜；他永远都不会有资格获得自己所设立的奖学金，他无疑也意识到了这一点。罗德兹是不是在试图保护世界免受像他这样的人的掠夺？或者在他的一生中，他不惜一切代价必须赢得胜利，其好胜心压过了或支配了他的其他道德品质？

有趣的是，罗德兹还规定"任何学生都不得因其种族或宗教观点而拥有或失去获得奖学金的资格"。他规定奖学金只针对男性。考虑到他突出的种族主义观点，实际上他在担任开普殖民地领导者期间就引入并支持种族主义政策，这一规定似乎很不寻常。有证据表明，随着年龄的增长，罗德兹的观点也许已经开始改变。由于不再需要议会中布尔人的政治支持来推进他的统一议程，他放弃了那些布尔人最重视的观点：种族等级制度和基于肤色的隔离。在他生命的最后阶段，罗德兹向一位记者描述了他的人权观。他声称，"我的座右铭是赞比西河以南的每个文明人（civilized man）都有平等的权利。什么是文明人？即无论是白人还是黑人，只要接受过足够的教育能写他的名字，有一定的财产或工作，实际上就不是游手好闲的人"。不幸的是，他早期对种族主义政策的政治支持使整个地区走上了种族统治制度化的灾难性道路。也许罗德兹生前还来得及努力纠正他早先的政策，如果他真的会对这些政策有所作为的话。

作为一个矛盾而复杂的巨人，罗德兹在这个时代的历史上投下了一片阴影。他持有各种各样的商业利益，对钻石业的几近垄断使得他成为世界上最富有的人之一。他过着清醒而平静的生活，从未结婚或有过浮华的风流韵事，但当他的公司征服一个中等国家时，他以自己的名字为这个国家命名，这让他感到自豪和骄傲。他和他的公司因其野心、无情的战术、好战以及对其他人和文化的滥用而受到各种各样的赞扬和厌恶，以今天尚未解决的方式给非洲南部和东部带来了混乱与动荡。通过英国南非公司，他将征服的土地视为虚拟的领地来统治。罗德兹时而是一位魅力四射的主持人和演说家，时而又是一个专横的恶棍，他激励了大批人为他的利益和他认为的大英帝国的利益采取行动。即使是最苛刻的批评者也承认这一点，他的动机并不是为了显摆的消费或炫耀而赚钱。正是这种对他更高尚的动机的广泛信念，导致他公司的行为备受谴责，而罗德兹本人似乎对以他的名义或在他的指挥下进行的肮脏交易无动于衷。

正如约翰·S. 加尔布雷斯（John S. Galbraith）所写的那样，"在一个英国的优越性开始遭到质疑的时代，罗德兹的功绩是让人确信伟大的日子还没有结束。他宣称英国人的优越性，并使英国纳税人在不付出任何代价的情况下扩展了帝国版图"。尽管在他生前，人们对他的成就评价不一，但在 20 世纪中叶，他被提升到近乎半神的地位，人们将他视作野蛮人的驯服者和"白人文化"的传播者。然而现在他又被认为是一个相当令人尴尬的存在，他的行为和观点与当代思想格格不入，人们认为最好将其遗忘。但他的行为和遗产，以及英国南非公司的行为和遗产，在他影响最大的地方——南非——很难被忘记。

罗德兹的最大悲剧是，一个如此聪慧、充满魅力、拥有权力和财富的人，竟然把他的天赋和财富挥霍在不断地收购与扩张上，他赚取着越来越多的钱，远远超过了他所需要的程度，而且这些是通过限制工人的权利、推行吞并大片领土和征服其人民的暴力政策来实现的，这一切都是为了获得更多的矿藏，扩大他自己的商业帝国和英国的政治帝国。最后，他的事业耗尽了他的生命，他的人生被局限在战胜对手的阴谋诡计中。尽管罗德兹自诩为帝国的伟大卫士，但他的政策最终只是消除了非洲南部几代人拥有光明未来的可能性，最终给后人带来了巨大的道德债务和污点。像许多商业之王一样，罗德兹被竞争迷失，忘记了他的生活除了继续为征服和扩张而奋斗外，还应该有别的目的。

尾　声

当公司统治世界时，"垄断……是良好管理的巨大敌人"。

——亚当·斯密《国富论》，1776 年

赫克托耳·切维尼在谈到俄美公司时写道："当然，从长远来看，整个公司执行的是一个利用某一话题人物的鲜血和胆量来使少数人致富的计划。"伟大的商业时代里任何一家强大的商业垄断公司都是如此，但并非所有的公司行为都会导致这种情况。事实上，渴望购买和交换产品的愿望与人类本身的存在一样古老。商业之王和他们的垄断公司集中体现了未经约束、未受挑战的权力与意识形态相结合的噩梦——在这种情况下，他们控制着整个文明和社会，为远方的股东谋取最大利益。这些单一的公司实体与其说是自由市场资本主义的产物，不如说是欧洲民族战争和文化与经济霸权斗争的商业延伸。他们占据了政府和企业之间的灰色地带。

最初，垄断贸易权的授予是欧洲政府利用私人资本为殖民扩张和商业战争所需的天文数字般的成本提供资金的一种便利方式。然而，随着贸易前哨人口的增加，母国政府允许这些公司成为当地唯一的地方政府，这项政策便失败了。欧洲各国政府通过推卸对本国公民的责任，并要求对被其公司管辖的领土上的原住民行使权力，引发了经常会带来可怕后果的情况。同时，垄断公司利用母国的声誉谋取个人利益，导致母国遭受重大损失，例如荷兰失去了对曼哈顿和新荷兰的控制权，英国失去了对老俄勒冈地区的控制权，有时公司还会利用国家收入为自己的领土和特权提供军事防御。

垄断公司在有限的时间内为其所在国提供了巨大的利益，但和所有的机构一样，它们的作用已经过时，在它们的权力没有被削弱时就造成了巨大的损害。许多实体最终都依赖政府救助，这一事实与现代社会有着密切关联。就像我们当前地区的巨型跨国金融机构和制造商一样，许多历史上伟大的垄断企业变得如此庞大和复杂，雇用了如此多的人——它们使经济蒙上阴影，有时还被用作外交政策的工具——以至于任由它们衰落或崩溃将对国家士气和国民经济造成毁灭性打击。它们变得太过庞大、太过重要，以至于不能让它们随意倒塌。几十年来，少数人不成比例地享受着利润，但失败的代价却由整个社会通过税收来平等分摊。

商业之王带领他们的公司远离纯粹的商业源头，走向社会剥削以及对整个社会的政治征服。他们的母国与其商业活动领域之间的遥远距离令人难以置信，这使得商业之王能够自由追逐他们的理想以及凌驾于一切之上的愿景。一旦他们的帆船离开港口进行长达一年或更长时间的航行，他们和他们的官员就不受母国法律的约束。
不过，由于他们的技术实力和当地政府的无力监管，这些商业之王
不会受任何外国社会规则的约束。一旦他们远离家乡，在一个没有
可靠通信，甚至尚未被他们公司开发过的可靠海图区域中，这些商
业之王就可以随心所欲地做生意，肆意放纵自己的冲动，贪婪地实
行独裁统治。他们之所以会这样做，是因为他们不受道德和法律的
约束，而这些约束至少可以节制他们在国内的行为和商业活动。除
了少数内部人士外，大多数欧洲人不知道这些公司在海外的做法有
多粗暴，也不知道他们经常藐视约束欧洲社会的法律和习俗。

　　商业之王和他们的垄断公司向我们展示了当前全球化趋势的潜
在危险：商品和消费者之间的距离越大，消费者监督生产的机会就
越少，为了确保生产国的生产者遵守法律，需要承认商品经销国的
公民也享有相同的权利。这同样适用于 17 世纪的香料贸易和 19 世
纪的毛皮贸易，也适用于 21 世纪的鞋类或电子产品制造业。

　　伟大的自由市场理论家亚当·斯密非常清楚垄断的弊端，以及
垄断给消费者和社会带来的危险。公司将始终以其认为的自身及股
东的最佳利益（有时只是短期利益）行事，这是它的行事准则。垄
断可以在没有制衡的情况下运作——在同一领域和地区，没有竞争
对手的第二双眼睛。商业之王甚至更进一步，除了拥有商业垄断权
外，还夺取了政治权力。我们可以看到荷兰东印度公司在整个印度
尼西亚的统治地位，荷兰西印度公司对新荷兰的控制，英国东印度
公司对孟加拉的统治，俄美公司对阿拉斯加的控制，哈得孙湾公司
对北美大部分地区的治理，英国南非公司在南部非洲的权力。不
过，在西方世界已经到了这样一种程度，我们再也没有看到以同样
方式存在的此类大型垄断公司了。目前，没有完全不受管制、肆无

忌惮从事文化和环境的破坏活动而不受惩罚的公司或企业。

西方社会努力将宗教与国家分离，但商业公司与国家之间的关系应该是什么？从对这些商业之王及其垄断公司的研究中可以明显看出，在伟大的商业时代，商业与国家的结合产生了一系列"糟糕的婚姻"，这可以被看作关于这种关系如何出现问题的警示故事。这些历史实例表明，作为政治权威的公司企业最终会与人民和国家的利益背道而驰，尽管它们在一段时间内可能看起来是相容的。归根结底，商业和负责任的政府正朝着不同的目标努力，并为不同的人谋取利益。商业公司对人民的繁荣至关重要，因此是社会的一个主要方面，但它必须在执政社会的支持和政治控制下运作，而不是像商业之王所寻求的那样强迫社会服从。这本书中描述的垄断公司在抵制向真正的政府过渡时辜负了国家的期望，人们不能无限期地被当作雇员、客户或竞争对手而不被赋予个人自由和公民权利。在任何情况下，那些将政治控制强加给殖民地人民的大型垄断公司最终都面临着这样的现实：负责任地管理人民并不是公司的一个固有营利领域。在短期内，剥削当然是有利可图的，但它最终在道德上玷污了剥削者。即使它们是好公司，它们也在为坏政府出力，政府和商业的最终目标在本质上是不相容的。

这些成功公司的领导者都有着各种各样的特点：他们可能具有极强的竞争能力，并且会毫不留情地按照自己的方式行事，为增强自己的实力还会将自己的意志强加给他人。他们都不是生来就拥有财富、社会地位或权力的人，但在他们看来，赢得斗争是最重要的。商业之王们在战术上也很出色，他们具有指导数百万人活动的广阔视野。然而，这些特质也致使他们做出不光彩的决定。无论多么出色和果断，是有缺陷的道德导致这些商业之王到达了成功的顶

峰，还是他们流星般的成功引发了他们性格中不太光彩的一面？我
们是否应该因为他们在世界历史进程中带来的革命性变化而忽视他
们的道德缺陷？他们中的许多人在有生之年都被誉为英雄，但在今
天却不那么受欢迎。即使是某些残暴的国王、皇帝和将军，他们的
名字也被冠以"伟大"的称号，但商业之王作为一个群体却没有受
到这种历史的尊重。

伟大的商业时代里的商业之王们像是陈列在一间骗子画廊里，
里面是一群超群不凡的商业冒险家，他们在三百年的时间里，将其
遥远的商业公司扩展到了世界大部分地区，目的无非是为他们的股
东创造收入、为自己筑巢、满足自己的虚荣心。英雄或恶棍，爱国
者或盗贼，睿智的管理者或贪婪的掠夺者——这些往往是同一枚硬
币的正反两面。换个视角，对一件事情的看法就可以变成另外一
种。反思那些早期的商业之王就像在看后视镜：去掉文化的矫饰，
兼具商业和政治特质的同类型人群，正在让我们的世界变得更加
美好。

资料来源

　　我作为一个有着历史学科背景的人接触到了这个项目。本书讲述的是几位商业之王及其垄断公司的历史，而不是全球贸易或殖民扩张的技术史。我在书中使用的是通行的年代和基本史实，并使用了一些重要的资料。我关注的是推动这些商业公司攫取政治权力的人及其个性，而不是那些贸易统计数据、利润率等细节。我想讲述商业之王的生活故事，那些激励他们的故事，是什么让他们快乐，是什么让他们愤怒，以及为什么他们强迫自己和他们的公司去支配别人，然后摧毁所有的竞争。这些行为只是为了钱吗？我认为不是，这些商业之王的故事告诉我们，驱使着这些复杂而有趣的个体的，是一种更加深不可测而又人性的东西。

　　除科恩（巴拉诺夫或许也是如此）以外，关于其余四位商业之
王的故事，很多传记都有所记载，但没有把他们汇集在一起记载
的，而这本书是按照人物顺序分别介绍了他们。由于我将六位商业
之王汇集到了一本书中，所以省略了很多的细节。在编写参考书目
时，我仅仅列出了我觉得有用的，其中大多数当代的文献资料都是
书信、回忆录以及学术著作中列出的附录。

　　就科恩和荷兰东印度公司而言，参考的文献如下：费梅·嘉士
特拉的《荷兰东印度公司：对外扩张与衰亡》和吉尔斯·米尔顿的
《香料角逐：一个人是如何改变历史进程的》详细描述了为了夺取
印度尼西亚香料贸易，英荷两家公司之间展开的斗争。而关于斯特
伊弗桑特及荷属曼哈顿的记述，最好的著作是拉塞尔·萧图的《世
界中心的岛屿》。

　　关于克莱武和英国东印度公司，大量的著作都对其有所记载，
如迈克尔·爱德华兹的《与生俱来的将军克莱武》、罗伯特·哈维
的《小皇帝克莱武的生平史》等。约翰·凯伊的《荣耀的公司：英
国东印度公司史》可读性非常强，该书回顾了这家公司几个世纪以
来的商业活动。相较而言，研究巴拉诺夫和俄属美洲的人相对较
少，较好的著作有莉迪亚·布莱克的《阿拉斯加的俄国人：1732—
1867》，而赫克托耳·切维尼的《阿拉斯加之主》一书写得不完全
可信，但是内容还算精彩。对于辛普森及哈得孙湾公司的记载，我
参考了詹姆斯·拉凡的《北方的君主》。就塞西尔·罗德兹而言，
记载他的书很多，但是大多数书都写得不清楚，在这些书中可读性
较强的是安东尼·托马斯的《罗德兹：角逐非洲》。

参考文献选录

Alekseev, Aleksandr Ivanovich. *The Destiny of Russian America, 1741–1867*. Edited by R.A. Pierce. Translated by Maria Ramsay. Kingston, ON: Limestone Press, 1990.

Black, Lydia. *Russians in Alaska, 1732–1867*. Fairbanks: University of Alaska Press, 2004.

Bowen, H.V. The *Business of Empire: The East India Company and Imperial Britain, 1756–1833*. New York: Cambridge University Press, 2006.

Bown, Stephen R. *A Most Damnable Invention: Dynamite, Nitrates and the Making of the Modern World*. Toronto: Viking, 2005.

Boxer, C.R. *The Dutch Seaborne Empire, 1600–1800*. New York: Knopf, 1965.

Braudel, Ferdinand. *Civilization and Capitalism, 15th–18th Century*. New York: Harper & Row, 1984.

Brierly, Joanna Hall. *Spices: The Story of Indonesia's Spice Trade*. Oxford: Oxford University Press, 1994.

Burrows, Edwin G., and Mike Wallace. *Gotham: A History of New York City to 1898*. New York: Oxford University Press, 1999.

Cawston, George. *The Early Chartered Companies, A.D. 1296–1858.* London:
Edward Arnold, 1896.

Chevigny, Hector. *Lord of Alaska: Baranov and the Russian Adventure.* New York:
Viking, 1942.

———. *Russian America: The Great Alaskan Venture, 1741–1867.* New York: Viking
Press, 1965.

Clive, Robert. *Lord Clive's Speech, in the House of Commons, 30th March 1772,
on the Motion Made for Leave to Bring in a Bill, for the Better Regulation of the Affairs
of the East India Company, and of Their Servants in India, and for the Due
Administration of Justice in Bengal.* London: J. Walter, 1772.

Condon, Thomas J. *New York Beginnings: The Commercial Origins of New Netherland.*
New York: New York University Press, 1968.

Curtin, Philip D. *Cross-Cultural Trade in World History.* Cambridge: Cambridge
University Press, 1984.

Davies, D.W. *A Primer of Dutch Seventeenth Century Overseas Trade.* The Hague:
Martinus Hijhoff, 1961.

Dodwell, Henry. *Dupleix and Clive: The Beginning of Empire.* London: Archon
Books, 1968.

Edwardes, Michael. *Clive: The Heaven-Born General.* London: Hart-Davis,
MacGibbon, 1977.

Furber, Holden. *Rival Empires of Trade in the Orient, 1600–1800.* Minneapolis:
University of Minnesota Press, 1976.

Gaastra, Femme S. *The Dutch East India Company: Expansion and Decline.*
Zutphen: Walburg Pers, 2003.

Galbraith, John S. *Crown and Charter: The Early Years of the British
South Africa Company.* Berkeley: University of California Press, 1974.

———. *The Hudson's Bay Company as an Imperial Factor*. Toronto: University of Toronto Press, 1957.

———. *The Little Emperor: Governor Simpson of the Hudson's Bay Company*. Toronto: Macmillan of Canada, 1976.

Gehring, Charles, trans. *Laws and Writs of Appeal, 1647–1663*. Syracuse: Syracuse University Press, 1991.

Gibson, James R. *Imperial Russia in Frontier America: The Changing Geography of Supply of Russian America, 1784–1867*. New York: Oxford University Press, 1976.

Griffiths, Sir Percival. *A Licence to Trade: The History of English Chartered Companies*. London: Ernest Benn, 1974.

Hagemeister, Leontii Andreianovich. *The Russian American Company: Correspondence of the Governors, Communications Sent, 1818*. Translated and with an introduction by Richard A. Pierce. Kingston, ON: Limestone Press, 1984.

Hanna, Willard Anderson. *Indonesian Banda: Colonialism and Its Aftermath in the Nutmeg Islands*. Philadelphia: Institute for the Study of Human Issues, 1978.

Hart, Simon. *The Prehistory of the New Netherland Company: Amsterdam Notarial Records of the First Dutch Voyages to the Hudson*. Amsterdam: City of Amsterdam Press, 1959.

Harvey, Robert. *Clive: The Life and Death of a British Emperor*. New York: Thomas Dunne Books, 2000.

Hearne, Samuel. *A Journey to the Northern Ocean: The Adventures of Samuel Hearne*. Surrey, BC: Touch Wood, 2007.

Jacobs, Jaap. *New Netherland: A Dutch Colony in Seventeenth-Century America*.

Leiden: Brill, 2005.

Jourdain, John. *The Journal of John Jourdain, 1608–1617: Describing His Experiences in Arabia, and the Malay Archipelago.* Edited by William Foster. London: Hakluyt Society, 1905.

Keay, John. *The Honourable Company: A History of the English East India Company.* London: Harper Collins, 1991.

Khlebnikov, K.T. *Baranov, Chief Manager of the Russian Colonies in America.* Edited by Richard A. Pierce. Translated by Colin Bearne. Kingston, ON: Limestone Press, 1973. First published in Russia in 1835.

Lankevich, George J., and Howard B. Furer. *A Brief History of New York City.* New York: Associated Faculty Press, 1984.

Lawford, James P. *Clive: Proconsul of India; A Biography.* London: George Allen & Unwin, 1976.

Lawson, Philip. *The East India Company: A History.* London and New York: Longman Group, 1993.

MacKay, Douglas. *The Honourable Company: A History of the Hudson's Bay Company.* Freeport: Books for Libraries Press, 1970. Reprint of the 1936 original.

Malcolm, John. *The Life of Robert, Lord Clive: Collected from the Family Papers Communicated by the Earl of Powis.* Boston: Elibron Classics, 2002. Reprint of the 1836 original.

Marlowe, John. *Cecil Rhodes: The Anatomy of Empire.* London: Paul Elek, 1972.

McLean, John. *Notes of a Twenty-Five Years' Service in the Hudson's Bay Territory.* London: Richard Bently, 1849.

Meilink-Roelofsz, M.A.P. *Asian Trade and European Influence in the Indonesian*

Archipelago Between 1500 and About 1630. The Hague: Nijhoff, 1969 (reprint).

Meredith, Martin. *Diamonds, Gold and War.* New York: Public Affairs, 2007.

Miller, J. Innes. *The Spice Trade of the Roman Empire, 29 BC to AD 641.* Oxford: Clarendon Press, 1969.

Milton, Giles. *Nathaniel's Nutmeg: How One Man's Courage Changed the Course of History.* London: Hodder & Stoughton, 1999.

Morrison, Dorothy Nafus. *The Eagle and the Fort: The Story of John McLoughlin.* Portland: Press of the Oregon Historical Society, Western Imprints, 1984.

Newman, Peter C. *Caesars of the Wilderness.* Toronto: Viking, 1987.

Nicholls, John. *Recollections and Reflections.* London: Longman, Hurst, Rees, Orme and Brown, 1822. Microfilm. New Haven, Conn: Research Publications, 1980.

Orme, Robert. *A History of the Military Transactions of the British Nation in Indostan, from the year MDCCXLV. To which is prefixed A dissertation on the establishments made by Mahomedan conquerors in Indostan. The second edition, corrected, with alterations, additions, and an index. By the author.* London:F. Wingrave, 1803; Madras: Pharoh & Co., 1861.

Parker, John. *The World for a Marketplace: Episodes in the History of European Expansion.* Minneapolis: Associates of the James Ford Bell Library, 1978.

Parsons, Neil. *A New History of Southern Africa.* London: Macmillan, 1993.

Pierce, Richard A. *Russian America: A Biographical Dictionary.* Kingston, ON: Limestone Press, 1990.

Pomeranz, Kenneth. *The World that Trade Created: Society, Culture, and the World Economy, 1400–the Present.* New York: M.E. Sharpe, 1999.

Raesly, Ellis Lawrence. *Portrait of New Netherland*. Port Washington: Ira J. Friedman Inc., 1965 (originally published by Columbia University Press).

Raffan, James. *Emperor of the North: Sir George Simpson and the Remarkable Story of the Hudson's Bay Company*. Toronto: Harper Collins, 2007.

Rhodes, Cecil. *Cecil Rhodes: His Political Life and Speeches*. Edited by Reverend F. Verschoyles. London: Chapman and Hall, 1900.

Rich, E.E. *Hudson's Bay Company, 1670–1870*. 3 vols. Toronto: McClelland & Stewart, 1960.

Rotberg, Robert I. *The Founder: Cecil Rhodes and the Pursuit of Power*. New York: Oxford University Press, 1988.

Sarkar, Jagadish Narayan. "Saltpeter Industry of India." *Indian Historical Quarterly*, 13, 1938.

Shorto, Russell. *The Island at the Center of the World: The Epic Story of Dutch Manhattan and the Forgotten Colony that Shaped America*. New York: Doubleday, 2004.

Simpson, George. *Fur Trade and Empire: George Simpson's Journal Entitled Remarks Connected with the Fur Trade in the Course of a Voyage from York Factory to Fort George and Back to York Factory, 1824–1825*. Edited by Frederick Merk. Cambridge, MA: Harvard University Press, 1968.

———. "Governor George Simpson's Character Book." Edited by Glyndwr Williams. *The Beaver*, Summer 1975.

———. *Narrative of a Journey Around the World, 1841 and 1842*. London: 1847.

Spry, Irene. "The Great Transformation: The Disappearance of the Commons in Western Canada." In *Man and Nature on the Prairies*. Edited by R.A. Allen. Regina: University of Regina, 1976.

Starr, Frederick. *Russia's American Colony*. Durham, NC: Duke University Press, 1987.

Stavorinus, Johan Splinter. *Voyages to the East Indies*. Translated S.H. Wilcocke. London: Dawsons, 1969. Facsimile reprint of the 1798 original.

Stejneger, Leonhard. *Georg Wilhelm Steller: The Pioneer of Alaskan Natural History*. Cambridge, Mass: Harvard University Press, 1970. Reprint of the 1936 original.

Stent, Vere. *A Personal Record of Some Incidents in the Life of Cecil Rhodes*. Cape Town: M. Miller, 1924.

Stuyvesant, Peter. *Correspondence of Petrus Stuyvesant, 1647–1653*. Translated by Charles Gehring. Syracuse: Syracuse University Press, 2000.

———. *Correspondence of Petrus Stuyvesant, 1654–1658*. Translated by Charles Gehring. Syracuse: Syracuse University Press, 2003.

Thomas, Antony. *Rhodes: The Race for Africa*. London: BBC Books, 1996.

Tracy, James D. *The Rise of Merchant Empires: Long-Distance Trade in the Early Modern World, 1350–1750*. New York: Cambridge University Press, 1990.

Travers, Robert. *Ideology and Empire in Eighteenth Century India: The British in Bengal*. New York: Cambridge University Press, 2007.

van der Donck, Adriaen. *A Description of New Netherland*. Edited by Charles Gehring and William A. Starna. Translated by Diederik Willem Goedhuys. Lincoln: University of Nebraska Press, 2008.

van Goor, Jurrien. *Prelude to Colonialism: The Dutch in Asia*. Hilversum: Uitgeverij Verloren, 2004.

Verschoyles, Reverend F. *Cecil Rhodes: His Political Life and Speeches*. London:

Chapman and Hall, 1900.

Vlekke, Bernard Hubertus Maria. *Nusantara: A History of Indonesia*. Chicago: Quadrangle Books, 1960.

———. *The Story of the Dutch East Indies*. Cambridge, M A: Harvard University Press, 1945.

大事年表

1587 年　简·皮特斯佐恩·科恩出生。

1588 年　西班牙无敌舰队征服英格兰失败。

1600 年　英国东印度公司成立。

1602 年　荷兰东印度公司成立；

阿姆斯特丹股票交易所成立，负责处理公司的股票与债券事务。

1609 年　亨利·哈得孙受荷兰东印度公司委托航行至哈得孙河。

1612 年　彼得·斯特伊弗桑特出生。

1618 年　科恩晋升为荷兰东印度公司的总督。

1621 年　荷兰西印度公司成立，负责北美洲的贸易活动并劫掠加勒比海的西班牙船只。

1623 年　在安汶大屠杀期间，荷兰东印度公司雇员杀害英国东印度公司的雇员。

1629 年　科恩死于巴达维亚。

1647 年　斯特伊弗桑特抵达新阿姆斯特丹，就任于荷兰西印度公司。

1652 年　荷兰议会命荷兰西印度公司在殖民地建立一个市政府。

1657 年　奥利弗·克伦威尔授予英国东印度公司一份新特许状。

1664 年　斯特伊弗桑特代表新阿姆斯特丹向英国投降；
　　　　　法国东印度公司成立。

1670 年　英国哈得孙湾公司成立，探索北美洲北部的毛皮贸易。

1672 年　斯特伊弗桑特死于新约克。

1707 年　莫卧儿帝国皇帝奥朗则布去世，帝国的中央集权日益式微。

1725 年　罗伯特·克莱武出生。

1741 年　维达斯·白令指挥从堪察加到阿拉斯加的航行，从而开启了沙俄在这一地区的探险与贸易活动。

1747 年　亚历山大·巴拉诺夫出生。

1748 年　英法两家东印度公司在印度斗争期间，克莱武在阿科特包围战中作为一名杰出的军事指挥官脱颖而出。

1757 年　在普拉西战役中，克莱武率领公司的士兵战胜了法国。据此，英国东印度公司在印度的统治开始。

1763 年　英法之间的七年战争结束。

1764 年　荷兰西印度公司因债务问题破产。

1768—1771 年　海军上尉詹姆斯·库克领导了太平洋海域的首次

　　　　　　　探险之旅。

1774 年　　罗伯特·克莱武自杀。

1775—1783 年　　美国独立战争。

1776 年　　亚当·斯密出版《国富论》。

1782—1784 年　　第四次英荷战争。

1784 年　　威廉·皮特的《印度法案》提出对英国东印度公司的权
　　　　　　力进行控制。

1790 年　　巴拉诺夫抵达阿拉斯加。

1792 年　　乔治·辛普森出生。

1799 年　　沙皇保罗一世建立了俄美公司，并交由巴拉诺夫管理；
　　　　　　荷兰东印度公司在破产后宣布解体。

1807 年　　奴隶贸易在英属地区被宣布违法。

1815 年　　拿破仑于滑铁卢战役中战败。

1818 年　　巴拉诺夫卸任俄美公司的职务。

1819 年　　巴拉诺夫死于海上。

1820 年　　辛普森抵达北美，成为哈得孙湾公司的总督。

1826 年　　辛普森成为哈得孙湾公司南北两分部的总督。

1831—1836 年　　"猎犬"号驶离英国，前往南美和加拉帕戈斯群岛
　　　　　　探险。查尔斯·达尔文作为自然学家随行。

1846 年　　俄勒冈边界纠纷被解决，北纬 49 度成为加拿大和美国的
　　　　　　边界线。

1852—1853 年　　英国承认南非布尔共和国独立。

1853 年　　塞西尔·罗德兹出生。

1858 年　　英国军队镇压了一场印度人民起义。

1860 年　　辛普森死于蒙特利尔附近。

1867 年   美国购买了俄属美洲的部分领土；

阿尔弗雷德·诺贝尔发明了炸药，使得采矿业和建筑业发生了革命性的变化；

加拿大成为一个独立的国家。

1870 年   塞西尔·罗德兹抵达开普殖民地；

加拿大成为哈得孙湾公司的领地。

1874 年   《东印度公司股份赎回法案》标志着英国东印度公司的终结。

1876 年   维多利亚女王获得印度女皇的称号。

1880 年   罗德兹成立了戴比尔斯公司，并当选为开普议会的议员。

1889 年   罗德兹从英国政府获得了关于英属南非公司的王室特许状，从而有权对南非与中非进行殖民和探险。

1894 年   英国政府承认英属南非公司在罗德里亚地区的权力。

1901 年   颁布第一届诺贝尔奖。

1902 年   塞西尔·罗德兹去世，为设立罗德兹奖学金留下了大笔遗产。

1918 年   第一次世界大战结束。

1923 年   英国政府撤销英属南非公司的特许状，并授予今津巴布韦自治殖民地的地位以及今赞比亚保护国的地位。

致　谢

　　将一份手稿变成一本精美的书并非易事，这离不开许多人的天分与努力。我要感谢斯科特·麦金泰尔和斯科特·斯蒂德曼二位学者对这本书的热情，并提醒我要始终对"商业之王"的品格保持开放的心态。这些"商业之王"的经历太过复杂，我们不能将他们误以为是"强盗大亨"。

　　我十分幸运能再次请到富有远见且行事老练的约翰·埃尔克斯-梅德拉诺做我的编辑。迈克尔·蒙德亨克负责审阅稿件，为我提供了全面且有建设性的修改意见，从而使我避免了多处前后矛盾，并令我的文字表达不那么平淡乏味，而鲁斯·威尔森凭借着敏锐的眼光也找到了一些不一致之处。内奥米·麦克杜奥米设计了精美的封面,与内文的风格完美搭配。道格拉斯和麦金泰尔公司的制作团队、编辑团队以及出版团队也让这项工作变得很愉快。与此同时,还需要感谢弗朗西斯和比尔·汉纳,感谢阿尔伯塔艺术基金会的支持,坎莫尔公共图书馆为我提供了一些不易获取的书籍,并且在我遗失了借书的纸条时仍能够顺利归还。最后,我还要感谢我的妻子尼基·布林克阅读了我的初稿,并且能够容忍我的分心以及在餐桌上谈论久逝之人时的断章取义。

图书在版编目（CIP）数据

贸易与殖民：霸权公司三百年：1600—1900/
（加）斯蒂芬·R. 鲍恩（Stephen R. Bown）著；于振洋译
. --北京：中国人民大学出版社，2023.9
书名原文：Merchant Kings：When Companies Ruled
the World，1600—1900
ISBN 978-7-300-31851-6

Ⅰ.①贸… Ⅱ.①斯… ②于… Ⅲ.①殖民地-贸易
史-世界-1600—1900 Ⅳ.①F749

中国国家版本馆 CIP 数据核字（2023）第 132323 号

贸易与殖民

霸权公司三百年（1600—1900）

[加] 斯蒂芬·R. 鲍恩（Stephen R. Bown） 著

于振洋 译

Maoyi yu Zhimin

出版发行	中国人民大学出版社	
社　　址	北京中关村大街 31 号	**邮政编码**　100080
电　　话	010 - 62511242（总编室）	010 - 62511770（质管部）
	010 - 82501766（邮购部）	010 - 62514148（门市部）
	010 - 62515195（发行公司）	010 - 62515275（盗版举报）
网　　址	http://www.crup.com.cn	
经　　销	新华书店	
印　　刷	北京联兴盛业印刷股份有限公司	
开　　本	890 mm×1240 mm　1/32	**版　次**　2023 年 9 月第 1 版
印　　张	9.25 插页 4	**印　次**　2023 年 9 月第 1 次印刷
字　　数	209 000	**定　价**　89.00 元